Recrutamento e seleção de TALENTOS

O selo DIALÓGICA da Editora InterSaberes faz referência às publicações que privilegiam uma linguagem na qual o autor dialoga com o leitor por meio de recursos textuais e visuais, o que torna o conteúdo muito mais dinâmico. São livros que criam um ambiente de interação com o leitor – seu universo cultural, social e de elaboração de conhecimentos –, possibilitando um real processo de interlocução para que a comunicação se efetive.

Recrutamento e seleção de talentos

Erika Gisele Lotz
Jocely Aparecida Burda

Rua Clara Vendramin, 58 . Mossunguê
CEP 81200-170 . Curitiba . PR . Brasil
Fone: (41) 2106-4170
www.intersaberes.com
editora@editoraintersaberes.com.br

Conselho editorial	Dr. Ivo José Both (presidente)
	Dr.ª Elena Godoy
	Dr. Nelson Luís Dias
	Dr. Neri dos Santos
	Dr. Ulf Gregor Baranow
Editora-chefe	Lindsay Azambuja
Supervisora editorial	Ariadne Nunes Wenger
Analista editorial	Ariel Martins
Preparação de originais	Palavra Arteira Edição e Revisão de Textos
Capa	Sílvio Gabriel Spannenberg
Projeto gráfico	Fernando Zanoni Szytko
Diagramação	Capitular Design Editorial
Iconografia	Vanessa Plugiti Pereira

Dados Internacionais de Catalogação na Publicação (CIP)
(Câmara Brasileira do Livro, SP, Brasil)

Lotz, Erika Gisele
  Recrutamento e seleção de talentos/Erika Gisele Lotz, Jocely Aparecida Burda. – Curitiba: InterSaberes, 2015.

  Bibliografia.
  ISBN 978-85-443-0296-5

  1. Administração de empresas 2. Administração de pessoal 3. Pessoal – Recrutamento 4. Pessoal – Seleção 5. Talentos I. Burda, Jocely Aparecida. II. Título.

15-09352   CDD-658.3

Índice para catálogo sistemático:
1. Recrutamento e seleção de talentos:
Administração de empresas 658.3

Foi feito o depósito legal.
1ª edição, 2015.

EDITORA AFILIADA

Informamos que é de inteira responsabilidade das autoras a emissão de conceitos.
Nenhuma parte desta publicação poderá ser reproduzida por qualquer meio ou forma sem a prévia autorização da Editora InterSaberes.
A violação dos direitos autorais é crime estabelecido na Lei n. 9.610/1998 e punido pelo art. 184 do Código Penal.

Sumário

9 *Dedicatória*

11 *Agradecimentos*

13 *Apresentação*

15 *Como aproveitar ao máximo este livro*

1
18 O trabalho, o mercado de trabalho, as organizações e as transformações na gestão do capital humano
19 1.1 O ser humano e o trabalho
32 1.2 O mercado de trabalho
38 1.3 O ambiente e as organizações
45 1.4 A gestão do capital humano

2
60 O recrutamento de pessoal
61 2.1 Requisitos para um recrutamento eficaz
78 2.2 O recrutamento de pessoal
96 2.4 O anúncio da vaga
106 2.5 O preconceito e a discriminação no processo de recrutamento
107 2.6 As etapas do processo de recrutamento
109 2.7 Métricas e indicadores: análise do custo-benefício do recrutamento
113 2.8 Considerações sobre o currículo

3
122 A seleção de pessoal
124 3.1. A seleção de pessoal: um processo de comparação
126 3.2 A importância das habilidades técnicas e comportamentais na composição do perfil profissional do candidato

130   3.3 Considerações sobre o processo de seleção de pessoal
132   3.4 As etapas do processo seletivo
134   3.5 As técnicas de seleção

4

160   Entrevista de seleção e entrevista comportamental com foco em competências
161   4.1 A entrevista tradicional de seleção
174   4.2 A entrevista comportamental com foco em competências
194   4.3 O entrevistador

5

208   O processo de contratação
209   5.1 A importância do atendimento aos trâmites legais no processo de contratação
210   5.2 A CLT
213   5.3 O contrato de trabalho e os deveres de empregador e empregado
215   5.4 O registro do colaborador
224   5.5 O exame admissional e os exames complementares

6

232   A integração do colaborador
233   6.1 A cultura organizacional
238   6.2 Considerações sobre a integração de pessoal
244   6.3 A avaliação do período de experiência
245   6.4 A entrevista de desligamento

255   *Para concluir...*

257   *Referências*

267   *Apêndice 1 – Modelo de análise e descrição de cargo*

268   *Apêndice 2 – Modelo de ficha profissiográfica*

270   *Apêndice 3 – Modelo de inscrição para recrutamento interno*

272   *Apêndice 4 – Modelo de ficha para requisição de pessoal*

273   *Apêndice 5 – Modelo de ficha de solicitação de emprego*

275   *Apêndice 6 – Modelo de avaliação do período de experiência*

277   *Apêndice 7 – Modelo de questionário de desligamento*

281   *Anexo – Lei n. 9.029/1995*

285   *Respostas*

293   *Sobre as autoras*

Dedicatória

Com sublime, eterno e absoluto amor para Paulo Lotz Filho, Jacira Lotz e Kelly Lotz. Com gratidão e profunda amizade para Lineu Bley, Simone Heloisa Villanueva e Rosimere Yoshio Saito.

ERIKA GISELE LOTZ

Para Felix Burda, Soeli Dorigo Burda, Jociane de Fátima, Felix Fernando e Eliana Gusso Burda, pessoas que me ensinam a cada dia a selecionar o que realmente é importante para minha vida.

JOCELY APARECIDA BURDA

Agradecimentos

Nossos agradecimentos a Daniel Poit, Fabiano Alves da Silva, Paulo Vinicius Lima, Rosimere Saito e Péres Kreitchmann Júnior.

Apresentação

As organizações estão empreendendo uma verdadeira corrida pela competitividade em um ambiente complexo, mutável e turbulento, assinalado por mudanças tecnológicas e por consumidores cada vez mais conscientes de seus direitos, exigindo produtos e processos sustentáveis.

Esse cenário indica o importante papel das pessoas para o sucesso de um negócio. Pessoas são inteligentes, criativas, inovadoras e geram resultados singulares para a organização. Por essa razão, é crucial que essas detenham métodos e técnicas para colocar a pessoa certa no lugar certo. Isso significa conhecer as demandas das funções e o perfil adequado de funcionários para desempenhá-las.

Esta obra, que tem por objetivo apresentar o processo de recrutamento e seleção, é destinada a estudantes da área de gestão de pessoas, profissionais que atuam com recrutamento e seleção de talentos, bem como ao público em geral, uma vez que contribui com informações valiosas para aqueles que desejam conhecer as nuances da entrada no mundo do trabalho.

Em grande parte, este livro é fruto de nossa caminhada como docentes da disciplina de Recrutamento e Seleção e como profissionais atuantes na área. A obra tem abordagem prática e acessível, com linguagem simples, o que municiará você, leitor, não apenas de conceitos e informações, mas também de ferramentas que oportunizam o desenvolvimento de competências para atuar nessa área.

Entendemos que, para que a abordagem sobre o processo de recrutamento e seleção pudesse ser conduzida com eficiência e eficácia, seria imprescindível que o profissional conhecesse muito mais do que os tipos de recrutamento e as etapas do processo seletivo. É importante compreender, antes mesmo do início da divulgação da vaga, as nuances do mercado de trabalho, a trajetória da gestão de pessoas, as organizações, a estrutura organizacional, o posicionamento do cargo nessa estrutura, entre outros aspectos. Tais informações proporcionam solidez e conhecimento para a tomada de decisão sobre o tipo de recrutamento e as técnicas de seleção a serem adotadas no processo. Por essa razão, este livro também trata de conteúdos relativos ao pré-recrutamento, indicando o que é imprescindível ao profissional conhecer antes de recrutar.

O livro está organizado em seis capítulos. O primeiro traz como eixo inicial o significado do trabalho e as diferentes relações do homem com o trabalho através dos tempos, o mercado de trabalho e o mercado de recursos humanos, as organizações, as relações com o ambiente interno e externo e como tais elementos se refletem nos processos de recrutamento e seleção. O capítulo oferece, também, destaque à gestão do capital humano e ao papel estratégico do setor de Recursos Humanos.

O segundo capítulo é dedicado ao recrutamento de pessoal. Antes de apresentarmos os tipos de recrutamento e temas correlatos, apresentaremos a estrutura organizacional e a análise e descrição de cargos, aspectos a serem cuidadosamente considerados antes de se dar início ao processo de recrutamento e seleção. O capítulo apresenta os tipos e as fontes de recrutamento, as orientações para a elaboração e a divulgação do anúncio, além de abordar as etapas do processo de recrutamento e as métricas do recrutamento.

No terceiro capítulo, discutiremos o importante papel das competências na seleção de pessoal, apresentando as etapas do processo seletivo e descrevendo as técnicas de seleção, entre as quais constam as entrevistas, os testes, a dinâmica de grupo e outras ferramentas de *assessment* (ferramentas de avaliação).

Em virtude da importância que a entrevista assume no processo seletivo, o quarto capítulo é totalmente destinado a questões relativas à entrevista tradicional e à entrevista comportamental com foco em competências.

Uma vez selecionados os candidatos, a etapa seguinte envolve todos os trâmites de contratação do novo colaborador. Por essa razão, o quinto capítulo trata do processo de contratação, desde a relação entre empregado e empregador, passando por considerações importantes sobre o contrato de trabalho e a forma de registrar o novo colaborador, até os trâmites legais com exames clínicos admissionais.

Tendo em vista que o processo de recrutamento e seleção só termina com a integração do novo colaborador na organização, o sexto e último capítulo trata da integração do colaborador e da importância da cultura organizacional em seu processo de adaptação, não apenas em relação às tarefas, mas, sobretudo, em relação à identidade da organização. Além disso, versa sobre aspectos importantes do período de experiência e sobre a entrevista de desligamento.

Desejamos a você uma boa leitura!

Como aproveitar ao máximo este livro

Este livro traz alguns recursos que visam enriquecer o seu aprendizado, facilitar a compreensão dos conteúdos e tornar a leitura mais dinâmica. São ferramentas projetadas de acordo com a natureza dos temas que vamos examinar. Veja a seguir como esses recursos se encontram distribuídos no decorrer desta obra.

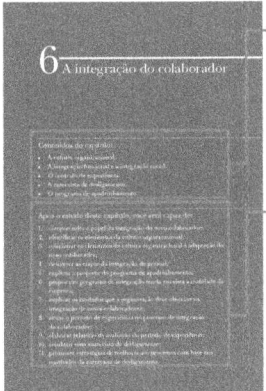

Conteúdos do capítulo
Logo na abertura do capítulo, você fica conhecendo os conteúdos que nele serão abordados.

Após o estudo deste capítulo, você será capaz de:
Você também é informado a respeito das competências que irá desenvolver e dos conhecimentos que irá adquirir com o estudo do capítulo.

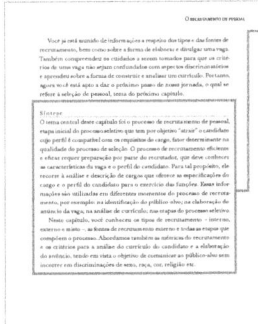

Síntese
Você dispõe, ao final do capítulo, de uma síntese que traz os principais conceitos nele abordados.

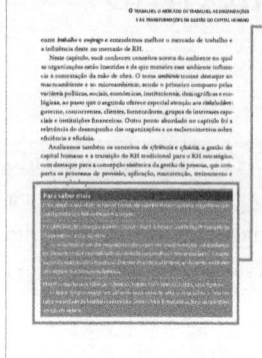

Para saber mais
Você pode consultar as obras indicadas nesta seção para aprofundar sua aprendizagem.

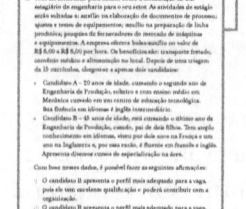

Questões para revisão
Com estas atividades, você tem a possibilidade de rever os principais conceitos analisados. Ao final do livro, as autoras disponibilizam as respostas às questões, a fim de que você possa verificar como está sua aprendizagem.

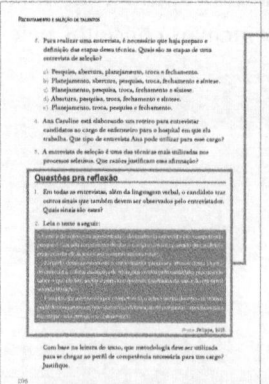

Questões para reflexão
Nesta seção, a proposta é levá-lo a refletir criticamente sobre alguns assuntos e a trocar ideias e experiências com seus pares.

1 O trabalho, o mercado de trabalho, as organizações e as transformações na gestão do capital humano

Conteúdos do capítulo

- Considerações sobre trabalho, emprego, organizações e mercado de trabalho.
- Transformações na gestão do capital humano.
- Perspectiva sistêmica da gestão do capital humano.

Após o estudo deste capítulo, você será capaz de:

1. conceituar *trabalho* sob diferentes perspectivas;
2. identificar as relações entre trabalho e emprego;
3. compreender aspectos da organização: mercado interno e mercado externo;
4. descrever os subsistemas que compõem a gestão do capital humano e a relação sistêmica entre eles;
5. compreender a dinâmica do mercado de trabalho em relação à oferta e à procura de mão de obra.

> *Seu trabalho vai preencher uma parte grande da sua vida, e a única maneira de ficar realmente satisfeito é fazer o que você acredita ser um ótimo trabalho. E a única maneira de fazer um excelente trabalho é amar o que você faz.*
> Steve Jobs

Na atualidade, o homem busca o trabalho não apenas como meio para assegurar a sua sobrevivência, mas também para expressar seus talentos e exercer o seu papel social. As organizações, por sua vez, têm buscado pessoas cujos talentos contribuam para a produtividade, a excelência e a competitividade.

Para compreendermos essa dinâmica do trabalho e do mercado de trabalho, este capítulo apresenta o significado do trabalho, sua história através dos tempos, as relações entre o homem e o trabalho, as diferenças entre trabalho e emprego, o mercado de recursos humanos (RH), o ambiente organizacional e a gestão do capital humano, a partir de sua perspectiva sistêmica.

1.1 O ser humano e o trabalho

> *Sem trabalho, toda vida apodrece. Mas, sob um trabalho sem alma, a vida sufoca e morre.*
> Albert Camus

O recrutamento e a seleção de pessoal são etapas do processo de RH que têm por objetivo prover a organização de força de trabalho. Para alcançar esse propósito de forma eficaz, é fundamental que o profissional de RH esteja municiado de informações e ferramentas que o permitam não apenas colocar a pessoa certa no lugar certo, "mas preencher uma vaga com um ser humano e toda a sua complexidade", enfatiza Camargo (1999, p. 19), ou seja, selecionar o colaborador capaz de ajustar-se à cultura da organização e ao trabalho, considerando também os anseios deste. Esse é o primeiro passo para obtermos a satisfação do colaborador e a produtividade deste no trabalho.

O que é trabalho e qual é o significado do trabalho para o ser humano? Para Cassar (2010, p. 3), trabalho é "toda energia física ou intelectual empregada pelo homem com finalidade produtiva". Contudo, atribui-se a Confúcio, filósofo chinês que exerceu profunda influência no pensamento de todo o Oriente, a seguinte frase, citada por Matos (2015): "Escolhe um trabalho de que gostes, e não terás que trabalhar nem um dia na tua vida."

Que reflexão sobre o significado do trabalho essa frase de Confúcio promove? Quando uma pessoa escolhe um trabalho que está em consonância com seu perfil e seus anseios, **o trabalho se torna fonte de emoções positivas**, gerador de prazer, além de contribuir para a autorrealização e fortalecer a autoestima. Por meio dele, o indivíduo realiza seu papel social e deixa a sua contribuição para o seu tempo. O trabalho coloca o homem no centro de um ciclo virtuoso de maior prazer, maior motivação, maior dedicação e melhores resultados. Mas será que a frase de Confúcio também pode remeter ao outro lado da moeda? **Pode o trabalho significar obrigação e ser um fardo pesado para se carregar por quase toda a vida?**

Antes de nos enveredarmos por esse caminho, vamos fazer uma pausa para um breve experimento. Pense por alguns instantes na palavra *trabalho*. Qual é o significado dela para você? Um fardo que o homem está condenado a carregar ou uma fonte de alegrias, de saúde física e mental? Caso essa reflexão tenha lhe trazido sensações não muito agradáveis, fique tranquilo, pois você não é o único a senti-las!

Você sabia que a associação entre trabalho e condenação ou sofrimento encontra raízes profundas na história? O termo *trabalhar* tem origem na palavra latina *tripaliare*, "submeter alguém à tortura por meio do *tripalium*", instrumento de três paus destinado a esse fim (Ferreira, 2004). E é claro que os torturados eram, invariavelmente, os pobres, que não conseguiam pagar os impostos. Segundo Cassar (2010) e Soibelman (1981), o trabalho era uma condenação imposta às pessoas destituídas de posses. Os nobres e os senhores feudais não trabalhavam, uma vez que o trabalho era considerado um castigo.

Figura 1.1 – *Tripalium*

Você sabia que a relação entre trabalho e sofrimento acontece também na Bíblia? O livro Gênesis, Capítulo 3, versículos 17-19 (Bíblia, 2002), narra que Adão e Eva, ao serem expulsos do paraíso, foram condenados ao trabalho como parte da maldição divina decorrente do pecado original. Outra passagem que ratifica a relação entre trabalho e sofrimento é registrada em II Tessalonicenses, Capítulo 3, versículos 6-18 (Bíblia, 2002), segundo a qual se alguém não quer trabalhar, que também não coma, o que deriva da obrigação de não onerar os outros com o cansaço e o sofrimento.

1.1.1 O homem e o trabalho através dos tempos

Qual é a relação entre o homem e o trabalho através dos tempos? A história do trabalho remonta à história do homem. Nos primórdios da civilização, o trabalho estava relacionado a manter a vida em comunidade, cuidar da defesa, construir instrumentos e abrigos e prover o sustento por meio de atividades de pesca, caça e coleta de frutos.

Mas é importante destacarmos que essa relação assumiu diferentes formas: a escravidão, a servidão, a corporação e, com o advento da Revolução Industrial, o trabalho assalariado. São diferentes momentos da história que recebem destaque em nossa breve viagem no tempo para compreendermos a relação do homem com o trabalho, desde a escravidão até o teletrabalho, conforme veremos nos itens a seguir.

1.1.1.1 Na Antiguidade

A relação do homem com o trabalho na Antiguidade foi marcada pela **escravidão**. A formação das tribos abriu espaço para a luta pelo poder. Os perdedores eram feitos de prisioneiros, mortos ou comidos pelos membros das tribos que os subjugavam. Alguns deles passavam à condição de escravos, condenados a serviços penosos (Cassar, 2010; Süssekind, 2002). O trabalho representava a submissão, punição imputada pelos povos vencedores a vencidos. Não era considerado em nada dignificante para o homem. A escravidão era tida como justa e necessária, uma vez que "para ser culto era necessário ser rico e ocioso", registra Jorge Neto (2010, p. 3).

Figura 1.2 – **Trabalho escravo**

Crédito: Jessé Eliel Gonçalves

Na Antiguidade, o trabalho era um fardo. Apenas os escravos e os pobres trabalhavam. Os homens livres, que compunham a minoria da população, dedicavam-se à filosofia, às artes, à administração pública e também às guerras.

Mas será que a escravidão existiu apenas na Antiguidade? Na realidade, não: a escravidão também se estendeu pela Idade Média e pela Idade Moderna. Foi somente com a Revolução Francesa que a escravidão foi declarada indigna. Vale lembrar que apenas anos mais tarde, em 1888, a escravidão foi abolida no Brasil, por meio da Lei Áurea (Jorge Neto, 2010).

1.1.1.2 Na Idade Média

A relação entre o homem e o trabalho na Idade Média foi marcada pela servidão. O servo, ou vassalo, prestava auxílio, serviço e obediência ao senhor feudal, que era o proprietário das terras (feudos), e recebia em troca proteção e comida. Os filhos dos servos também eram servos. O juramento de fidelidade ao senhor feudal passava de geração a geração, o que perpetuava a ordem estabelecida, tanto na esfera política quanto nas esferas econômica e social do feudalismo. Por esta razão, o trabalho servil não poderia ser considerado exatamente um trabalho livre, pois ao servo não cabia escolher a quem gostaria de prestar seus serviços.

> Na Idade Média, os servos produziam tudo de que a sociedade precisava. Os nobres eram encarregados das guerras, e o clero, que gozava de grande prestígio e poder, ocupava-se da teologia.

1.1.1.3 No Renascimento

No Renascimento, teve início uma forte valorização do homem. O trabalho passou a ser visto com "bons olhos", fato determinante pela influência da religião, sobretudo do protestantismo, cuja doutrina ia ao encontro da burguesia, a classe emergente, legitimando o comércio como uma possível entrada para o paraíso. Sob este ponto de vista, o trabalho, antes visto como uma condenação, passou a ser visto como um caminho que aproximava o homem de Deus.

Nesse período, o trabalho nos feudos era pautado na servidão e nos burgos e submetia-se à forte influência das regras das corporações de ofício. E o que eram as corporações de ofício? Eram agrupamentos organizados de trabalhadores que se uniam com o objetivo de defesa e negociação. Um membro da corporação só poderia trabalhar em um determinado tipo de ofício, por exemplo: ou carpinteiro, ou entalhador de pedras, ou tintureiro etc. Caso desobedecesse a essa ordem, poderia ser expulso da cidade (burgo).

Nas corporações de ofício, existia a clara distinção entre o mestre e o aprendiz. Os aprendizes eram os jovens trabalhadores que ficavam submetidos à rigorosa disciplina imposta pelo mestre. A aprendizagem consistia em um trabalho árduo. Quando se julgava que o aprendiz já havia aprendido o ofício, migrava à categoria de *companheiro*. Os companheiros eram os oficiais formados, mas que estavam longe de conseguir o *status* de mestre, título que provavelmente não lhes seria concedido, uma vez que os mestres tinham suas estratégias para impedir a concorrência e garantir a categoria aos seus filhos e sucessores (Russomano, 1997).

As corporações de ofício seguiam estabelecendo as regras para a profissão e determinavam os critérios de padronização e qualidade do que era produzido. Embora mantivessem regras rígidas a serem observadas, ofereciam proteção ao trabalhador, amparando-o em casos de doenças ou invalidez e na velhice. A partir da Revolução Francesa, as corporações de ofício foram proibidas de exisitir.

1.1.1.4 Na Revolução Industrial

A relação do homem com o trabalho na Revolução Industrial ficou marcada pelo trabalho assalariado. Atribui-se o nome *Revolução Industrial* a um conjunto de transformações econômicas, políticas e sociais que iniciaram no final do século XVII e se estenderam até o início do século XIX (Lacombe, 2004).

Esse movimento teve início na Inglaterra, com a invenção das máquinas de fiar, de tear e a vapor. Não tardou a se expandir por toda a Europa e pelos Estados Unidos. Trata-se de um marco muito importante em nossa jornada no tempo, visto que sinaliza a substituição do processo de fabricação artesanal pelo processo fabril.

A Revolução Industrial lançou a humanidade a uma súbita transformação fruto de dois fatores: 1) a transferência da habilidade do artesão para a máquina; e 2) a substituição da força do animal e do músculo humano pela potência da máquina a vapor (a princípio), resultando em maior produtividade e economia.

O rápido e intenso fenômeno da "maquinização" das oficinas – lugares onde se exerciam os ofícios – provocou fusões entre elas, as quais passaram a integrar outras maiores, que se transformaram em fábricas. O operário foi substituído pela máquina. E, com a expansão dos mercados, resultado da redução de preços e popularização dos produtos, as fábricas passaram a exigir grandes contingentes humanos (Chiavenato, 2000).

Entretanto, se por um lado a Revolução Industrial proporcionou grande avanço tecnológico e político, trouxe a produção em massa e o acúmulo de capital, por outro, promoveu a "degradação do ser humano, que, em face da ampla liberdade contratual, sem qualquer tipo de proteção, fixação de preços e condição de trabalho, sujeitou-se ao trabalho pago a preço vil e em condições subumanas", registra Jorge Neto (2010, p. 9). Muitos postos de trabalho foram extintos, uma vez que, com as máquinas, uma criança poderia fazer o trabalho que antes exigiria o labor de muitos homens.

Assim, a mesma Revolução Industrial que prosperava para o capital foi um período de horror para o trabalhador, que era explorado e submetido a jornadas de trabalho desumanas de 14 ou 16 horas, indistintamente para homens, mulheres e crianças. Estas recebiam salários significativamente inferiores aos recebidos pelos adultos, porque eram consideradas metade de uma força de trabalho (Cerqueira, 1961).

Os operários, que trabalhavam de domingo a domingo, sem direito a folga, também eram submetidos a ambientes de trabalho sem o mínimo de proteção, higiene e segurança. As condições insalubres e perigosas eram portas abertas para constantes acidentes de trabalho, além de gerarem revoltas e sabotagens nas linhas. As condições de vida às quais esses operários eram submetidos eram deploráveis.

A máquina era a protagonista, uma vez que determinava o ritmo do trabalho – repetitivo e mecânico. A despeito de todas as condições adversas às quais eram submetidos e aos salários irrisórios que recebiam, os operários precisavam trabalhar; caso contrário, estariam condenados a uma vida de miséria e indigência.

A Revolução Industrial marcou também a acentuada luta de classes. As tensões entre os empregados e os detentores dos meios de produção não tardaram a aparecer. Os conflitos de interesses eram, aparentemente, inconciliáveis: de um lado, o *proletário* (palavra derivada de *prole* – "muitos filhos"), que, ao vender unicamente o que possuía – sua força de trabalho –, sentia-se explorado; de outro, os **detentores dos meios de produção** (o capital), cuja preocupação voltava-se para a melhoria dos aspectos mecânicos e tecnológicos que possibilitassem o aumento da produção e a diminuição dos custos. O ponto positivo disso tudo foi que o Estado passou a se conscientizar sobre a necessidade de proteger o operário, que até então não tinha como se defender da implacável força oriunda do poder econômico da grande indústria.

O ambiente de trabalho recebia algum tipo de atenção? O ambiente de trabalho era foco de estudo, mas com o propósito de fazer o empregado aumentar a produtividade. *Lucratividade* era a palavra de ordem e, não raras vezes, os postulados de Maquiavel, filósofo e político italiano da época do Renascimento, para quem os fins justificam os meios, assemelhavam-se aos de uma doutrina.

Nesse período, as preocupações com a utilização predatória dos recursos naturais não se configuravam como barreiras ao crescimento das fábricas, haja vista o grande impacto das indústrias e a responsabilidade delas na destruição do meio ambiente.

Quando as pessoas passaram a receber a devida atenção nas organizações?

Figura 1.3 – **A valorização do capital humano**

Crédito: Jessé Eliel Gonçalves

> À medida que os problemas emergentes relativos aos processos produtivos, ao conteúdo do trabalho e à estrutura organizacional começaram a se "acomodar", começou-se a conhecer as pessoas nas organizações. Foi com a abordagem humanística da administração – deflagrada pela teoria das relações humanas que surgiu nos Estados Unidos como consequência dos estudos de Elton Mayo e seus colaboradores – que as organizações passaram a considerar as pessoas e os grupos sociais. Tal abordagem deslocou o foco dos aspectos formais e técnicos da organização para os aspectos psicológicos e sociológicos. Com isso, as organizações passaram a considerar não apenas a fisiologia do trabalho – que permitia contatar cientificamente os trabalhadores e os estudos de fadiga e acidentes de trabalho –, mas também a personalidade do trabalhador, a motivação e os incentivos para o trabalho, a liderança, a comunicação e as relações pessoais e interpessoais no ambiente de trabalho (Chiavenato, 2000). A Revolução Industrial ficou marcada pela mecanização: a força motriz do homem e do animal passou para a máquina. O trabalho era fragmentado e repetitivo, e a jornada de trabalho, longa e insalubre.

1.1.1.5 No período pós-Segunda Guerra Mundial

Um salto em nossa viagem no tempo nos leva da Revolução Industrial para o período pós-Segunda Guerra Mundial. Embora o período pós-guerra tenha refletido toda uma problemática de ordem política, econômica e social, o modelo das grandes organizações e da especialização do trabalho foi plenamente estabelecido. O operário passou a contar com a proteção das leis trabalhistas, mas havia muito a melhorar, pois o ambiente de trabalho, no que diz respeito à higiene e segurança, ainda não era considerado uma prioridade.

> O período pós-Segunda Guerra Mundial assinala a entrada massiva das mulheres no mercado de trabalho.

1.1.1.6 Na Era Digital

As mudanças ocorridas no mundo do trabalho nos últimos 50 anos têm promovido as maiores alterações vivenciadas pela sociedade. A Era Digital, impulsionada pelo conhecimento, tem impactado profundamente os cenários laborais, os valores da sociedade e o relacionamento humano.

O trabalho mecânico é cada vez mais designado à máquina. As tarefas complexas, cuja fonte emana do conhecimento, são cada vez mais valorizadas. Existe espaço para a satisfação e a realização pessoal por meio do trabalho. Os processos de produção e de prestação de serviços exigem trabalhadores qualificados, o que, em pouco tempo, fez emergir uma nova classe: o trabalhador do conhecimento e da economia mundializada (Kanan; Arruda, 2013).

A Era Digital em que vivemos atualmente é marcada por profundas mudanças na configuração do trabalho, como a passagem do trabalho assalariado para o trabalho autônomo, do emprego presencial para o virtual, no qual o trabalhador não precisa estar necessariamente presente no local de trabalho.

> A Era Digital valoriza fortemente o conhecimento e a criatividade. Também entra em cena o trabalho virtual.

Assim se deu a relação do homem com o trabalho através dos tempos. Vamos encerrar nossa viagem no tempo oferecendo destaque à Organização Internacional do Trabalho (OIT, 2015), que, no ano de 1999, enfatizou a importância do **trabalho decente**: produtivo, em condições de liberdade, equidade, segurança e dignidade. Assim, todo trabalhador tem o direito de escolher livremente o trabalho que assegure seu bem-estar e prime por integridade física, mental e social.

1.1.2 O ser humano e o significado do trabalho

> *O trabalho que fazemos é para os outros. Tudo que produzimos é feito para uso das outras pessoas, assim como tudo que usamos foi produzido com o trabalho dos outros.*
> Peter Drucker

Antes de enveredarmos pelo significado de *trabalho*, vamos fazer uma breve reflexão sobre a visão biopsicossocial (ou visão integral) do homem. Essa visão consiste em olhar para o ser humano de forma integrada, sistêmica, considerando as dimensões (ou camadas) que o compõem: a dimensão biológica, a dimensão psicológica e a dimensão social. Para que sejam mais bem compreendidas, o Quadro 1.1 apresenta cada uma delas.

Quadro 1.1 – **A visão biopsicossocial do homem**

DIMENSÃO	CARACTERÍSTICAS
Biológica	Representa os aspectos físicos do corpo: a anatomia, a fisiologia, os sistemas respiratório, ósseo, muscular e digestivo, as funções e disfunções dos diversos órgãos e a inter-relação de todos os sistemas. É também constituída por características adquiridas pelo indivíduo ao longo da vida e é influenciada por hábitos alimentares, atividades físicas, entre outros.
Psicológica	Representa os aspectos relativos à personalidade e ao comportamento. Essa dimensão é profundamente influenciada não apenas por aspectos conscientes da pessoa, mas, sobretudo, por aspectos inconscientes. É marcada por emoções, sentimentos, crenças, valores e modelo mental. Estão presentes as necessidades de segurança, de autoestima e de realização características do ser humano.
Social	Essa dimensão envolve a relação do indivíduo com o outro: família, amigos e comunidade. Inclui as necessidades de estima e pertença e associação. É marcada por fatores culturais, econômicos, ideológicos e políticos.

Fonte: Elaborado com base em Lipowski, 1966; Limongi-França, 2014.

A visão biopsicossocial nos permite entender o ser humano sob a perspectiva de que este é um ser integral e sistêmico, o que equivale a afirmar que qualquer alteração em uma dessas dimensões exercerá forte impacto sobre as outras.

O trabalho edificante é aquele que não apenas permite ao homem a satisfação de suas necessidades, mas que também proporciona o desenvolvimento de seu papel social e é fonte de fortalecimento de sua autoestima e autorrealização.

Agora que afinamos nosso olhar em relação ao conceito de *homem*, compete-nos perguntar: qual é o significado do trabalho para o sujeito do século XXI? Será que essa percepção está tão somente atrelada à luta pela sobrevivência ou ela ultrapassa a dimensão biológica e assume importante papel nas camadas psicológica e social de sua existência?

Para ilustrar esse importante aspecto, tomamos emprestadas as palavras de Cavalet et al. (1999):

> Trabalho, mais do que sobrevivência, é uma das mais expressivas manifestações do ser humano. É algo semelhante à arte, onde o homem transforma e é transformado. Desde os primeiros anos de vida, aprende que fazer algo com um objetivo definido conquista espaço, respeito, consideração e autoestima. Descobre a satisfação de desenvolver uma habilidade e externá-la num produto ao qual se percebe conectado.

O trabalho, visto sob a perspectiva social, contempla relações que criam padrões de comportamento na sociedade. Erikson (1976) explica, com a teoria do desenvolvimento, que nas sucessivas etapas da elaboração da identidade está presente o aspecto da produção individual. À medida que o ser humano se desenvolve e entra em contato com a realidade dos papéis sociais, percebe que sua inserção na sociedade pressupõe desempenhos.

> Ser alguém está intimamente associado a fazer algo.

Obter prestígio e reconhecimento social está diretamente condicionado ao que fazemos e em que trabalhamos.

> Dona Ana de Souza está muito feliz. É toda sorrisos na empresa na qual trabalha como copeira. Ao ser questionada sobre o motivo de sua felicidade, ela responde com os olhos brilhando: "Meu filho, José Otávio, foi aprovado no vestibular de Medicina!".

Qual é o papel do trabalho na dimensão psicológica do ser humano? Na dimensão psicológica, o trabalho é parte integrante da vida do indivíduo, pois está intimamente relacionado à sua personalidade. Por meio do trabalho, conquistamos a realização profissional, a qual, por sua vez, reflete diretamente na realização pessoal.

A profissão marca profundamente a identidade de uma pessoa, pois é por meio de seu trabalho que ela pode contribuir e transformar o meio em que vive. De acordo com Kanaane (1999), o trabalho auxilia na motivação do indivíduo para a vida, gratificando-o quando realizado com esmero e afinco, contudo, também implica desgaste físico e mental, impactando diretamente a qualidade de vida.

Portanto, um trabalho digno é aquele que atende a essas três dimensões do homem. Somente assim será possível que este obtenha satisfação e tenha seu trabalho como fonte de realização e emoções positivas.

1.1.3 O trabalho e o emprego

Será que *trabalho* é sinônimo de *emprego*? Na realidade, essas duas palavras apresentam significados distintos. O emprego é caracterizado por uma relação formal, com direitos e deveres para ambas as partes (a contratada e a contratante). O trabalho, por sua vez, é muito mais abrangente, pois é por meio dele que o indivíduo transforma o meio em que vive, atribui significado a si mesmo e ao outro. O conceito de *emprego* é posterior ao de *trabalho*. No emprego, estão implícitas as relações formais de trabalho entre quem vende seu trabalho por algum valor e quem compra esse trabalho, pagando esse valor. Vale destacar que somente após o século XVIII foi registrada a criação do trabalho formal – emprego –, com definição de tarefas e remuneração.

> No século XX foi instituído o **contrato de trabalho**, com definição dos direitos e deveres dos trabalhadores e, com isso, as classificações de cargos, atribuições e salários.

Com a regulamentação do trabalho formal, nasceram também as causas jurídicas decorrentes de reivindicações de melhores condições de trabalho por parte dos trabalhadores, entre elas, menor jornada de trabalho e a não exploração das crianças e das mulheres.

Em síntese, o **trabalho** acompanha o homem desde os primórdios da civilização, ao passo que o **emprego** remete ao vínculo entre o trabalhador e a organização. O entendimento acerca das relações de trabalho e emprego nos ajuda a compreender a dinâmica do mercado de trabalho.

Que tal conhecer como se dá essa relação entre empregado e empregador no que denominamos *mercado de trabalho*? Esse é o assunto da próxima seção.

1.2 O mercado de trabalho

O que é o mercado de trabalho?

> De acordo com Lacombe (2004, p. 211), mercado de trabalho é "a oferta de trabalho e/ou vagas; a procura de mão de obra em determinada região. Inclui a determinação do valor da remuneração, dos benefícios e das condições de trabalho para cada tipo de profissional em determinada região em dado momento".

Como o mercado de trabalho é formado? De um lado, pela oferta de trabalho – empregos oferecidos pelas organizações em determinado lugar e determinada época; de outro, pela oferta de mão de obra. Vale lembrar que as oportunidades de emprego ofertadas pelas organizações são altamente influenciadas por fatores econômicos, tecnológicos e sociais, os quais podem ser compreendidos por meio da lei da oferta e da procura.

Figura 1.4 – O mercado de trabalho

Crédito: Jessé Eliel Gonçalves

Você sabe de que maneira a lei da oferta e da procura se manifesta no mercado de trabalho? Para compreendermos isso, vamos considerar três possíveis cenários:

1. a oferta é maior que a procura;
2. a procura é maior que a oferta;
3. há equilíbrio entre procura e oferta de trabalho.

O Quadro 1.5 apresenta uma ilustração didática dos referidos cenários.

Figura 1.5 – Os cenários do mercado de trabalho

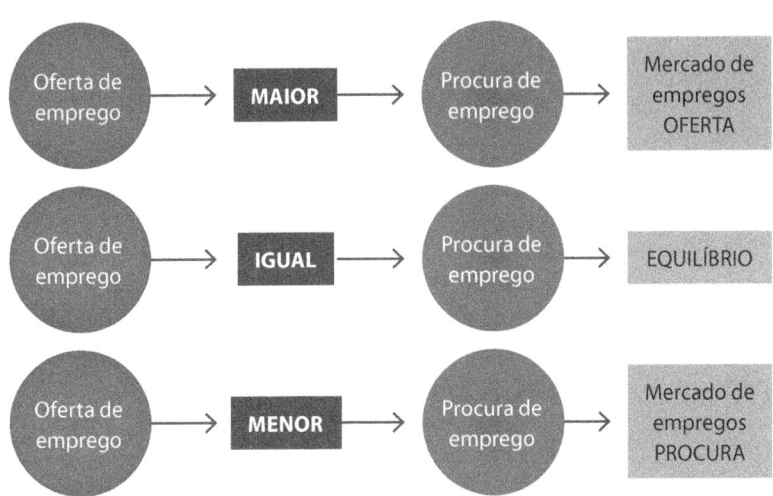

Fonte: Elaborado com base em Chiavenato, 2000.

O que acontece quando a oferta é maior do que a procura? Nesse caso, existem muitas organizações ofertando empregos em detrimento da escassez de candidatos para ocupar todas as vagas. Esse cenário impacta diretamente no processo de recrutamento e seleção, fazendo a organização se flexibilizar para encontrar a mão de obra da qual necessita.

E o que isso significa? Que as organizações entram em verdadeira disputa por mão de obra. Mesmo que a organização faça elevados investimentos em recrutamento, ainda assim corre o risco de não encontrar candidatos suficientes para o preenchimento das vagas. Quando isso ocorre, a organização é impelida a:

- adotar critérios de seleção menos rigorosos e mais flexíveis;
- investir em treinamento para compensar a falta de experiência e capacitar e aperfeiçoar os ingressantes na organização;
- elevar o patamar salarial, o que incorre em distorções de suas políticas salariais;
- investir em benefícios sociais, tanto para atrair quanto para manter as pessoas nas organizações;
- dar ênfase ao recrutamento interno.

> Quando a **oferta de empregos** é maior do que a disponibilidade da mão de obra, os recursos humanos se transformam em recursos escassos e, por essa razão, as organizações tendem a empreender ações que contribuam para a retenção dos colaboradores, pois qualquer possibilidade de baixa pode significar grandes transtornos.

Mas esse cenário é altamente favorável à mão de obra, não é? Com certeza é, sim! Se, por um lado, quando a oferta é maior do que a procura, as organizações precisam fazer uma série de concessões e adaptações para conseguir a mão de obra de que necessitam, por outro lado, na perspectiva da mão de obra, esse cenário é altamente atraente. E por quê?

> Quando existe uma excessiva gama de oportunidades de empregos, os candidatos podem escolher, e isso os torna mais exigentes em relação à organização; assim, selecionam aquelas empresas que oferecem melhores salários, benefícios sociais, entre outros (Chiavenato, 2000).

Pode ocorrer também que, em virtude de amplas oportunidades de emprego, os colaboradores se sintam atraídos a fazer exigências às empresas, sob pena de pedirem o desligamento destas, deixando-as em difícil situação. Para ilustrar, acompanhe a história de Narciso.

> Narciso trabalhava no RH de uma empresa de consultoria em TI (tecnologia da informação) que atendia diversos clientes no Brasil. Para atender um cliente que possuía equipamentos muito antigos, Carlos Norberto, gestor da área, solicitou a Narciso a contratação de um profissional altamente qualificado no sistema. Então, a organização abriu um processo de recrutamento, inicialmente por meio de contatos com colegas da área; depois, em escolas e jornais da cidade; na sequência, em diversos jornais do país; mas nada parecia funcionar. Nenhum candidato se apresentava. Após sete meses de procura, encontraram uma pessoa interessada, mas de outra cidade e com pretensão salarial consideravelmente acima da faixa ofertada pela empresa. Porém, como esta necessitava urgentemente do profissional, submeteu-se à exigência dela, e o contrato de trabalho foi fechado com um salário 110% acima do que havia sido proposto inicialmente.

Assim, quando o cenário apresenta uma oferta de postos de trabalho maior do que a procura, **quem dá as cartas é o trabalhador**.

E o que acontece quando a oferta de empregos por parte das organizações é escassa e a oferta de mão de obra é abundante? Nesse caso, o cenário favorece muito as organizações, e ocorre que:

- as organizações não precisam investir tanto em processos de recrutamento, uma vez que existe uma grande gama de apresentação espontânea por parte dos candidatos;
- os critérios de seleção passam a ser mais altos e rígidos;
- há menores investimentos em treinamentos, pois muitos candidatos altamente qualificados se apresentam;
- as ofertas salariais podem se dar em patamares mais baixos;
- há ausência de incentivos por meio de benefícios sociais;
- há maior ênfase no recrutamento externo, dentre outros.

O cenário de baixa oferta de emprego impacta profundamente nas políticas salariais, uma vez que não há disputa de mão de obra. Assim, quem "dá as cartas" é a organização.

Como fica a situação do trabalhador quando a oferta de empregos é escassa e existe muita mão de obra disponível no mercado? Esse cenário não é nada promissor para os trabalhadores, que, muitas vezes, se flexibilizam diante da política salarial ofertada pela empresa, aceitando o que é proposto por esta; candidatos acabam por assumir postos de trabalhos aquém de suas qualificações profissionais. Para ilustrar, vamos à história de Jonas.

> Jonas é um engenheiro com sólida formação profissional, dedicado e muito atento à elegância no trato com as pessoas na empresa. Nas reuniões com a diretoria, sempre se posiciona a favor de mudanças que acredita ser necessárias para a imagem da organização. Rodolfo, seu chefe, é um profissional muito convicto de que "em time que está ganhando não se mexe" e se recusa terminantemente a ouvir os argumentos de Jonas.
>
> Em uma reunião, os ânimos se exaltaram, e Rodolfo chegou a ser bastante rude com Jonas: "Olha aqui seu moleque, antes de você nascer nós já fazíamos desta forma aqui na empresa!".
>
> Meio tímido, Jonas voltou-se para Rodolfo e disse: "Fica bastante difícil trabalhar assim!".
>
> Foi então que Rodolfo, de forma ríspida, respondeu: "Ah! Não está feliz? Não tem problema! Com o salário que você ganha eu posso contratar dois engenheiros! Fique à vontade! A porta da rua é serventia da casa!".

Os trabalhadores tendem a fazer muitas concessões para manter seus empregos, primando pelo seguimento das regras, tendendo a contemporizar conflitos e evitar atritos. Submetem-se às condições impostas pelas organizações e a chefes despreparados, sob pena de perderem o emprego, fato que compromete sua segurança emocional e financeira.

E quando a oferta equivale à procura? Esse cenário ocorre quando o número de vagas é equiparado à disponibilidade de mão de obra, ocorrendo, assim, o equilíbrio. No Quadro 1.2, apresentamos, de forma sintética, o comportamento das organizações em função do mercado de trabalho nesse caso.

Quadro 1.2 – O comportamento das organizações em função do mercado de trabalho

Situação de oferta	Situação de procura
Aumento na oferta de vagas	Escassez na oferta de vagas
Disputa por mão de obra existente no mercado	Mão de obra abundante no mercado
Redução das exigências aos candidatos e menor rigor no processo seletivo	Aumento nos critérios e rigidez na seleção dos candidatos
Intensificação de investimentos em recrutamento	Redução de investimentos em recrutamento
Intensificação de investimentos em treinamento	Redução de investimentos em treinamento
Salários atraentes	Desenvolvimento de políticas e ações para a substituição de pessoal por mão de obra mais qualificada
Concessão de benefícios para atrair e manter colaboradores	Redução ou congelamento de benefícios sociais
Ênfase no recrutamento interno	Ênfase no recrutamento externo

Fonte: Adaptado de Chiavenato, 2000.

O que acontece se analisarmos a mesma situação sob a perspectiva dos candidatos? Se deslocarmos nosso olhar para a perspectiva da oferta de mão de obra, estaremos dando enfoque ao mercado de trabalho, como ilustra o Quadro 1.3.

Quadro 1.3 – O comportamento das pessoas nos diferentes cenários do mercado de RH

Situação de oferta	Situação de procura
Mão de obra abundante	Escassez de mão de obra
Alta concorrência entre os candidatos	Baixa concorrência entre os candidatos
Resignação do candidato face aos salários propostos	Abertura para negociações salariais
Dificuldade de colocação e aceitação de trabalho aquém de sua qualificação	Facilidade de colocação, o que permite ao candidato maior possibilidade de escolhas da organização, face às suas múltiplas oportunidades
Medo de perder o emprego	Confiança em nova colocação no mercado por eventual perda de emprego
Maior permanência na empresa, a despeito de condições de trabalho e estilo da chefia	Permanência na empresa enquanto há aumento de ganhos, seja em salário, seja em oportunidades de desenvolvimento no trabalho
Orientação para a satisfação das necessidades básicas	Orientação para o desenvolvimento da carreira

Fonte: Elaborado com base em Chiavenato, 2000.

O mercado de RH é vasto e caracterizado por sua complexidade, que aumenta à medida que consideramos o grau de especialização. Assim como a lei da oferta e da procura afeta diretamente o mercado de trabalho, ela também impacta profundamente no comportamento dos candidatos.

> O mercado de mão de obra é o reflexo do mercado de trabalho. Conhecer suas nuances permite que a organização e os recrutadores desenvolvam estratégias apropriadas para atrair e selecionar candidatos.

Entretanto, em momentos difíceis, o melhor que o candidato tem a fazer é procurar constantemente qualificar sua mão de obra, além de manter uma atitude otimista frente aos desafios.

1.3 O ambiente e as organizações

> *Uma organização é como uma canção; não é formada por sons individuais, mas pelas relações entre eles.*
> Peter Drucker

No subcapítulo anterior, analisamos o mercado de trabalho e a influência deste no comportamento das organizações e dos trabalhadores. Agora que vencemos a jornada pelo mercado de trabalho, faremos algumas considerações sobre as organizações.

1.3.1 As organizações

Você já parou para pensar em como a sociedade humana é constituída por organizações ou em como estas estão atreladas à satisfação de diversos tipos de necessidades e desejos da humanidade? Se pensarmos, por exemplo, em saúde, educação, lazer e serviços essenciais, tudo depende das organizações.

Mas o que é organização? Para Lacombe (2004, p. 229), organização é a "forma que assume qualquer associação humana para atingir um objetivo comum". Maximiano (2008, p. 3) ratifica essa ideia ao afirmar que "uma organização é um sistema de recursos que procura realizar algum tipo de objetivo ou conjunto de objetivos."

> As organizações, para que possam operar, necessitam de recursos materiais e financeiros, energia, tecnologia e, sobretudo, de **pessoas**. É por meio das pessoas que as organizações se criam, se estabelecem e se diferenciam.

Uma organização é um **sistema de recursos** que procura realizar objetivos (Maximiano, 2008). E o que é um *sistema*? Para esclarecer, tomamos emprestadas as palavras de Lacombe (2004, p. 286): "Sistema é um conjunto integrado de elementos dinamicamente inter-relacionados, desenvolvendo uma atividade ou função, para atingir um ou mais objetivos comuns ao conjunto; um todo complexo ou organizado; conjunto ou combinação de coisas ou partes formando um todo unitário ou complexo."

A Figura 1.6 representa a organização como um sistema de recursos que tem por propósito realizar seus objetivos.

Figura 1.6 – **Recursos da organização**

Pessoas
Informação
Conhecimento
Espaço
Tempo
Dinheiro
Instalações

Organização → Objetivos

Fonte: Adaptado de Maximiano, 2008, p. 4.

As organizações são sistemas abertos que interagem com o ambiente, impactando e sendo impactadas por este. A Figura 1.7 representa didaticamente um sistema aberto.

Figura 1.7 – **O sistema aberto**

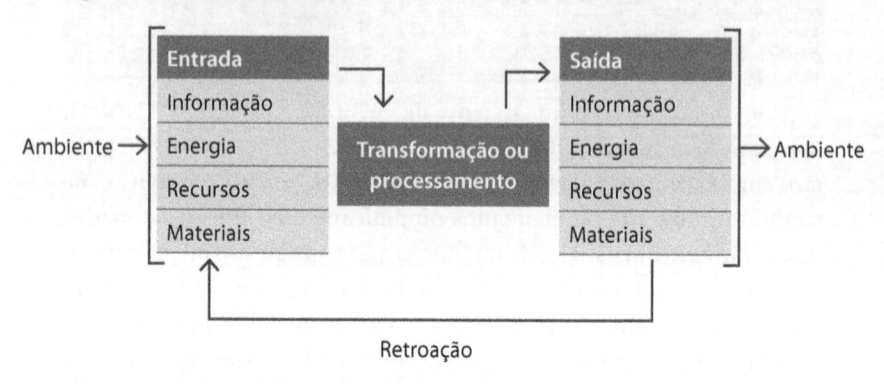

```
Ambiente →  [Entrada: Informação, Energia, Recursos, Materiais] → Transformação ou processamento → [Saída: Informação, Energia, Recursos, Materiais] → Ambiente
                                                    ↑_____ Retroação _____|
```

> Qualquer alteração de ordem política, econômica ou social que ocorra no ambiente externo promove impactos diretos e indiretos na organização.

O ambiente circunda todo o sistema organizacional. Em uma organização, ele é dividido em **macroambiente** e **microambiente**.

O que compõe o macroambiente de uma organização? Aspectos demográficos, científicos, tecnológicos, ecológicos, físicos, políticos, econômicos, sociais e culturais. O Quadro 1.4 apresenta detalhamentos sobre cada um desses fatores.

Quadro 1.4 – **Os fatores que compõem o macroambiente**

Fatores	Características
Científicos e tecnológicos	Conhecimentos acumulados pela humanidade que influenciam a maneira de realizar as tarefas e operações.
Políticos	Padrões de organização e funcionamento do Estado e da sociedade civil e dos seus mecanismos de interação e regulação (inclusive a opinião pública).
Econômicos	Organização do sistema econômico; política econômica; produto nacional bruto e *per capta*; perfis de distribuição de riqueza; taxas inflacionárias e níveis de emprego, entre outros.
Institucionais	Contextos e normas legais que regulamentam comportamentos individuais e coletivos.
Sociais	Tradições culturais, valores, ideologias, pressões sociais e mitos, entre outras.

(continua)

(Quadro 1.4 – conclusão)

Fatores	Características
Demográficos	Crescimento demográfico, densidade demográfica, distribuição espacial, composição etária e étnica, entre outras.
Ecológicos	Meio ambiente físico e natural que circunda o ambiente organizacional.

Fonte: Lacombe; Heilborn, 2003, p. 21.

Os fatores que compõem o macroambiente afetam diretamente o mercado de RH. Para ilustrar o impacto dos fatores econômicos na contratação de mão de obra, apresentamos o texto a seguir sobre a contratação de haitianos no Brasil:

Sem mão de obra, Santa Catarina importa haitianos

O fluxo imigratório começa em uma longa jornada no sul do Acre, precisamente na cidade de Brasileia, na fronteira com a Bolívia, onde fica o abrigo montado pelo governo estadual para receber os haitianos. Segundo o Ministério Público Federal, o galpão com 4.500 m^2 e capacidade para 400 pessoas abriga atualmente 1.244. No ano passado, o posto da Polícia Federal em Epitaciolândia, cidade vizinha a Brasileia, registrou a entrada de 10.110 haitianos – 74% do total (13.669) de haitianos que cruzou a fronteira para o Brasil.

"Eles são absorvidos pelos setores da construção civil, frigoríficos, limpeza urbana e linhas de produção industrial em postos que os brasileiros não querem mais ocupar", diz Paulo Sérgio de Almeida, presidente do Conselho Nacional de Imigração do Ministério do Trabalho.

Desde 2010, ano da tragédia que arruinou o país caribenho, o Brasil emitiu 12.352 carteiras de trabalho para haitianos. Desse total, 5.670 estão registrados e trabalhando atualmente – mais da metade na região Sul. Polo da agroindústria, o oeste catarinense tornou-se um dos principais destinos. A economia catarinense tem crescido nos últimos anos alavancada pela crescente exportação de alimentos para China e Japão.

Semanalmente, em média três empresas enviam representantes para recrutar haitianos em Brasileia. O perfil ideal é o de homens que deixaram a família no Haiti. A maioria das empresas oferece moradia e alimentação nos três primeiros meses e transporte do Acre para Santa Catarina em um ônibus. [...]

Fonte: Zylberkan, 2014.

O que é o microambiente de uma organização? Nas palavras de Lacombe e Heilborn (2003, p. 21) encontramos o esclarecimento a essa questão:

> O microambiente de uma organização corresponde aos sistemas próximos à empresa que interagem com ela de maneira forte e permanente [...]. Abrange os fornecedores de insumos, os clientes, os concorrentes, os órgãos governamentais e regulamentadores. O microambiente comporta os *stakeholders* na organização.

Para compreender a dinâmica do microambiente de uma organização, é fundamental que você saiba o que significa *stakeholder*.

Stakeholder, de acordo com Lacombe (2004, p. 291), "é uma palavra da língua inglesa que significa todas as pessoas físicas ou jurídicas que são direta ou indiretamente afetadas pelas atividades da organização e que também exercem sobre ela alguma influência".

Quem são os *stakeholders* de uma organização? São os agentes do ambiente que afetam diretamente a organização, ou seja, os consumidores, os fornecedores e os regulamentadores.

Assim, observe o Quadro 1.5, o qual apresenta os fatores que compõem o microambiente.

Quadro 1.5 – Os fatores que compõem o microambiente

Fatores	Características
Consumidores	Usuários de produtos e serviços da organização.
Fornecedores	Supridores de recursos: capital, mão de obra, materiais, equipamentos, serviços e informações, entre outros.
Concorrentes	Produzem bens ou serviços iguais, semelhantes ou sucedâneos, visando os mesmos consumidores ou usuários; competem pelos mesmos recursos junto aos mesmos fornecedores.
Regulamentadores	Entidades que impõem controles, limites e restrições à ação da organização; governo, meios de comunicação de massa, sindicatos, associações empresariais e de classe e organizações governamentais.

Fonte: Lacombe; Heilborn, 2003, p. 21.

De que maneira os *stakeholders* afetam a organização? Para responder a essa pergunta, tomaremos como exemplo o *stakeholder* "concorrência". Cada organização adota a sua política de RH, que contempla o processo de contratação, treinamento e desenvolvimento, o plano de cargos e salários, o pacote de benefícios, entre outros. É muito comum a situação na qual o colaborador opta pela troca de emprego em virtude de o pacote de benefícios ofertados por outra organização ser mais vantajoso, conforme ilustra o caso a seguir.

> Paulo Carlos é proprietário de uma distribuidora de alimentos e de um supermercado que opera em um bairro de uma capital brasileira. O quadro funcional de sua empresa é composto por 180 colaboradores, distribuídos nos níveis operacional, tático e estratégico. A empresa de Paulo Carlos adota uma faixa salarial um pouco acima da média do mercado, mas o plano de benefícios oferecido aos colaboradores é reduzido, restringindo-se a aspectos exigidos por lei.
>
> Nos últimos meses, o empresário vem percebendo que a rotatividade de funcionários aumentou e solicitou a Maria Helena, coordenadora administrativa, que levantasse as causas dos pedidos de desligamentos. Por meio de uma pesquisa cuidadosa, ela pôde identificar o que estava acontecendo. Em seu relatório constava que o principal motivo dos desligamentos estava relacionado aos valores salariais, abrangendo 39% do total, seguido pelos benefícios, com um percentual de 37% do total.
>
> Então, Paulo Carlos convocou seus gerentes para discutir o assunto e soube que uma grande rede de supermercados estava se instalando nas proximidades e "levando" seus funcionários. Qual era o motivo? O concorrente, embora oferecesse um salário inicial equiparado ao da empresa de Paulo, após o período de experiência, oferecia ao colaborador um aumento de 8% e assistência médica sem custo.

1.3.2 O desempenho e as organizações: eficiência e eficácia

Toda organização tem por foco a busca por desempenho, que pode ser mensurado a partir de um conjunto de indicadores.

> **Indicador** é um elemento representativo do que se deseja medir, uma vez que expressa informações que podem ser medidas, mensuradas e, portanto, comparadas e gerenciadas.

Os indicadores são instrumentos de planejamento e tomada de decisão que permitem ao gestor acompanhar, monitorar, avaliar e identificar oportunidades de melhorias que refletirão na produtividade e competitividade da organização. Para indicar o desempenho de uma organização, os gestores observam constantemente dois aspectos: 1) a eficiência; 2) a eficácia.

Você conhece a diferença entre eficiência e eficácia?

> **Eficiência**: fazer bem feito, de maneira correta. Relaciona-se aos meios.
> **Eficácia**: fazer aquilo que precisa ser feito, fazer a coisa certa. Relaciona-se aos fins (Maximiano, 2008).

Portanto, quanto mais alto for o grau de realização dos objetivos da organização, mais eficaz ela será; e quanto mais adequada e otimizada for a maneira como a organização utiliza seus recursos, isto é, quanto maior for o grau de produtividade e economia na utilização dos recursos, mais eficiente ela será.

> Joaquim, diretor proprietário de uma empresa de viagens e turismo, decidiu fazer um balanço de suas contratações nos últimos anos. Investiu tempo na descrição das funções de cargos e mapeou competências técnicas e comportamentais, tendo assim clareza a respeito das funções e dos requisitos para os ocupantes dos cargos. Optou por fazer recrutamento nas faculdades de Turismo e recebeu dezenas de candidatos. Identificou-os por competências e, na seleção, utilizou técnicas que lhe permitiram colocar a pessoa certa no lugar certo.
>
> Foi então que ele se deu conta de que, desde que começou a dar mais atenção para o processo seletivo, as coisas na organização mudaram muito. As pessoas são muito boas naquilo que fazem, batem metas e apresentam comportamento proativo. Refletindo sobre sua decisão, ficaram evidentes sua eficiência e sua eficácia: foi eficiente na escolha das técnicas de recrutamento e seleção e eficaz por ter colocado a pessoa certa no lugar certo.

Assim, podemos inferir que, para empreender um processo eficiente e eficaz de recrutamento e seleção, é fundamental que o profissional de RH conheça a situação do mercado de trabalho e do mercado de RH, para realizar a leitura do macroambiente e do microambiente e de seus impactos, no intuito de definir a estratégia mais eficiente e eficaz para o sucesso de sua empreitada: colocar a pessoa certa no lugar certo.

1.4 A gestão do capital humano

Agora que já refletimos acerca de diversos conceitos amplos, tais como a relação do homem com o trabalho, o mercado de trabalho e as organizações, vamos estreitar o foco para ampliar nosso conhecimento sobre a gestão do capital humano e as transformações na forma de gerir pessoas ocorridas através do tempo.

1.4.1 As transformações na gestão do capital humano

A exemplo da relação entre o homem e o trabalho, que assumiu diferentes configurações, será que a forma de gerir as pessoas nas organizações também se modificou ao longo do tempo? O mundo corporativo tem dominado a vida das pessoas, e a gestão de capital humano, da maneira como a concebemos nos dias atuais, é fruto de profundas transformações impulsionadas pelas mudanças ocorridas nas esferas econômica, social, política e ambiental, que deixaram suas marcas ao longo do tempo na forma de gerir pessoas. A gestão do capital humano é marcada por cinco fases: 1) contábil; 2) legal; 3) tecnicista; 4) administrativa; 5) estratégica. Cada uma delas é marcada pela busca de respostas aos desafios impostos às organizações em determinadas épocas.

O Quadro 1.6 a seguir registra a evolução da gestão, que tinha como foco inicial o homem como recurso produtivo e, posteriormente, passou a ter como foco o homem como capital.

Quadro 1.6 – **A evolução da gestão de RH**

Fase	Período	Características	Foco
Contábil	Antes de 1930	Fase assinalada pela ausência de legislação que disciplinasse a relação entre capital e trabalho. Estima-se que 80% da população ainda vivia no campo; assim, o poder de pressão do proletariado face aos ditames do capital era incipiente.	Controle de frequências e faltas, pagamentos, admissão e demissão de pessoal.
Legal	De 1930 a 1950	Período no qual Getúlio Vargas assume o poder e cria o Ministério do Trabalho, Indústria e Comércio e o Departamento Nacional de Trabalho. Em 1932, o Decreto n. 22.035 institui a Carteira de Trabalho e Previdência Social (CTPS). Em 1943, é aprovada a Consolidação das Leis do Trabalho (CLT) e ocorre a reformulação da CTPS. Essa fase assinala também a estruturação da gestão de pessoas.	Início da gestão burocrática e legalista de pessoas. Atendimento às exigências da lei.
Tecnicista	De 1950 a 1965	Fase marcada pela entrada massiva de multinacionais no país. Indústrias automobilísticas implantam o modelo americano de gestão de pessoas. É criado o Departamento das Relações Industriais. Ocorre operacionalização de treinamento, recrutamento e seleção, cargos e salários, higiene e segurança no trabalho, benefícios, entre outros.	Administração de pessoal.

(continua)

(Quadro 1.6 – conclusão)

Fase	Período	Características	Foco
Administrativa	De 1965 a 1985	Período assinalado por relações de trabalho bastante tensas. Época da ditadura militar e da militância de movimento sindicais, o novo sindicalismo. As mudanças tecnológicas passam a acontecer em ritmo acelerado e alteram profundamente a forma de gerenciar pessoas. A tecnologia demanda habilidades específicas, e muitas funções passam a ser exercidas por máquinas. O microcomputador passa a fazer parte do cotidiano do executivo.	Gestão participativa; planejamento estratégico, controle de qualidade.
Estratégica	De 1985 até os dias atuais	Fase assinalada por falências e concordatas. Para sobreviver à crise, as empresas utilizam *downsizing*[1], reengenharias e terceirizações como estratégia. Inicia-se a nova alavancagem organizacional da gestão de RH.	Organogramas flexíveis; gestão participativa; desenvolvimento de pessoal.

Fonte: Elaborado com base em Marras, 2002, p. 26; Gil, 1994, p. 22; Chiavenato, 2004, p. 17-19; Fidelis; Banov, 2006, p. 21-24.

Tendo em conta as fases que desenham a evolução da gestão do capital humano, identificamos modelos de gestão que se diferenciam. Um modelo tem o foco nas tarefas, ao passo que o outro oferece aos resultados o papel principal. O primeiro é denominado *modelo tradicional de gestão*, e o segundo, *modelo estratégico*.

É muito importante destacarmos que o modelo que tem por foco as tarefas não foi totalmente suplantado pelo que tem por foco os resultados, uma vez que algumas organizações ainda não realizaram a transição

---

[1] *Downsizing* é uma "expressão de língua inglesa que significa reduzir o tamanho de uma organização, especialmente pela redução planejada do número de empregados e níveis hierárquicos da organização, com o objetivo de diminuir custos e aumentar a flexibilidade e adaptabilidade da organização" (Lacombe, 2004, p. 117).

para o modelo estratégico e continuam a manter práticas características do modelo tradicional.

Quais são as diferenças que assinalam o RH tradicional e o RH estratégico? O Quadro 1.7 ilustra essas diferenças.

Quadro 1.7 – O modelo de RH tradicional e o modelo de RH estratégico

RH tradicional	RH estratégico
Foco em processos e tarefas	Foco em estratégias e resultados
Recrutamento e seleção voltados para o cargo	Captação de capital intelectual no mercado para dinamização do negócio
Treinamento na função	Aprendizado e educação continuada
Gestão de cargos	Gestão de competências
Salário	Remuneração ligada a resultados
Relações trabalhistas estagnadas	Parcerias e negociações
Manutenção de processos e tarefas	Cultura da mudança e da inovação

Fonte: Pereira, 2014, p. 23.

Será que, na atualidade, as organizações vivenciam uma concepção de gestão que rompe paradigmas da administração tradicional rumo à gestão estratégica de pessoas? O que podemos considerar é que atualmente existe um imperativo nas organizações: integrar o RH estratégico ao processo de gerir pessoas. Essa integração pode ser claramente percebida por meio de práticas específicas que em muito se distanciam das adotadas pela gestão tradicional.

O contexto mundial que se apresenta às organizações é complexo, dinâmico e turbulento. A palavra de ordem é *competitividade*. Mas não se trata apenas de fazer mais; a questão é fazer melhor.

As organizações impactam as mudanças tecnológicas e são profundamente impactadas por elas. Estas, ao mesmo tempo, geram e demandam produtos e processos cada vez mais otimizados, com vistas ao imperativo da sustentabilidade.

O cenário atual cria uma "arena" onde ocorre uma verdadeira "guerra por talentos". Nessa disputa, ganha a organização que tem maior poder de atraí-los e retê-los (Almeida, 2009). Sob essa perspectiva, as organizações não mais administram recursos humanos; pelo contrário, gerenciam inteligências.

> As organizações têm constatado a relevância das pessoas no sucesso do negócio ou da empresa: elas são depositárias do capital intelectual da organização. Utilizando sua inteligência, sua intuição, seu conhecimento e seu potencial criativo, as pessoas são capazes de gerar oportunidades únicas para a organização (Lotz; Gramms, 2012).

A gestão de pessoas assume, no atual contexto econômico, social e político, uma das funções primordiais dos gestores, cuja responsabilidade é a administração dos recursos de produção e serviços. Na economia atual, alicerçada no conhecimento e na informação, "a sustentação principal da operação das empresas está no trabalho de pessoas que sejam detentoras de conhecimentos especializados", explica Pereira (2014, p. 13).

As transformações políticas, econômicas, sociais e tecnológicas influenciam fortemente a forma de gerir pessoas, e é por essa razão que cada vez mais o RH tradicional tem dado lugar ao RH estratégico.

1.4.2 A perspectiva sistêmica da gestão de capital humano

Para compreender a perspectiva sistêmica da gestão de pessoas, vamos começar pela história de um preocupado ratinho.

> Um rato, olhando pelo buraco na parede, vê o fazendeiro e sua esposa abrindo um pacote. Pensou logo no tipo de comida que haveria ali. Ao descobrir que era uma ratoeira, ficou aterrorizado.
>
> Correu ao pátio da fazenda advertindo a todos: – Há uma ratoeira na casa, uma ratoeira na casa!!
>
> A galinha disse: – Desculpe-me sr. Rato, eu entendo que isso seja um grande problema para o senhor, mas não me prejudica em nada, não me incomoda.
>
> O rato foi até o porco e disse: – Há uma ratoeira na casa, uma ratoeira!
>
> – Desculpe-me sr. Rato, disse o porco, mas não há nada que eu possa fazer, a não ser orar. Fique tranquilo que o sr. será lembrado nas minhas orações.
>
> O rato dirigiu-se à vaca. E ela lhe disse: – O quê? Uma ratoeira? Por acaso estou em perigo? Acho que não!

> Então o rato voltou para casa abatido, para encarar a ratoeira. Naquela noite ouviu-se um barulho, como o da ratoeira pegando sua vítima.
> A mulher do fazendeiro correu para ver o que havia pego.
> No escuro, ela não viu que a ratoeira havia pego a cauda de uma cobra venenosa. E a cobra picou a mulher... O fazendeiro a levou imediatamente ao hospital. Ela voltou com febre.
> Todo mundo sabe que para alimentar alguém com febre, nada melhor que uma canja de galinha. O fazendeiro pegou seu cutelo e foi providenciar o ingrediente principal.
> Como a doença da mulher continuava, os amigos e vizinhos vieram visitá-la.
> Para alimentá-los, o fazendeiro matou o porco. A mulher não melhorou e acabou morrendo.
> Muita gente veio para o funeral. O fazendeiro então sacrificou a vaca, para alimentar todo aquele povo. [...]

Fonte: Pantaleão, 2013.

E de que forma a história do ratinho ajuda a compreender a perspectiva sistêmica da gestão de pessoas? Temos a constatação de que um evento impactava diretamente outros, apesar de parecer que cada personagem vivia em um núcleo isolado. Assim acontece também com a gestão de pessoas, que abrange um sistema maior, composto por subsistemas dinâmicos e interdependentes. Isso equivale a afirmar que qualquer alteração em um dos subsistemas impacta diretamente o todo.

Para exemplificar especificamente como esses impactos ocorrem na organização, apresentamos a história a seguir.

> Uma empresa que atua com fabricação e comercialização de produtos de limpeza conta atualmente com um quadro de 150 colaboradores e tem passado por grande expansão. À medida que a organização foi crescendo, os colaboradores mais antigos foram assumindo cargos de chefia. Todos preparados do ponto de vista técnico e conhecedores da organização.
> Entretanto, por terem sido alocados em cargos de chefia sem o devido preparo do ponto de vista das relações humanas, sofrem com constantes problemas relacionais. A última pesquisa de clima aponta índice de 30% de satisfação com as chefias, ou seja, 70% dos colaboradores estão insatisfeitos com a variável organizacional *estilo de gestão*.

> Analisando o resultado da pesquisa, os consultores recém-contratados passaram a compreender o porquê do alto índice de rotatividade e também a razão de inúmeros processos trabalhistas que a organização vem enfrentando.

O que esse exemplo demonstra? A situação vivenciada pela organização demonstra o quanto a variável *estilo de gestão* tem relação direta com a insatisfação dos colaboradores, com a rotatividade de pessoal e com os processos trabalhistas.

1.4.2.1 Os subsistemas e os processos que compõem a gestão de pessoas

A gestão de pessoas comporta processos bastante distintos entre si; o resultado de cada área impacta e é impactado por outra área, em um movimento altamente dinâmico, influenciado pelos ambientes externo e interno da organização.

O que compõe os subsistemas de gestão de pessoas e a quais processos nos referimos? O sistema de gestão de pessoas é composto pelos seguintes subsistemas propostos por Chiavenato (2004): provisão, aplicação, manutenção, desenvolvimento e monitoração.

- A provisão é o ato ou efeito de prover, que remete a abastecer. Esse subsistema tem por objetivo atrair e selecionar a força de trabalho. Trata do planejamento de recursos humanos, do recrutamento e da seleção de pessoal.
- A aplicação tem por objetivo organizar e clarificar, por meio de descrição de cargos e mapeamento de competências, o conteúdo de cada cargo e função. Esse subsistema ocupa-se também de avaliar o desempenho do colaborador, tendo por espelho de análise as competências requeridas pelo cargo.
- A manutenção tem por objetivo trabalhar políticas e práticas para manter e reter o colaborador na organização. Considera os aspectos de compensação, benefícios sociais, higiene e segurança e relações sindicais.
- O desenvolvimento tem por objetivo estimular e promover o aprendizado e o desenvolvimento do colaborador. Abrange o treinamento e o desenvolvimento de pessoas e também o desenvolvimento organizacional.

* A monitoração tem por objetivo acompanhar, monitorar e controlar o colaborador. Contempla o banco de dados e os sistemas de informações, assim como a auditoria de RH.

Qual é a relação de cada um dos subsistemas com os processos de gestão de pessoas? Cada subsistema realiza um conjunto de processos que, embora independentes, são inter-relacionados, e o resultado de um impacta direta ou indiretamente o resultado do outro.

> Cada subsistema é composto por um conjunto de processos.

Mas o que é especificamente um processo? Lacombe (2004, p. 254) registra que processo é uma "ordenação de atividades de trabalho no tempo e no espaço, com um começo, um meio e um fim, e *inputs* (entradas) e *outputs* (saídas) claramente identificados e quase sempre atravessando as fronteiras das unidades organizacionais".

Em se tratando da gestão de capital humano, destacamos os processos indicados no Quadro 1.8.

Quadro 1.8 – A perspectiva sistêmica dos processos da gestão de pessoas: características e impactos

Processo	Característica	O que impacta
Agregar	Tem a finalidade de incluir pessoas na organização; por essa razão, é voltado ao recrutamento e à seleção.	Treinamento, desenvolvimento, avaliação de desempenho.
Aplicar	Identifica o que deve ser realizado na organização e quem deve realizar. Esses processos fornecem informações que permitirão a orientação e o acompanhamento do desempenho. Contemplam o desenho de cargos, como a descrição e a análise destes.	Recrutamento e seleção de pessoal, avaliação de desempenho, ações voltadas a treinar e desenvolver pessoas e definição da remuneração.

(continua)

(Quadro 1.8 – conclusão)

Processo	Característica	O que impacta
Recompensar	Objetiva aplicar ações para incentivar pessoas. Busca a maior satisfação do colaborador e inclui benefícios e serviços sociais e recompensas remuneradas.	Retenção, satisfação e qualidade de vida do colaborador.
Desenvolver	Tem por finalidade desenvolver as competências. Inclui treinamentos que podem ser técnicos, comportamentais ou técnico-comportamentais, além de programas de capacitação, aperfeiçoamento e qualificação voltados à aprendizagem do colaborador, em relação tanto a suas funções imediatas, quanto àquelas voltadas ao desenvolvimento de carreira.	Encarreiramento de pessoas na remuneração.
Manter	Visa cuidar do ambiente físico e psicológico da organização, oferecendo o suporte seguro e saudável para o trabalho.	Desempenho, retenção e satisfação do colaborador.
Monitorar	Tem por objetivo identificar se o colaborador está de fato realizando as tarefas para as quais foi contratado. Acompanha e controla as atividades das pessoas com o objetivo de verificar resultados.	Manutenção do colaborador, treinamento, oferta de recompensas materiais e benefícios.

Fonte: Elaborado com base em Chiavenato, 2004.

Que tal um exemplo de como essa perspectiva sistêmica atua na prática? Vamos conhecer a história de Laura, que ilustra com precisão a perspectiva sistêmica da gestão de pessoas.

> Laura, recém-formada com louvor no curso de Tecnologia em Recursos Humanos, foi contratada para assumir o RH de uma empresa com 80 colaboradores, sendo que 70 deles atuavam na linha de produção. Exigia-se desses colaboradores coordenação motora fina bastante desenvolvida, pois trabalhavam com peças minúsculas e realizavam tarefas relativamente simples e repetitivas na linha de montagem.
> Laura percebeu que alguma coisa não estava certa. Desperdícios de tempo e de matéria-prima, reclamações por parte dos colaboradores e insatisfações generalizadas faziam parte da rotina da organização. Laura promoveu treinamentos para a equipe operacional, mas nada parecia funcionar.
> Foi então que ela decidiu investigar como se dava a seleção dos colaboradores. Perguntou sobre a descrição de cargos e o mapeamento de competências. Ninguém sabia da existência desses documentos. Foi informada por uma funcionária que a seleção era feita com base nos resultados de uma dinâmica de grupo.
> Laura ficou surpresa ao saber que a dinâmica aplicada identificava habilidades sociais e de negociação para colaboradores que precisavam de atenção concentrada, organização, acuidade visual e coordenação motora fina apurada. Foi então que passou a adotar outro processo seletivo, que permitia identificar as habilidades demandadas pelo trabalho. Laura percebeu que, desde então, os treinamentos passaram a ser mais eficazes, uma vez que as pessoas, agora, apresentam o perfil para os requisitos das vagas.

Para compreender a perspectiva dinâmica dos subsistemas da gestão de pessoas, observe que, a princípio, o problema parecia ser de treinamento. Mas um olhar sistêmico permitiu identificar que o treinamento era apenas o efeito, ou seja, a manifestação do problema. A causa, a raiz, se encontrava de fato no processo de seleção. Assim, uma vez conhecida a causa do problema, Laura pôde tomar medidas corretivas e obter resultados diferentes para a organização.

Síntese

Este capítulo apresentou o significado de *trabalho* – conceito associado inicialmente à condenação –, hoje central na vida humana. A relação entre homem e trabalho através dos tempos foi, a princípio, regida pela escravidão, passando pela servidão e, mais tarde, com o advento da Revolução Industrial, pelo trabalho assalariado. Destacamos a diferença entre *trabalho* e *emprego* e entendemos melhor o mercado de trabalho e a influência deste no mercado de RH.

Neste capítulo, você conheceu conceitos acerca do ambiente no qual as organizações estão inseridas e de que maneira esse ambiente influencia a contratação da mão de obra. O tema *ambiente* trouxe destaque ao macroambiente e ao microambiente, sendo o primeiro composto pelas variáveis políticas, sociais, econômicas, institucionais, demográficas e ecológicas, ao passo que o segundo oferece especial atenção aos *stakeholders*: governo, concorrentes, clientes, fornecedores, grupos de interesses especiais e instituições financeiras. Outro ponto abordado no capítulo foi a relevância do desempenho das organizações e os esclarecimentos sobre eficiência e eficácia.

Analisamos também os conceitos de *eficiência* e *eficácia*, a gestão do capital humano e a transição do RH tradicional para o RH estratégico, com destaque para a concepção sistêmica da gestão de pessoas, que comporta os processos de provisão, aplicação, manutenção, treinamento e monitoração de pessoas.

Para saber mais

Para ampliar sua visão sobre os temas abordados neste capítulo, sugerimos que você assista aos filmes listados a seguir:

A CORPORAÇÃO. Direção: Jennifer Abbot e Mark Achbar. Canadá: Big Pictures Mega Corporation, 2003. 145 min.

A corporação é um documentário crítico que, em seu desenrolar, vai revelando os meandros da criminalidade do mundo corporativo contemporâneo. A exploração da mão de obra barata no Terceiro Mundo e a destruição do meio ambiente são alguns dos temas explorados.

TEMPOS modernos. Direção: Charles Chaplin. EUA: United Artists, 1936. 83 min.

O filme *Tempos modernos*, além de uma obra de arte, é uma sátira à vida em uma sociedade industrial consumista; uma crítica à mecanização e às questões sociais da época.

Questões para revisão

1. Uma frase frequentemente repetida por empregadores é: *As pessoas desejam encontrar um emprego, não um trabalho.* O que os empregadores desejam expressar quando pronunciam essa afirmação? Julgue as afirmativas a seguir em *V* (verdadeiras) ou *F* (falsas).

   ( ) As pessoas desejam apenas ter uma carteira assinada que lhes assegure a entrada de rendimentos ao final do mês.
   ( ) Ao menor sinal de cobrança ou arrocho por metas e prazos, os colaboradores ficam insatisfeitos e podem deixar a organização.
   ( ) Existe muito trabalho e pouca gente que se propõe a realizá-lo.
   ( ) As organizações podem se livrar de encargos trabalhistas se não formalizarem o contrato de trabalho de seus colaboradores.

   A sequência correta, de cima para baixo, é:

   a) V, V, V, V.
   b) V, V, F, V.
   c) V, F, V, F.
   d) F, F, F, V.
   e) V, V, V, F.

2. Leia o texto a seguir:

   > A gestão de pessoas vem sofrendo profundas transformações ao longo dos tempos, deixando de ser um mero departamento de pessoal para se tornar uma atividade de importância estratégica dentro das organizações. Há algumas décadas, o departamento de RH atuava de forma mecanicista, de modo que o empregado se limitava à execução das tarefas, à obediência ao chefe e ao controle centralizado. Hoje em dia, o cenário encontra-se profundamente alterado, pois os empregados são chamados de *colaboradores*, e os chefes, de *gestores*. As mudanças são tantas que até o nome tem mudado ao longo dos tempos. A denominação *RH* tem sido substituída por expressões como *gestão de talentos*, *gestão do capital intelectual*, *gestão de parceiros* ou *colaboradores* e até *gestão de pessoas*.
   >
   > Fonte: Adaptado de Costa, 2010.

Refletindo sobre o assunto, entende-se que:

I) O texto revela que a área de gestão de pessoas tem evoluído ao longo do tempo, mas nos últimos anos essa evolução foi mais acelerada.
II) A evolução da área de gestão de pessoas tem sido marcada por um processo lento e sem precedentes.
III) A área de gestão de pessoas tem contribuído de forma decisiva para o desenvolvimento das empresas e das pessoas que nelas trabalham.
IV) A atual gestão de pessoas visa à valorização dos profissionais e do ser humano, privilegiando o desenvolvimento não só das organizações, mas também das pessoas.

Assinale a alternativa que apresenta a resposta correta:

a) Apenas a afirmativa I está correta.
b) As afirmativas I, II e III estão corretas.
c) As afirmativas I, II e IV estão corretas.
d) As afirmativas I, III e IV estão corretas.
e) Todas as alternativas anteriores estão corretas.

3. A empresa fictícia Bons Ventos é uma indústria especializada em roupas esportivas para ciclistas e está em ótima fase. Joana, analista de RH, precisa contratar 15 colaboradores para a nova fábrica que será aberta nos próximos meses. Ao pesquisar o mercado para definir as estratégias a serem adotadas no processo de recrutamento e seleção, ela se deu conta de que não terá problemas para preencher os postos de trabalho, porque:
- há escassez na oferta de vagas;
- há mão de obra abundante;
- existe a oportunidade de elevar a rigidez de critérios na seleção dos candidatos;
- o investimento no processo de recrutamento para a divulgação das vagas será baixo.

Tendo em vista o cenário identificado por Joana, assinale a alternativa que apresenta a resposta correta:

a) O cenário apresentado reflete que a oferta de postos de trabalho equivale à procura, ocorrendo, assim, o equilíbrio de mercado de mão de obra.
b) O cenário apresentado reflete que a oferta de postos de trabalho é maior do que a procura, favorecendo o trabalhador.
c) O cenário apresentado reflete que a procura por postos de trabalho é maior do que a oferta, favorecendo o trabalhador.
d) O cenário apresentado reflete que a procura por postos de trabalho é maior do que a oferta, favorecendo a organização.
e) O cenário apresentado não oferece ganhos relevantes nem para a organização, nem para o trabalhador.

4. Qual é a importância do trabalho para a vida do ser humano?
5. Qual é a relação entre as etapas de recrutamento e de seleção de pessoal?

Questões para reflexão

1. Quais mudanças você acredita que ocorrerão no mercado de trabalho nos próximos anos em virtude da educação e das novas tecnologias?
2. De que maneira o RH estratégico pode contribuir para o comprometimento das pessoas nas organizações?

2 O recrutamento de pessoal

Conteúdos do capítulo

- Conhecimentos prévios ao recrutamento.
- Requisitos para um recrutamento eficaz.
- Tipos de recrutamento de pessoal.
- Anúncio da vaga.
- Processo de recrutamento.
- Métricas e indicadores: análise do custo-benefício do recrutamento.
- Considerações sobre o currículo.

Após o estudo deste capítulo, você será capaz de:

1. compreender a estrutura organizacional e a relação dos cargos e dos níveis hierárquicos;
2. analisar e descrever cargos;
3. compreender a elaboração e o propósito da ficha profissiográfica;
4. utilizar a análise e a descrição de cargos e a ficha profissiográfica no planejamento do recrutamento;
5. realizar pesquisas para compor a descrição de cargos e a ficha profissiográfica;
6. identificar os tipos e fontes de recrutamento e os pontos e contrapontos de cada modalidade;
7. aplicar as etapas do processo de recrutamento e seleção;
8. distinguir os tipos de anúncios;
9. estruturar um anúncio para divulgação de vaga;
10. analisar o conteúdo de um currículo;
11. comparar os dados de um currículo com os requisitos de uma vaga.

> *O desenvolvimento pode deixar pessoas ótimas ainda melhores, mas se eu tivesse apenas um dólar para investir, investiria 70 centavos para fazer a pessoa certa vir a minha porta.*
>
> Paul Russel, diretor de liderança da Google®, citado por Cumberland (2014, p. 97)

Este é um capítulo que trata do recrutamento de pessoal. Contudo, para conduzir o processo de recrutamento e seleção com eficiência e eficácia, é fundamental conhecermos:

1. a estrutura organizacional;
2. o documento de análise e descrição de cargos;
3. o perfil profissiográfico;
4. a forma coletar de dados, caso seja necessário elaborar documentos que irão alicerçar o processo de comparação entre as exigências do cargo e o perfil do candidato.

Vencida essa etapa, chega o momento de conhecer os tipos de recrutamento, de anúncios, além dos cuidados para elaborá-los de forma a não incorrer em preconceitos, bem como as etapas do processo de recrutamento e a forma de analisar um currículo. Uma vez que tudo o que pode ser medido pode ser melhorado, o pós-recrutamento reserva a avaliação do custo-benefício com o propósito de identificar estratégias para melhorias do processo de recrutamento e seleção.

2.1 Requisitos para um recrutamento eficaz

O que é recrutar? Recrutar é atrair candidatos qualificados para as vagas de uma organização. Esse processo é um conjunto de etapas, um passo a passo para produzir um determinado resultado.

O que é preciso saber para conduzir o recrutamento com qualidade e excelência?

> **É fundamental que o recrutador saiba o que está procurando.** Recrutar a pessoa certa implica conhecer antecipadamente os requisitos necessários para o pleno desempenho da função.

Qual é o ponto de partida para conhecermos antecipadamente os requisitos para o desempenho do cargo e das competências buscadas no profissional? É conhecer o desenho de cargos, a análise e a descrição do cargo e o mapeamento de competências. Com base na identificação dos requisitos do cargo e das competências buscadas no profissional, o recrutador poderá se comunicar da maneira correta com seu público-alvo e atrair profissionais qualificados, com os requisitos necessários para o cargo.

Este é o objetivo primeiro do processo de recrutamento: **abastecer o processo de seleção da organização**. Antes de recrutar, é fundamental conhecer as funções atribuídas ao cargo e o perfil do candidato que poderá desempenhá-las.

2.1.1 A estrutura organizacional

O que é estrutura organizacional? De acordo com Oliveira (2001, p. 85), "é o conjunto ordenado de responsabilidades, autoridades, comunicações e decisões das unidades de uma organização". Apresenta a nomenclatura das áreas e dos cargos; os níveis hierárquicos; as chefias e suas atribuições, assim como as **relações formais** entre os níveis, o que se traduz na **autoridade de linha**. A estrutura organizacional é representada pelo **organograma**, cujo propósito é permitir a visualização rápida dos níveis hierárquicos e das áreas que compõem a organização.

A Figura 2.1 oferece um exemplo de organograma.

Figura 2.1 – **A estrutura organizacional**

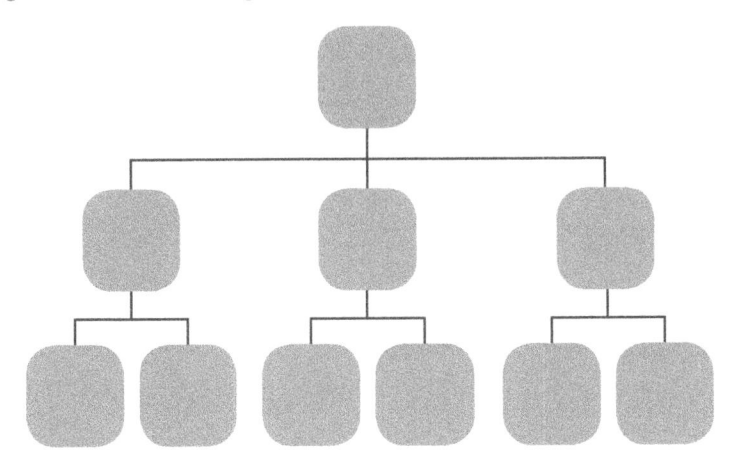

A Figura 2.1 ilustra uma estrutura organizacional com três níveis hierárquicos, indicando as linhas de comando que traduzem a autoridade formal na organização, denominada *autoridade de linha*. Todos os colaboradores de uma organização estão ligados ao principal executivo por meio de linhas hierárquicas sucessivas (Lacombe, 2004).

> **Autoridade de linha** é a autoridade formal, legítima, atribuída ao indivíduo pela organização e exercida por meio do cargo. Essa é a autoridade que o gestor da área exerce diretamente sobre os colaboradores. Torna legítimo o direito de o gestor atuar sobre sua equipe de trabalho definindo metas e objetivos, coordenando ações, acompanhando resultados, oferecendo *feedbacks* e, sobretudo, proporcionando ao colaborador condições para a execução das atividades.

O texto a seguir traz um exemplo de autoridade de linha.

> A Águia Branca, uma empresa fictícia de transportes, teve no mês de janeiro três computadores queimados em virtude de um raio que caiu nas proximidades.
>
> Um dos computadores danificados estava na mesa de Neia, coordenadora da área de atendimento ao cliente. Essa área tem como meta responder às manifestações dos clientes em até 24 horas. Assim, com um computador a menos, Neia não tardou a perceber que a operação de sua área ficou bastante comprometida. *E-mails* se acumulavam, e as respostas aos clientes eram enviadas, em média, em três dias úteis – atraso inconcebível na visão de Neia.
>
> Não havendo a possibilidade de arrumar os computadores, a solução seria solicitar a aquisição de novos equipamentos, o que de fato foi feito. Contudo, a área de TI (tecnologia da informação), responsável por novas aquisições, informou que não poderia efetuar a compra em virtude de restrições orçamentárias, e que poderia entregar os novos equipamentos apenas no mês de março. Neia, inconformada com a resposta por acreditar que esperar até março seria um prazo longo demais, verificou o *budget* (orçamento) de sua área e tomou a decisão de solicitar, à diretoria, a aprovação para a aquisição de um computador.

De que maneira a situação vivenciada por Neia ilustra o tópico de autoridade de linha? Neia, como coordenadora, detém a autoridade de linha, o que confere a ela o poder de tomar decisões. Uma vez detectado o problema, em virtude de seu cargo, ela pode agir no sentido de modificar uma situação.

Figura 2.2 – **Níveis hierárquicos**

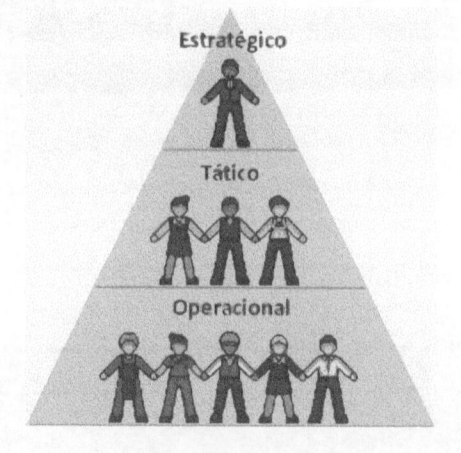

Crédito: Jessé Eliel Gonçalves

Afinal, o que os níveis hierárquicos representam? Eles indicam o conjunto de cargos com o mesmo nível de autoridade. Os níveis hierárquicos abarcam três categorias: 1) nível estratégico; 2) nível tático; 3) nível operacional.

- O **nível estratégico** da organização é constituído por executivos de ponta: a alta administração. São profissionais de alta capacitação gerencial com amplo poder de decisão.
- O **nível tático** é constituído por gerentes intermediários, coordenadores de área, cargos de alta *expertise*, profissionais de nível superior, a exemplo de engenheiros e médicos, entre outros. São responsáveis por transferir as diretrizes estratégicas da alta administração para o nível operacional, oferecer suporte à operação, acompanhar resultados, além de oferecer soluções técnicas à sua área. Esses profissionais representam o elo entre grupos de trabalho operacionais e a alta administração.
- O **nível operacional** da organização é constituído por colaboradores que executam as atividades cotidianas, as tarefas operacionais. Encontra-se nessa categoria a maioria do capital humano da organização.

Os níveis hierárquicos são compostos por cargos de diferentes grupos ocupacionais. Os **grupos ocupacionais** são os conjuntos de cargos que se assemelham quanto à natureza do trabalho. Podem ser divididos nas seguintes categorias ou grupos: gerencial, profissionais de nível superior, técnicos de nível médio, administrativo e operacional, conforme vemos no Quadro 2.1.

Quadro 2.1 – **Os grupos ocupacionais**

Grupos ocupacionais	Abrangência
Gerencial	Diretores e gerentes.
Profissionais de nível superior	Cargos de engenheiros, economistas, advogados, administradores, entre outros.
Técnicos de nível médio	Cargos de laboratoristas, desenhistas, inspetores, supervisores técnicos, entre outros.

(continua)

(Quadro 2.1 – conclusão)

Grupos ocupacionais	Abrangência
Administrativo	Cargos de recepcionistas, auxiliares, analistas, supervisores administrativos, entre outros.
Operacional	Cargos de pedreiros, operadores mecânicos, supervisores operacionais, trabalhadores de linha de produção, entre outros.

Fonte: Elaborado com base em Pontes, 2014, p. 54.

Qual é a influência do nível hierárquico na autoridade atribuída ao cargo? Os níveis hierárquicos são relacionados à amplitude de **autoridade e responsabilidade** do cargo. Vale lembrar que, se por um lado, autoridade é o "direito formal e legítimo de decidir e agir para obter os resultados desejados" (Lacombe, 2004, p.30), por outro lado, a responsabilidade é uma consequência natural da autoridade e envolve o dever de prestar contas, de responder por seus comandos, suas ações e suas decisões.

Figura 2.3 – **O líder servidor**

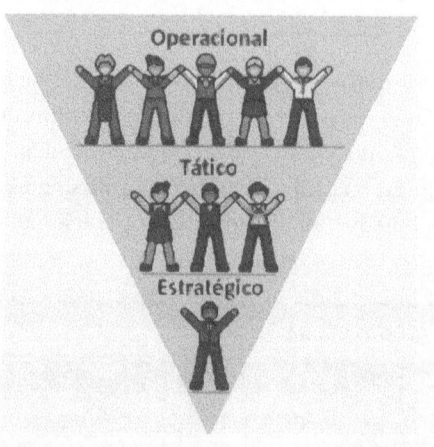

Crédito: Jessé Eliel Gonçalves

Quanto mais alto for o nível hierárquico do cargo, maior será a autoridade. Em outras palavras, quanto mais elevado o cargo, mais apto deve ser o profissional para oferecer suporte às pessoas e operações da organização.

> **Líder** é aquele que está na organização para servir, oferecer apoio e estrutura para que os colaboradores que estão sob seu comando possam realizar suas tarefas e atingir metas e objetivos.

De que maneira os níveis hierárquicos influenciam o processo de recrutamento e seleção? Os níveis hierárquicos e as categorias ocupacionais refletem diretamente o desenho do processo de recrutamento e seleção. Os cargos situados no nível estratégico tendem a apresentar um número maior de etapas no processo seletivo. O posicionamento do cargo na estrutura da organização define aspectos como remuneração, encarreiramento, modalidade de treinamento, entre outros.

Como o recrutador saberá quais são as demandas do cargo e as características do profissional que está procurando? É aí que notamos a importância da descrição e da análise de cargos e do mapeamento de competências – tema que receberá atenção no Capítulo 4.

2.1.2 A descrição e análise de cargos

A descrição e análise de cargos (vide Apêndice 1 – Modelo de análise e descrição de cargo) tem importante papel em todo o processo, oferecendo informações relevantes que contribuirão para que o recrutador tenha clareza sobre o perfil do candidato, munindo-se de elementos para a elaboração do anúncio de recrutamento e influenciando na escolha do candidato cujo perfil é compatível com a vaga.

2.1.2.1 A descrição de cargos

O que é um cargo? Segundo Pontes (2014), cargo é um conjunto de funções idênticas quanto às tarefas executadas, bem como às especificações exigidas dos ocupantes. Trata-se de uma incumbência, uma responsabilidade exercida por um colaborador na organização.

"Para conhecer um cargo é preciso descrevê-lo", enfatiza Chiavenato (2001, p. 67). A **descrição de cargos**, também denominada *descrições de funções*, é o levantamento das funções e das tarefas a fim de estabelecer pré-requisitos para a ocupação do cargo (Pereira, 2014).

As informações oferecidas pela descrição de cargos orientam tanto o recrutamento e a seleção de candidatos quanto a divisão e organização das atividades e responsabilidades de cada cargo.

Essa organização, com definição de tarefas e de atividades, influencia significativamente o desempenho das funções e a produtividade do colaborador, uma vez que contribui para inibir o "jogo de empurra", frequentemente expresso pela afirmação: "Não é comigo!".

Leia o texto a seguir:

Não é comigo!

Esta é uma estória sobre quatro pessoas: TODO MUNDO, ALGUÉM, QUALQUER UM E NINGUÉM. Havia um importante trabalho a ser feito e TODO MUNDO tinha certeza que ALGUÉM o faria. QUALQUER UM poderia fazê-lo, mas NINGUÉM O FEZ. ALGUÉM se zangou, porque era trabalho de TODO MUNDO. TODO MUNDO pensou que QUALQUER UM poderia fazê-lo, mas NINGUÉM imaginou que TODO MUNDO deixasse de fazê-lo. Ao final TODO MUNDO culpou ALGUÉM, quando NINGUÉM fez o que QUALQUER UM poderia ter feito.

Fonte: Lacombe, 2011, p. 83, grifo do original.

Qual é a relação do texto apresentado com a descrição de cargos e funções? A descrição de cargo permite identificar o que compete ao cargo, seu conjunto de funções, atividades e responsabilidades. Dessa forma, cada colaborador pode concentrar seus esforços na realização do que é de seu âmbito de atuação e evitar que atividades sejam desenvolvidas em duplicidade. A descrição de cargos poupa esforços, determina limites de autoridade e responsabilidade e permite também que seja identificado o perfil adequado que um colaborador deve apresentar para desempenhar o cargo.

A descrição de cargos é um registro formal e escrito dos elementos significativos do cargo e apresenta as seguintes informações:

- O que o ocupante faz – detalhamento das atividades.
- Quando o ocupante faz – periodicidade da execução de determinada tarefa.
- Como o ocupante faz – método, técnica e ferramenta utilizados para a realização das tarefas.
- Por que o ocupante faz – objetivo do cargo.

> A descrição de cargos relaciona de forma organizada **o que** o ocupante do cargo faz, **como** faz, **por que** faz e **sob quais condições** realiza seu trabalho. É um "retrato" das principais atribuições do cargo.

2.1.2.2 A análise de cargos

A análise de cargos identifica e detalha os requisitos qualitativos do cargo, as responsabilidades envolvidas e as condições exigidas do ocupante do cargo para que esse possa desempenhar adequadamente a função.

> Na análise de cargos, o recrutador encontra informações a respeito dos requisitos intelectuais e físicos exigidos do candidato, assim como as condições de trabalho e as responsabilidades que envolvem o cargo (Chiavenato, 2015).

Os requisitos são instrumentos de mensuração construídos tendo em vista a natureza dos cargos existentes na organização. Cada requisito é dividido em fatores de especificações, que funcionam como pontos de referência para analisar cargos de forma objetiva.

Marras (2002) registra que a análise de cargos está dividida em quatro grupos:

1. **Requisitos mentais** – grau de escolaridade; experiência anterior; aptidões.
2. **Requisitos físicos** – esforço físico; compleição física e concentração.
3. **Responsabilidades envolvidas** – supervisão de pessoal, dinheiro, títulos e documentos, informações confidenciais, materiais e equipamentos, métodos e processos, segurança de terceiros.
4. **Condições de trabalho** – ambiente de trabalho e riscos.

As especificações do cargo podem ser complementadas com detalhes que contribuem para o delineamento do perfil do candidato, ou seja, as características profissiográficas ou o perfil profissiográfico, de que trataremos na próxima sessão.

Figura 2.4 – **Fatores de especificações**

Requisitos mentais		Requisitos físicos	
Escolaridade	Aptidões	Compleição física	Concentração
Responsabilidades		Condições de trabalho	
Documentos	Dinheiro	Ambiente	Riscos

Crédito: Jessé Eliel Gonçalves

De que maneira a análise e descrição de cargos contribui para a eficiência e a eficácia do processo de recrutamento e seleção? O texto a seguir nos auxilia na construção da resposta.

> Certa vez, um experiente arqueiro convidou seu aluno para assistir a uma demonstração. Ao chegarem diante de uma árvore, o arqueiro pegou uma flor e a colocou em um dos galhos da árvore. Em seguida, pegou o arco e a flecha e posicionou-se a uma distância de cem passos da árvore. Amarrou uma venda nos olhos e perguntou ao aluno:
> – Quantas vezes você já me viu praticar este esporte?
> – Todos os dias – respondeu o discípulo. – E sempre o vi acertar na rosa a uma distância de trezentos passos.
> De olhos vendados, o arqueiro esticou o arco e disparou. A flecha nem sequer atingiu a árvore, passando longe do alvo, a uma distância constrangedora.
> – O senhor errou! – espantou-se o discípulo. – Achei que queria me mostrar o poder de sua experiência!
> Ao que o arqueiro respondeu: – Eu lhe dei aqui a lição mais importante sobre o poder do pensamento! Ninguém consegue atingir aquilo que não pode ver.

Fonte: Rangel, 2003, p. 99.

Assim como o arqueiro que, embora experiente, não conseguiu atingir o alvo que não lhe estava claro, situação semelhante ocorre no processo de recrutamento e seleção quando o profissional não tem clareza do perfil que está procurando. A exemplo dessa história, quanto maior a clareza da definição dos requisitos para o desempenho da função, mais fácil será reconhecer o perfil do candidato que a organização está buscando.

O recrutamento e a seleção de pessoal são processos que envolvem uma comparação – de um lado, o cargo; do outro, o candidato –, a qual tem por objetivo avaliar a compatibilidade entre as partes.

2.1.3 O perfil profissiográfico

O que é perfil profissiográfico?

> O **perfil profissiográfico** é uma ferramenta que nos auxilia a identificar as características desejáveis para o ocupante do cargo, como habilidades cognitivas, técnicas e comportamentais.

O perfil profissiográfico aprofunda e detalha os pré-requisitos, as especificações necessárias ao desempenho competente das tarefas e atribuições. Elenca responsabilidades, aspectos psicológicos e características restritivas para o cargo. O levantamento desse perfil é desenvolvido por meio de um criterioso trabalho de descrição de cargos (Denizot, 2003).

O perfil profissiográfico é delineado por habilidades cognitivas, habilidades técnicas e habilidades comportamentais.

- As habilidades cognitivas são voltadas para o raciocínio lógico e abstrato, a resolução de problemas, a criatividade, a capacidade de compreensão, o julgamento crítico e o conhecimento geral.
- As habilidades técnicas envolvem o conhecimento especializado, aplicado ao exercício de uma atividade específica, a exemplo de informática, língua estrangeira, operação de equipamentos e ferramentas e processos de trabalho.
- As habilidades comportamentais são as habilidades de cunho psicológico, tais como a disciplina, a capacidade de agir sob pressão, a cooperação, a ética, o relacionamento interpessoal, a resistência a frustrações, entre outras.

As habilidades são registradas na ficha profissiográfica (vide Apêndice 2 – Modelo de ficha profissiográfica), formulário que discrimina as aptidões, habilidades e os aspectos comportamentais necessários para o exercício de um determinado cargo.

Quais são os ganhos que a análise e descrição de cargos pode trazer para a equipe de recrutamento e seleção, para o candidato e para a organização? A equipe de recrutamento e seleção ganha em agilidade e resultados, em virtude da clareza de critérios na redação do anúncio da vaga, na identificação do público-alvo, na agilidade do processo de triagem dos currículos e na eficácia na entrevista; ganha o candidato, que não corre o risco de se apresentar para uma vaga cujas demandas são incompatíveis com seu perfil e qualificação; e ganha a organização, com a diminuição dos impactos de contratações equivocadas e malsucedidas.

2.1.4 A coleta de dados para a elaboração da análise e descrição de cargos

> *O modo como uma empresa reúne, administra e usa a informação determina se ela vai vencer ou perder.*
> Bill Gates

Imagine que a organização não tenha a descrição e análise de cargos, tampouco a ficha profissiográfica. De que maneira o profissional pode proceder para desenvolver essas ferramentas tão importantes ao processo de gestão de pessoas? Por meio de um aspecto comum a todos os procedimentos mencionados até este ponto do livro: a **pesquisa**. Pesquisar envolve investigação, curiosidade, determinação, organização e foco. A coleta dos dados inicia-se com a aplicação dos instrumentos previamente elaborados: a observação direta ou local, o questionário, a entrevista e os métodos mistos ou múltiplos.

- **Observação direta ou local** – A informação é coletada por meio da observação enquanto o ocupante do cargo desempenha suas funções. Essa observação é alicerçada em uma lista de verificação estruturada, que norteará os aspectos a serem observados pelo pesquisador. Esse instrumento é recomendado para o estudo

de tempos e movimentos, com auxílio de cronômetro, e para operações manuais ou de caráter simples e repetitivo.
- Questionário – A informação é coletada por meio de um formulário com perguntas sobre o conteúdo e as características do cargo. É recomendado quando existe um grande número de colaboradores respondentes. Requer planejamento e cuidadosa montagem, com perguntas claras, simples e objetivas. Antes da aplicação do questionário aos colaboradores, é imprescindível que se realize o pré-teste (com pequena amostra de colaboradores) com o objetivo de validar a ferramenta. É importante que o questionário contenha um espaço aberto para coletar informações acerca de ações eventuais ou contingenciais.
- Entrevista – A informação é coletada por meio de diálogo entre o profissional e o(s) entrevistado(s). A entrevista é uma abordagem flexível que permite identificar elementos da linguagem verbal e não verbal do respondente. Quando adequadamente estruturada, permite obter informações qualitativas sobre o cargo, bem como esclarecimento de dúvidas acerca da realização das tarefas. Quando segue um roteiro estruturado, definido previamente, a entrevista é chamada de *entrevista estruturada*. Por sua vez, a entrevista semiestruturada é aquela em que uma parte do roteiro é definida previamente e a outra parte da entrevista é livre. Já a entrevista aberta é aquela realizada sem roteiro previamente definido – pode ser feita individualmente ou em grupo de colaboradores com o mesmo cargo e com gestor da área; é indicada para cargos que apresentam maior complexidade, mas pode ser aplicada para coletar informações de cargos de todos os níveis hierárquicos.
- Métodos mistos ou múltiplos – A informação é coletada por meio da combinação de dois ou mais métodos de pesquisa, os quais podem ser realizados por meio da combinação de observação direta, questionários e entrevistas, tanto com o ocupante do cargo quanto com o gestor da área. A escolha deve ser feita em virtude do tipo e da qualidade de informações necessárias.

Quais são os pontos e os contrapontos que devem ser observados na escolha de cada um dos métodos apresentados? O quadro a seguir apresenta, de forma sintetizada, os pontos de vantagem de cada método, assim como os que devem ser observados com cautela na hora da escolha do método.

Quadro 2.2 – **Pontos e contrapontos dos métodos de coleta de dados**

Método	Pontos	Contrapontos
Observação local	• Permite que o ocupante do cargo trabalhe normalmente enquanto os dados são coletados. • Método ideal para cargos simples e repetitivos.	• Pode apresentar custo elevado em virtude da quantidade de tempo requerida para coletar todas as informações. • Pode apresentar distorções de compreensão, pois a observação, sem o contato direto com o ocupante do cargo, pode levar a considerações equivocadas. • Não é indicado para trabalhos que exigem atividades mentais, não mensuráveis e para atividades importantes que ocorram ocasionalmente.
Questionário	• É um método econômico e abrangente. • Pode ser distribuído aos ocupantes do cargo para que possam preencher e entregar posteriormente, ou seja, não exige a presença do pesquisador.	• Se a linguagem utilizada não for simples e clara, pode trazer dificuldades de entendimento ao colaborador. • Caso o colaborador não esteja devidamente sensibilizado quanto à relevância da pesquisa, pode marcar alternativas aleatoriamente. • Pode gerar retrabalho caso não sejam relatadas todas as informações necessárias.

(continua)

(Quadro 2.2 – conclusão)

Método	Pontos	Contrapontos
Entrevista	• Permite investigar o tema em profundidade. • Abre espaço para perguntas que não estejam previstas no roteiro. • Possibilita sanar dúvidas e ampliar a visão sobre as atividades e tarefas. • Garante que o colaborador relate atividades e comportamentos que de outra maneira não seriam identificados. • Permite perceber não apenas a linguagem verbal, mas também a linguagem não verbal.	• Qualquer deslize na aplicação, ou aplicação amadora, pode gerar resistência por parte dos entrevistados. • Possibilidade de indução por parte do entrevistador ao entrevistado. • Exige profissionais experientes para a aplicação, sob pena de perda de foco. • Pode levar à distorção de informações. • O processo pode ser moroso, em virtude da incompatibilidade de agenda com os entrevistados.
Métodos mistos	• Permite adotar ferramenta de coleta de dados de forma a atender as necessidades de informação do cargo. • Possibilita neutralizar os hiatos de outros métodos.	• A coleta de dados se dá em diferentes momentos. Esse fator pode promover morosidade no processo.

Fonte: Elaborado com base em Chiavenato, 2004; Dessler, 2003.

Que critério deve ser observado no momento da escolha do método? A escolha do método se dá em virtude de diferentes fatores, como a cultura organizacional, o acesso do pesquisador às áreas, a limitação de tempo, a restrição de orçamento, entre outros.

> Ressaltamos que o levantamento dos dados é apenas o primeiro passo para a elaboração da análise e descrição de dados e da ficha profissiográfica. O passo seguinte consiste em traduzir esses dados em informações. Dados são códigos que compõem a matéria-prima da informação.

Os **dados** podem resultar em um ou mais significados, mas, se considerados isoladamente, não chegam a transmitir uma mensagem ou representar algum conhecimento. **Informações** são os dados tratados, e para transformarmos um dado em informação, devemos colocá-los em ordem, a fim de permitir sua análise e interpretação (Reisswits, 2012).

Vale lembrar: por mais que o pesquisador julgue conhecer o cargo a ser descrito e possa aplicar o seu conhecimento para esse propósito, não está isento de precisar validar as informações junto ao ocupante do cargo e ao gestor da área.

O que fazer quando você estiver diante do desafio de descrever os cargos de sua organização? Alguns cuidados são significativamente importantes, tais como: planejar a pesquisa; planejar as etapas da pesquisa; realizar o pré-teste do instrumento da coleta de dados; e submeter as informações coletadas ao gestor da área.

- **Planejar a pesquisa**: envolve cuidado na escolha do método, linguagem simples e apropriada ao público respondente, escolha do canal da pesquisa, aprovação do instrumento de coleta de dados e autorização da realização da pesquisa.
- **Planejar as etapas da pesquisa**: abrange a definição de cronograma, o local, os respondentes e os responsáveis pela aplicação.
- **Realizar o pré-teste do instrumento de coleta de dados**: uma vez desenvolvido o instrumento de coleta de dados, sobretudo o questionário, recomenda-se fortemente a realização de um pré-teste, que equivale a submeter a pesquisa a um grupo de pessoas com o objetivo de verificar entendimentos e possíveis hiatos. O resultado desse pré-teste deve ser avaliado e, caso haja necessidade, o instrumento de coleta de dados passa pelas devidas correções e pelos ajustes necessários. Somente após essas etapas é que se pode considerar que o instrumento foi validado.
- **Submeter as informações coletadas ao gestor da área**: as informações coletadas devem ser submetidas ao gestor da área para conferência. Essa revisão é altamente recomendada, uma vez que o ocupante do cargo pode ter deixado passar despercebido um detalhe ou outro.

Por que a atenção a todos esses procedimentos é importante para os processos de recrutamento e seleção de pessoal? Para esclarecer essa questão, vamos recorrer a uma história de um lenhador e seu machado.

Afiando o machado...

Certa vez, um velho lenhador, conhecido por sempre vencer os torneios [de] que participava, foi desafiado por outro lenhador jovem e forte para uma disputa. A competição chamou a atenção de todos os moradores da localidade. Muitos acreditavam que finalmente o velho perderia a condição de campeão dos lenhadores, em função da grande vantagem física do jovem desafiante.

No dia marcado, os dois competidores começaram a disputa, na qual o jovem se entregou com grande energia e convicto de que seria o novo campeão. De tempos em tempos olhava para o velho e, às vezes, percebia que ele estava sentado. Pensou que o adversário estava velho demais para a disputa, e continuou cortando lenha com todo vigor.

Ao final do prazo estipulado para a competição, foram medir a produtividade dos dois lenhadores e pasmem! O velho vencera novamente, por larga margem, aquele jovem e forte lenhador.

Intrigado, o moço questionou o velho:

– Não entendo, muitas das vezes quando eu olhei para o senhor, durante a competição, notei que estava sentando, descansando, e, no entanto, conseguiu cortar muito mais lenha do que eu, como pode?!

– Engano seu! Disse o velho. Quando você me via sentado, na verdade, eu estava amolando meu machado. E percebi que você usava muita força e obtinha pouco resultado.

Fonte: Lima, 2015.

Existe um provérbio chinês que diz: "Se quiser derrubar uma árvore na metade do tempo, passe o dobro do tempo amolando o machado". Não recomendamos, em hipótese alguma, que as pessoas derrubem árvores; vamos apenas nos valer da metáfora. Quando o profissional de capital humano utiliza-se das ferramentas apresentadas antes de sair recrutando e selecionando pessoas, é exatamente isto que está fazendo: afiando o machado.

Afiar o machado significa que o trabalho do recrutador se inicia antes da oficialização da abertura da vaga, com a definição das tarefas e a identificação do perfil profissional de melhor desempenho às exigências do cargo. Isso ocorre por meio do conhecimento de elementos fundamentais – como a estrutura organizacional e os documentos – necessários à extração dos critérios para o recrutamento e a seleção de candidatos.

Com essa breve explanação, estamos agora aptos a ampliar nossos conhecimentos a respeito de tipos e fontes de recrutamento, bem como das práticas para a elaboração e divulgação da vaga.

2.2 O recrutamento de pessoal

O que é recrutamento?

> "Recrutamento é o conjunto de práticas e processos usados para atrair candidatos para vagas existentes ou potenciais" (Lacombe, 2004, p. 267).

O **recrutamento de pessoal** é a etapa inicial do processo seletivo que tem por objetivo "atrair" o candidato cujo perfil é compatível com os requisitos do cargo. Sem dúvida, esse fator é determinante para a qualidade do processo de seleção, pois de nada adianta a organização atrair um grande contingente de pessoas que não estejam em consonância com as demandas do cargo.

O primeiro passo para o recrutamento eficaz é procurar no lugar certo. Para ilustrar essa ideia, apresentamos uma passagem sobre Nasrudin, filósofo e sábio, lembrado por suas histórias engraçadas. "Nasrudin e a chave perdida" nos ajuda a compreender a importância de procurar no lugar certo.

Nasrudin e a Chave Perdida

Nasrudin, o grande sábio muçulmano do séc. XII, estava em certa ocasião, agachado, tacteando o solo como se estivesse procurando algo aproveitando a luz de uma lâmpada. Um conhecido seu aproximou-se, e ao vê-lo desta maneira perguntou-lhe:

– Meu querido Nasrudin, que procuras, perdeste algo?

– Pois sim, perdi uma chave, e aqui estou de há um bocado procurando-a sem encontrá-la. Queres ajudar-me?

– Claro que sim.

E juntos continuaram procurando a chave, aproveitando a luz que na noite propagava um poste. Passados uns minutos aproximou-se outro conhecido do sábio Nasrudin.

– Olá! Que fazeis, que estais buscando?

– Nasrudin perdeu uma chave e nós estamos à procura dela, se puderes ajuda-nos.

– Claro, claro.

E todos juntos agachados e aproveitando a luz do poste tentavam encontrar a chave perdida de Nasrudin. Dez minutos depois, os amigos começaram a ficar inquietos, era impossível que depois do tempo que levavam ali buscando-a não tivesse aparecido, e perguntaram.

– Nasrudin, como é possível que não a encontremos, não há aqui muitos sítios para procurar... Estás seguro que a perdeste aqui[?]

– Não, de forma alguma, perdi-a dentro de casa, mas como está tão escuro, optei por procurá-la aqui, que há mais luz.

Fonte: Nova Acrópole, 2015.

Assim como na história de Nasrudin, no processo de recrutamento, o primeiro ponto de êxito consiste em procurar o candidato certo no lugar certo.

Como o profissional de RH pode se nortear na busca pelo candidato certo no lugar certo? A chave para essa questão se encontra em fazer um conjunto de perguntas certas, que permitirão identificar o público-alvo:

- Qual(is) é(são) a(s) necessidade(s) da organização?
- O que o mercado oferece?
- De que maneira podemos nos comunicar com esse mercado?

Qual é a consequência para as organizações que não oferecem a devida atenção a esse aspecto, ou seja, que não conhecem seu público-alvo? Muitas vezes, por não focar a divulgação da vaga no seu público-alvo, a organização recebe dezenas de currículos que são eliminados logo na primeira triagem por não atenderem aos requisitos da vaga. Temos, então, um processo que resultou em volume e quantidade, mas não em qualidade.

> O processo de recrutamento alimenta o processo de seleção de pessoal. Por essa razão, **qualidade** é fundamental. O recrutamento de qualidade é aquele que atrai o maior número de candidatos aptos a atender às especificações para o desempenho adequado do cargo.

O caso a seguir ilustra uma situação na qual a falta de foco no público-alvo apenas trouxe muito trabalho à organização, pois não ofereceu os candidatos devidamente qualificados para ocupar os postos de trabalho em aberto.

> Em um bairro elegante de uma capital brasileira, um grupo de pecuaristas decidiu empreender no segmento de gastronomia. Adquiriram um imóvel em uma esquina, planejaram o conceito do empreendimento, decoraram os ambientes com classe e sofisticação, pesquisaram receitas deliciosas da culinária nacional e internacional e preocuparam-se com a carta de vinhos e com todos os detalhes que um empreendimento dessa natureza requer.
> Foi então que iniciaram o processo seletivo. A estratégia utilizada para a captação de candidatos foi uma placa na frente do estabelecimento, que informava: "Contratamos chef de cozinha, garçons e auxiliar para serviços gerais".

Se fosse você que estivesse vivenciando essa situação, adotaria tal procedimento para recrutar candidatos? Será que essa é a melhor forma de atrair os candidatos de que o empreendimento necessitava? O resultado do recrutamento apontou não ser a estratégia adotada pela organização a melhor alternativa. O número de candidatos qualificados para a vaga foi inexpressivo. Nesse caso, a estratégia eficaz seria identificar o público-alvo e divulgar a vaga em ambientes em que se poderia localizar o maior número de profissionais qualificados para as mencionadas funções.

2.2.1 Tipos de recrutamento

Você já se deu conta de que nem sempre o candidato adequado para o desempenho de determinadas funções está à espera da oportunidade fora da organização, no mercado? Já parou para pensar que, muitas vezes, o candidato de que a organização precisa está na própria empresa? É por essa razão que se faz importante conhecer os tipos de recrutamento.

Para colocar a pessoa certa no lugar certo, o profissional de RH pode procurar dentro da própria organização (recrutamento interno), fora da organização (recrutamento externo) ou pode utilizar as duas modalidades (recrutamento misto).

2.2.1.1 Recrutamento interno

O recrutamento interno é definido como a busca de potenciais candidatos que possam ocupar vagas dentro da própria organização. Com isso, abre-se oportunidade de movimentação dos colaboradores por meio de transferências e promoções.

Figura 2.5 – O recrutamento interno

Crédito: Jessé Eliel Gonçalves

> "Recrutamento interno é uma oportunidade para promoção e transferência de pessoal" (Fidelis; Banov, 2006, p. 56).

O recrutamento interno acontece quando a **divulgação da vaga ocorre dentro da organização**, ou seja, a empresa opta por preencher determinada vaga por meio do remanejamento de seus colaboradores, o que pode ser realizado por:

- movimentação vertical (o colaborador é promovido);
- movimentação lateral (o colaborador é transferido);
- movimentação diagonal (o colaborador é transferido e promovido).

Qual é a grande vantagem do recrutamento interno? Esse processo faz parte da política de valorização dos colaboradores, uma maneira de estimular o crescimento e o desenvolvimento do capital humano da organização.

> "Quando a organização desenvolve uma política consistente de recrutamento interno estimula junto aos colaboradores a atitude de constante aperfeiçoamento e autoavaliação, no sentido de aproveitar as oportunidades ou mesmo de criá-las." (Chiavenato, 2004, p. 175).

Como registramos o interesse em concorrer à vaga aberta por meio do recrutamento interno? Cada organização tem a sua política de recrutamento e seleção. Em algumas empresas, o candidato interessado em concorrer ao processo seletivo informa o interesse diretamente ao gestor; outras solicitam que o interessado compareça ao RH; há, ainda, as que utilizam um formulário (vide Apêndice 3 – Modelo de inscrição para recrutamento interno) a ser preenchido pelo colaborador, registrando assim o interesse deste pela vaga.

É importante que o formulário de inscrição registre informações sobre o histórico profissional e as características pessoais do candidato, contendo também um campo para que ele informe os motivos pelos quais está se candidatando à vaga, oportunizando, desse modo, que o candidato faça a sua **"venda pessoal"** ao expor seus interesses e intenções futuras para a organização.

O que deve ser observado em relação ao anúncio da vaga e aos meios de divulgação na empresa? O anúncio deve ser apresentar informações a respeito das características da vaga e também dos requisitos para o candidato. Quanto aos meios de divulgação para os colaboradores, a empresa pode utilizar a intranet, o jornal interno, cartazes, *banners*, a própria imagem de tela dos computadores, murais, *e-mails* e também informações transmitidas por meio dos gestores.

De acordo com o meio utilizado, o anúncio deve sofrer algumas alterações. Por exemplo, anúncios desenvolvidos para murais, intranet e *e-mails* a serem disparados aos colaboradores podem apresentar um maior número de informações, tais como: o departamento que oferta a vaga, as principais responsabilidades do cargo, os requisitos exigidos e os procedimentos que o candidato deve proceder para formalizar a sua candidatura.

Observe a seguir um exemplo de anúncio.

Analista tributário pleno

Departamento: Tributário – Diretoria administrativa e financeira
Local de trabalho: Escritório central
Prazo de inscrição: XX/XX a XX/XX/XXXX
Principais responsabilidades:
- Acompanhamento e análise de legislação tributária.
- Análise e acompanhamento das operações de remessa de exportação.
- Análise de novas operações de exportação.
- Suporte comercial ao mercado externo com documentação da exportação.
- Análise da carga tributária nas importações.
- Suporte à área de suprimentos e documentação – importações.

Requisitos:
- Superior completo em Ciências Contábeis, Administração, Direito ou cursos afins.
- Conhecimento da documentação e dos procedimentos aplicáveis aos processos de importação e exportação.
- Conhecimento em contabilidade tributária.
- Ter no mínimo seis meses de empresa.

Como candidatar-se:
1. Veja as políticas e os procedimentos na intranet ou na área de RH.
2. Comunique seu superior imediato sobre sua decisão em candidatar-se ao processo.
3. Preencha o formulário disponível na intranet.
4. Entregue o formulário no RH até dia XX/XX/XXXX.

Anúncios a serem afixados em refeitórios, portarias, portas de banheiros, telas de computador e outras áreas de circulação, por sua vez, devem ser sucintos. Outro detalhe é atentar para a cor e o tamanho da fonte a serem utilizados para compor esses meios de divulgação.

O que a organização deve observar quando adota o recrutamento interno como política de RH? Deve-se observar dois aspectos enfatizados por Lacombe (2011):

1. Ofertar treinamentos adequados, utilizar sistema adequado de avaliação das qualificações e do potencial das pessoas, além da preocupação em verificar se o promovido está pronto para assumir a nova função.
2. Verificar também, antes da transferência, se a organização dispõe de um substituto para a posição antes ocupada pelo profissional recém-promovido.

Atentar para esses aspectos é importante, em virtude dos seguintes benefícios:

- O treinamento oportuniza o desenvolvimento de competências (entre outros programas de treinamentos técnicos e comportamentais, salientamos o papel do *job rotation*, que é uma fonte de *backup* de mão de obra).
- A avaliação de desempenho oferece informações sobre o resultado do colaborador e suas oportunidades de melhorias.
- A verificação do substituto (identificar quem irá ocupar o posto de trabalho do colaborador promovido) é de vital importância, uma vez que, na impossibilidade de substituição, pode ocorrer a não liberação do colaborador.

Para entender melhor, veja a história de Paulo Roberto.

> Paulo Roberto, gerente comercial de uma empresa do ramo de implementos agrícolas da cidade de Ribeirão Preto, chegou em sua casa, em uma tarde de outubro, visivelmente chateado. Sua esposa, Marise, ao vê-lo naquelas condições, perguntou-lhe o que havia acontecido.

> Desafrouxando o nó da gravata, Paulo Roberto jogou-se no sofá e disse:
> – Sabe aquela vaga de gerente na cidade de Juiz de Fora? Pois é! Não poderá ser minha! O diretor não me liberou! Alegou que não existe ninguém que poderia assumir o meu lugar aqui e que ele não está disposto a correr o risco de baixar o rendimento da nossa unidade.

O que fazer quando a empresa não encontra internamente outro profissional para ocupar o posto de trabalho que o colaborador promovido deixou em aberto? Nesse caso, é necessário planejar, simultaneamente, o recrutamento externo.

> Quando a organização não encontra em seu quadro funcional colaboradores para preencher o posto de trabalho deixado em aberto, deve procurar candidatos no mercado de trabalho.

Quais são os cuidados que a organização deve adotar ao promover seus colaboradores? Para responder a essa pergunta, vamos recorrer ao Princípio de Peter. Segundo Lacombe (2004, p. 253), o Princípio de Peter é a "crença de que numa hierarquia todas as pessoas tendem a ser promovidas até atingirem um nível que está acima da sua competência, que é inevitável".

Para evitar que o colaborador seja promovido até um patamar no qual suas competências não estejam em consonância com os requisitos do cargo, é fundamental que a organização disponha de um criterioso processo de seleção, que permita mapear e avaliar as qualificações das competências e o potencial dos colaboradores que se candidatam às vagas.

A história de Augusto indicada a seguir ilustra, na prática, o Princípio de Peter.

> Augusto se orgulhava de sua trajetória profissional por ter entrado na empresa como assistente administrativo na área comercial. Em razão de seu esforço e dedicação, logo recebeu um convite para assumir o cargo de vendedor. A princípio, com bastante receio de não corresponder às expectativas, superou a si mesmo e a seus colegas, tornando-se o maior vendedor da rede na qual trabalhava. Assim, três anos se passaram, e Augusto se sentia feliz e realizado. Foi premiado diversas vezes por seu desempenho excepcional na área de vendas.

> Há cinco meses, ele foi nomeado como supervisor comercial. Sua tarefa agora é controlar a equipe, composta por 20 pessoas. Augusto hoje se sente infeliz, frustrado e derrotado. Além de não fazer aquilo de que mais gostava, que era vender, tem sido alvo de duras críticas de seus gestores enquanto vê o desempenho de sua equipe despencar.

Observe que Augusto era detentor de competências desenvolvidas para o cargo de vendedor, o que lhe favorecia o excelente desempenho. Contudo, ao ser promovido a supervisor de vendas, ele não teve o desempenho esperado pela organização. As competências para um vendedor são diferentes das competências demandadas para o exercício do cargo de supervisor. Esse caso ilustra o Princípio de Peter, na medida em que Augusto foi promovido até atingir um patamar no qual as exigências do cargo eram diferentes das competências que possui.

Uma vez tecidas essas considerações a respeito do recrutamento interno, apresentamos os pontos e os contrapontos da adoção dessa modalidade no quadro a seguir.

Quadro 2.3 – **Pontos e contrapontos do recrutamento interno**

Pontos	Contrapontos
• Motiva os colaboradores, sinalizando a disposição de promover a prata da casa. • Abre perspectivas de carreira. • Gera rapidez e economia no processo. • A probabilidade de acerto tende a ser maior, desde que exista avaliação adequada das competências do candidato. • Há o aproveitamento do investimento no treinamento do colaborador. • O colaborador está adaptado à cultura da organização. • Valorização do colaborador: promoção da cultura da aprendizagem e de autodesenvolvimento.	• Insatisfação para o candidato que não for selecionado para a vaga. • Alguns gestores relutam em ceder seus colaborares para outro cargo, gerando conflito de interesses. • Alteração nas relações informais, dado que os preteridos continuam trabalhando na empresa. • Reprodução dos mesmos valores organizacionais.

Fonte: Elaborado com base em Lacombe, 2011; Chiavenato, 2004.

Por que é importante conhecer os pontos e os contrapontos do recrutamento interno? Quando a organização adota o recrutamento interno como política de valorização dos colaboradores, é importante que o recrutador conheça os pontos e os contrapontos desse processo. Os pontos apresentam os ganhos que a organização pode obter por meio da modalidade. Os contrapontos indicam fatores que requerem especial atenção e, por essa razão, a empresa, ao conhecer tais contrapontos, pode desenvolver estratégias que minimizem os impactos causados por eles.

2.2.1.2 Recrutamento externo

O que é recrutamento externo?

> O recrutamento externo é um processo que visa atrair candidatos qualificados para ocupar as vagas na organização.

O recrutamento externo é um processo de comunicação bilateral: de um lado, a organização busca atrair o candidato mais bem qualificado para o desempenho de determinada função; do outro, estão os candidatos, que também tendem a se sentir atraídos por organizações que se diferenciam no mercado.

O que acontece quando, em determinada localidade, existe escassez de mão de obra? Nesse caso, o que pode acontecer é que a organização, ou a empresa terceirizada responsável pelo o recrutamento, desloque seu pessoal para recrutar em outras localidades ou cidades. Esses casos são comuns quando o mercado de mão de obra local está bastante explorado e quando há necessidade de profissionais altamente qualificados, bem como de um elevado número de contratações, por aumento de quadro.

Diante de situações como essas, é fortemente recomendado que a organização prepare uma apresentação institucional que contemple os seguintes itens: o histórico, a missão, a visão e os valores; os objetivos; o portfólio de clientes; a estrutura; os programas internos relacionados às pessoas; os programas de responsabilidade social e sustentabilidade, entre outros itens que demonstram o impacto da organização na sociedade. Estima-se que assim procedendo a organização tem grandes chances de estimular a vontade de o colaborador pertencer ao quadro funcional.

> É muito importante que as organizações mantenham sempre as portas abertas para receber candidatos que se apresentam espontaneamente, mesmo que não tenham oportunidades a oferecer no momento (Chiavenato, 2004).

O quadro a seguir apresenta os pontos e os contrapontos do recrutamento externo.

Quadro 2.4 – **Pontos e contrapontos do recrutamento externo**

Pontos	Contrapontos
• Renovação de ideias para a organização.	• Maior investimento no processo seletivo e maior morosidade em comparação ao recrutamento interno.
• Inovação da composição das equipes de trabalho.	• Se há, dentro da organização, profissionais com competência para assumir a vaga em aberto mas, ainda assim, a empresa opta pelo recrutamento externo, o que pode ocorrer é grande frustração e sentimento de desvalorização do potencial humano da organização. Frustração e insatisfação provocam prejuízos no clima organizacional.
• Atualização no estilo e na tendência de mercado.	• Requer tempo de adaptação do novo colaborador.
• Maior universo de candidatos, possibilitando mais opções de escolha.	• Os candidatos externos são desconhecidos, e a empresa contratante pode não dispor de meios para verificar e confirmar a exatidão das informações.
• Oportunidade de ampliar os requisitos a serem exigidos dos candidatos.	• Os colaboradores podem perceber o recrutamento externo como uma política de deslealdade da organização para com o seu pessoal.
• Aproveitamento de investimentos em treinamentos realizados por outras organizações.	• Pode afetar a política salarial da organização, influenciando as faixas salariais internas, especialmente quando a oferta e a procura de mão de obra estão em desequilíbrio.

Fonte: Elaborado com base em Limongi-França, 2008; Pontes, 2014; Pereira, 2014; Chiavenato, 2004.

O recrutamento externo apresenta diversos ganhos para a organização, mas também tem pontos que demandam atenção e cuidado. Conhecer esses pontos significa estar atento aos impactos que eles podem causar e elaborar antecipadamente estratégias para minimizá-los.

2.2.1.3 Recrutamento misto

Questionar quem deve ser o líder é como discutir quem deve ser o saxofonista num quarteto: evidentemente, quem o sabe tocar.
Henry Ford.

O que é recrutamento misto?

O **recrutamento misto** é aquele que, para atrair candidatos às vagas disponíveis, recorre tanto ao recrutamento interno quanto ao recrutamento externo.

Na prática, raramente uma organização restringe-se apenas ao recrutamento interno ou ao recrutamento externo – o que frequentemente ocorre é o recrutamento misto. Quando um colaborador é deslocado para outra vaga por meio do recrutamento interno, a vaga que antes ocupava precisará ser preenchida. Tais movimentações de capital humano levam a organização a adotar o recrutamento misto, seja por não ter encontrado internamente candidatos que se interessem pela vaga em aberto ou que não atendam às especificações do cargo, seja pelo objetivo de renovação de ideias. O recrutamento misto favorece a diversificação, ponto defendido por simpatizantes que buscam seus argumentos na biologia, conforma registra Lacombe (2011, p. 87):

> Sabe-se do estudo de biologia que quanto mais diversificado o código genético, maior a capacidade de adaptação às mudanças no ambiente. Gary Hamel e C. K. Prahalad concluem que uma empresa que admite sempre pessoas muito parecidas em termo de valores culturais e que dê prioridade total ao recrutamento interno, pode ter problemas com seu "código genético", com possíveis possibilidades de mudanças para novas condições do ambiente externo. Eles aconselham recrutar externamente em algumas ocasiões e ser tolerantes com pessoas que têm valores culturais diferentes. A diversidade de formações, qualificações e, em alguns casos, de valores, proporcionam mais força e dinamismo as organizações.

A combinação dos recrutamentos interno e externo pode se dar de três modos distintos, conforme explica Chiavenato (2004):

1. **Recrutamento externo seguido de recrutamento interno** – Essa alternativa é utilizada caso o recrutamento externo não apresente resultados desejáveis. Não encontrando candidatos externos devidamente qualificados para o preenchimento da vaga, a organização recruta seu próprio pessoal.
2. **Recrutamento interno seguido de recrutamento externo** – Essa alternativa é utilizada caso o recrutamento interno não apresente resultados desejáveis. A organização oferece prioridade a seus colaboradores na disputa das vagas existentes. Não havendo candidatos com qualificações desejadas para o exercício do cargo, a organização abre para o recrutamento externo.
3. **Recrutamento externo e recrutamento interno concomitantes** – Nesse caso, a organização abre oportunidades tanto para seus colaboradores quanto para profissionais externos à empresa. Contudo, uma boa política de capital humano dá preferência aos candidatos internos sobre os externos.

> O recrutamento misto é uma solução eclética utilizada pelas organizações para minimizar os contrapontos tanto do recrutamento externo quanto do recrutamento interno.

Quer dizer então que o recrutamento misto é sempre a melhor modalidade de recrutamento a ser adotada pela organização? A decisão pela modalidade de recrutamento não é uma receita. Deve ser considerada uma série de fatores: o ambiente interno, como políticas de capital humano da organização, movimentação diagonal ou vertical de colaboradores (que deve levar em conta a disponibilidade de pessoas com o perfil adequado ao desempenho do cargo) e possibilidades de substituições; e o ambiente externo, a exemplo da disponibilidade de mão de obra e condições do mercado de trabalho.

Portanto, é fundamental conhecer as possibilidades, os pontos e contrapontos, para que, em face da escolha, o profissional de RH possa estar municiado de informações que o permitam avaliar o contexto e, assim, optar pela modalidade adequada.

Outro ponto a destacar é que as organizações, cada vez mais, tem adotado o recrutamento *on-line*, ou e-recrutamento, que oportuniza agilidade no processo.

Figura 2.6 – **Recrutamento *on-line***

Crédito: Jessé Eliel Gonçalves

O recrutamento *on-line* oferece ganhos para a organização e também para o candidato, em virtude de sua abrangência, de seu custo e de sua rapidez. Além disso, permite o acesso a vagas de longa distância e em qualquer hora do dia e finais de semana.

> Cada vez mais as empresas utilizarão o recrutamento pela *internet*, o que forçará os recrutadores a desenvolverem algumas competências específicas (Januzzi, 2004).

2.2.2 Fontes de recrutamento

Como a organização chega até os candidatos qualificados? Por meio das diversas fontes de recrutamento, cuidadosamente escolhidas tendo em vista as demandas do cargo a ser preenchido e o perfil do candidato que a organização busca.

Figura 2.7 – **Fontes de recrutamento**

Crédito: Jessé Eliel Gonçalves

Recorremos a Pontes (2014), Dessler (2003), Lacombe (2011) e Banov (2012) para elencar, em ordem alfabética, as mais relevantes fontes de recrutamento:

- **Anúncios em jornais, revistas, rádio e televisão** – Embora seja amplamente utilizada pelas organizações para atrair candidatos, essa fonte de recrutamento tende a ser quantitativa, uma vez que se dirige ao público em geral. Para potencializar a eficácia dos anúncios, recomenda-se a publicação de anúncios em jornais e revistas especializados, para que possa atingir o público-alvo da vaga que se pretende preencher.
- **Apresentação espontânea** – Apresenta rapidez e menor custo para a organização. Os currículos que chegam até a empresa devem ser arquivados no banco de dados de candidatos. É recomendável que a organização estimule a vinda de candidaturas espontaneamente, para garantir um estoque de currículos para qualquer eventualidade.

- **Associações ou órgãos comunitários** – Oferecem baixo custo para a organização. Por meio das associações comunitárias, pode-se ter acesso a pessoas residentes em determinadas áreas ou bairros, ou que professam as mesmas convicções religiosas, ou que partilham interesses similares em relação a atividades culturais, profissionais, entre outras. É comum a publicação do anúncio de vagas em murais de igrejas e, em alguns casos, ocorre o agendamento uma reunião com os frequentadores do local.
- *Banners* e placas na frente ou na entrada da organização – É uma fonte que apresenta baixo custo; contudo, o resultado está atrelado a um conjunto de fatores, tais como localização da empresa, facilidade de acesso, movimento de pessoas, proximidade das fontes de recrutamento, entre outros. Essa fonte de recrutamento é comumente utilizada para recrutar colaboradores de nível operacional.
- **Boca a boca** – A empresa divulga sua vaga aos colaboradores, solicitando a estes que repassem a seus contatos. Essa modalidade ocorre na informalidade, uma vez que não existe a obrigatoriedade por parte da empresa – os colaboradores avisam espontaneamente a possíveis interessados. Apresenta baixo custo, alto rendimento e rapidez.
- **Contatos com outras empresas** – Empresas clientes, fornecedoras, parceiras ou que atuam no mesmo mercado podem ser uma grande fonte de recrutamento e cooperação mútua. Os contatos entre empresas chegam a formar cooperativas de recrutamento.
- **Feiras de empregos** – As cidades realizam, ao menos uma vez por ano, eventos para ajudar na empregabilidade da população, e várias agências de emprego e empresas participam, ofertando suas vagas e muitas vezes já encaminhando os candidatos para entrevistas. É uma das formas mais rápidas e de maior volume para o banco de candidatos. As feiras ocorrem também em instituições de ensino.
- *Headhunters* (ou caçadores de talentos) – São profissionais ou empresas que "caçam" profissionais no mercado de trabalho com características diferenciadas. Utilizam cadastro atualizado de profissionais especializados. Os *headhunters* são geralmente

contratados quando a vaga em questão requer um profissional de alta qualificação.
- Indicações/*networking* – Uma das fontes de recrutamento mais utilizadas. Algumas organizações adotam a prática de oferecer prêmios em dinheiro para colaboradores que indicam candidatos, caso se efetive a contratação e a permanência por um período de tempo estabelecido pela empresa. Indicar alguém para trabalhar na empresa equivale a oferecer uma espécie de aval sobre a idoneidade de seu indicado e o comprometimento de quem indica. Por essa razão, as pessoas tendem a ser criteriosas em suas indicações, o que favorece a qualidade destas.
- Órgãos de classe – Fonte de recrutamento que oferece ganhos à organização, uma vez que o custo é baixo e permite o acesso a profissionais altamente especializados.
- Sindicatos – Modalidade que oferece ganhos à organização, além do baixo custo. Oportuniza acesso aos profissionais do ramo, uma vez que aos sindicatos se encontram filiados os membros das categorias profissionais (trabalhistas) ou econômicas (patronais).
- Órgãos governamentais – O governo tem órgãos que cuidam da empregabilidade da população e proporcionam candidatura a diversas vagas existentes no mercado. As empresas informam dados do perfil necessário e as atividades a realizar, e então os candidatos são encaminhados às entrevistas. Esse serviço é gratuito tanto para a população quanto para as empresas.
- Redes sociais – As redes sociais permitem que diversos indivíduos mantenham contato por meio de comunidades virtuais de acordo com seus interesses.
- *Site* da própria empresa – Uma prática muito comum é a organização disponibilizar em seu *site* uma área intitulada "Trabalhe conosco", por meio da qual o candidato envia seu currículo, que passa a fazer parte do banco de dados e pode ser facilmente consultado quando houver necessidade de preenchimento de vaga.
- Transportes públicos – Uma das grandes fontes de recrutamento operacional é o anúncio em transportes coletivos, com cartazes tanto nos terminais quanto no interior dos veículos. Esse tipo de

divulgação realizado mediante autorização da administração de transportes públicos da cidade.

* **Universidades, faculdades e escolas profissionalizantes** – O objetivo desta modalidade de recrutamento é atrair estagiários, *trainees* e profissionais qualificados (pós-graduação, MBAs, mestrados e doutorados). A divulgação pode ocorrer por meio de cartazes, palestras, feiras de estágio, parcerias entre empresa e instituição de ensino para visitas técnicas, entre outros meios. É importante que a organização contratante tenha o cuidado de planejar a época da visita, sob pena de encontrar os alunos em períodos de provas ou férias.

Como podemos observar, o recrutador conta com diversas possibilidades para chegar ao seu público-alvo e assegurar, assim, a qualidade do recrutamento, atraindo de forma eficiente o maior número possível de candidatos qualificados para o desempenho da vaga ofertada pela organização.

As organizações tendem a conjugar duas ou mais fontes de recrutamento. Os fatores custo e tempo são fundamentais na escolha da fonte e do meio de divulgação mais indicado para a situação.

Quando a organização tem urgência na contratação de candidatos, tende a optar por técnicas que demandam maiores investimentos. Contudo, a organização que desenvolve recrutamento externo contínuo dispõe de candidatos a um custo significativamente reduzido.

> A disponibilidade de verba da organização para o recrutamento deve ser verificada. Diferentes fontes implicam diferentes custos. Assim, prever esses custos é fundamental quando se trata da definição da fonte de recrutamento.

2.3 A descentralização do processo seletivo

A descentralização do processo seletivo ocorre quando a organização opta por terceirizar o processo de recrutamento. Nesse caso, entram em cena as empresas especializadas em recrutamento e seleção, que possuem banco de dados atualizado, o que permite o acesso imediato a candidatos pré-selecionados por grupos ocupacionais ou áreas de atuação. Essas empresas são responsáveis por encaminhar candidatos segundo o perfil solicitado pelas organizações contratantes.

As empresas especializadas podem assumir todo o processo de recrutamento e seleção e indicar, para a organização solicitante, os candidatos devidamente aprovados nas etapas do processo seletivo, competindo à organização contratante a decisão final. O custo dessa forma de recrutamento é relacionado ao tipo de vaga, pois as vagas operacionais têm custo menor do que as vagas com perfil técnico ou de gestão.

Outra possibilidade de utilização de agências especializadas ocorre em função de um tipo de contrato que permite ao recrutador da organização solicitante acesso ao banco de dados da empresa especializada. Essa modalidade permite que o recrutador da organização busque candidatos no portal da especializada, agilizando, assim, o processo. Existem também ofertas gratuitas tanto para a empresa quanto para o candidato, em *sites* especializados em vagas de emprego.

2.4 O anúncio da vaga

Anunciar uma vaga significa comunicar a existência desta a alguém. Por essa razão, antes de apresentarmos os tipos de anúncio e como estes podem ser elaborados, queremos nos deter brevemente no tema *comunicação*.

2.4.1 Considerações sobre a comunicação

Comunicar é uma palavra que deriva do latim *communicatio*, que significa "ato de repartir, de distribuir", literalmente, "tornar comum". Quem comunica anuncia algo a alguém. **Comunicar é fazer sentido.**

Mas esse fazer sentido não diz respeito a quem emite a mensagem, e sim a quem a recebe. Se não fizer sentido para o receptor, a comunicação fica comprometida. Assim, o resultado da comunicação não é o que a pessoa fala, mas o que a outra entende. Vamos conhecer as razões pelas quais isso acontece.

Como se dá o processo de comunicação? Este acontece quando o emissor emite uma mensagem (ou sinal) ao receptor, por meio de um canal (ou meio). O receptor interpreta a mensagem, a qual pode chegar ao receptor distorcida por algum tipo de barreira (ruído, filtragem, bloqueio). A partir daí, o receptor dará o *feedback* ou resposta, o que completa o processo de comunicação.

O RECRUTAMENTO DE PESSOAL

> O resultado da comunicação não é o que uma pessoa fala, mas sim o que a outra entende.

Figura 2.8 – O processo de comunicação

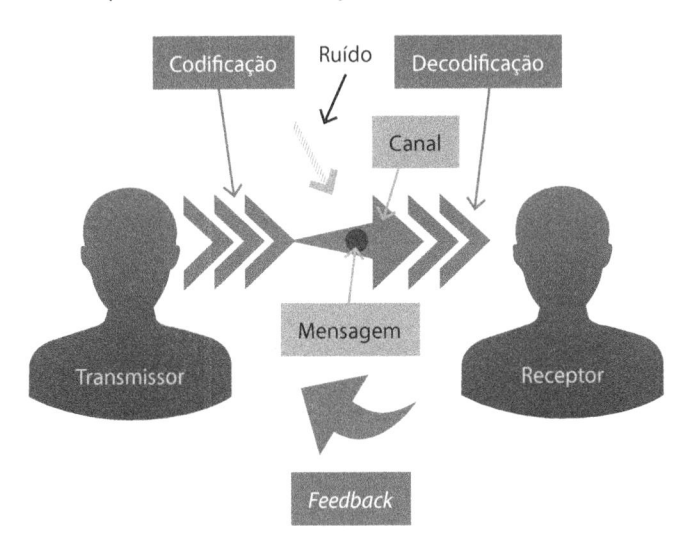

Mas por que existem tantas diferenças entre o que uma pessoa diz e o que a outra pessoa entende? Como é possível que duas pessoas que leram um mesmo texto cheguem a conclusões diferentes? A chave para o entendimento dessas questões são os **modelos mentais**.

Figura 2.9 – A diferença dos modelos mentais

O modelo mental molda a forma como o indivíduo percebe o mundo e atribui significado a suas experiências. Por essa razão, nem sempre a intenção do emissor é captada pelo receptor.

Portanto, uma pessoa interpreta o mundo a sua volta com base em seu repertório, constituído de suas crenças, sua cultura, seus aprendizados, suas experiências, suas emoções, entre outros aspectos. Nas palavras de Lotz e Gramms (2014, p. 128), "o modelo mental de uma pessoa funciona como lentes, pelas quais observa e dá significado a sua realidade". Assim, uma pessoa decodifica, ou seja, interpreta uma mensagem de acordo com o seu modelo mental.

Ao elaborar um anúncio, é importante que o recrutador evite sobrecarga de informações e inconsistência na mensagem, pois estas são barreiras que traem a qualidade da comunicação e comprometem a captura da mensagem.

- Sobrecarga de informação – Ocorre quando as informações excedem a capacidade de processamento do receptor. As pessoas têm uma capacidade finita de processar informações. É um engano acreditar que uma enxurrada de informações em anúncio proporcionará uma comunicação eficaz. Sobrecarga de informações, além de confundir a atenção, pode promover certa resistência por parte do candidato em ler aquele texto, que pode ser por ele encarado como exageradamente longo.
- Inconsistência da mensagem – Ocorre quando o emissor é prolixo, ou seja, carece de objetividade e foco em sua mensagem. A inconsistência é encontrada em anúncios com informações ambíguas, com estrutura de texto confusa, empregando linguagem popular. Esses anúncios, muitas vezes veiculados a altos custos, são ineficazes, uma vez que não cumprem seu papel de comunicar com clareza e objetividade ao seu público-alvo.

> O anúncio de qualidade é aquele que traz as informações necessárias para que o candidato compreenda os dados essenciais da vaga: **O quê?; Para quem?; Como?; Quando?; Onde?**.

Por que é importante destacar esses aspectos que influenciam na comunicação? Pela razão de que quem comunica, comunica a alguém. Dessa forma, antes de escrever um anúncio de vaga, é imprescindível o planejamento da comunicação desse anúncio, tendo em vista o público-alvo.

O planejamento do anúncio abrange as seguintes perguntas:

- O que queremos comunicar?
- Para quem queremos comunicar?
- De que forma vamos comunicar?
- Onde vamos comunicar?
- Quando vamos comunicar?

São as respostas a essas perguntas que nortearão a elaboração do anúncio da vaga. Sem as devidas respostas, o recrutador pode incorrer em um sério risco de não comunicar com o público desejado, o que implicaria perda de tempo e de recursos da organização.

2.4.2 A estrutura do anúncio

Qual é o segredo para a elaboração do anúncio adequado? Na realidade, não existe um segredo para elaborar um anúncio; o que existe é técnica. O anúncio deve ser objetivo e apresentar os requisitos e as qualificações requeridas, despertar o interesse do candidato e indicar a forma de contato. Pode seguir uma estrutura simples que cumpra com o papel de apresentar as informações sobre a vaga.

A Figura 2.10 apresenta um exemplo de estrutura de anúncio.

Figura 2.10 – **A estrutura do anúncio**

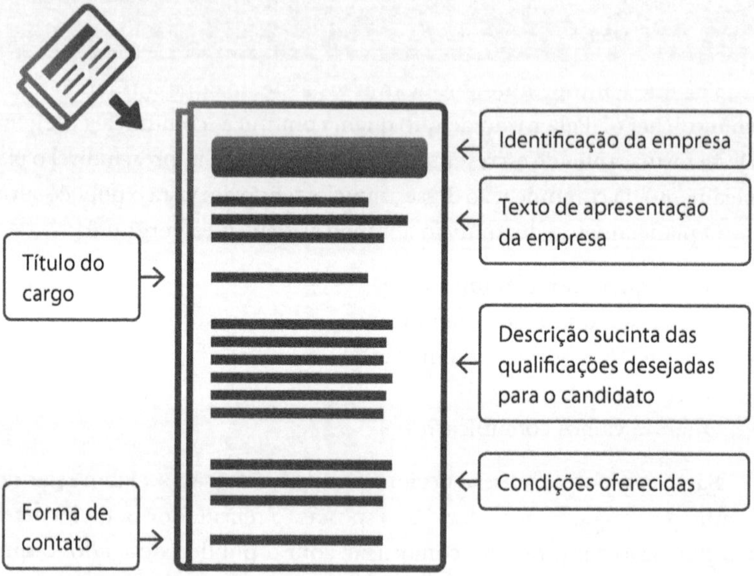

- Identificação da empresa
- Texto de apresentação da empresa
- Título do cargo
- Descrição sucinta das qualificações desejadas para o candidato
- Condições oferecidas
- Forma de contato

Fonte: Adaptado de Pontes, 2014, p. 125.

Observe que o anúncio da vaga deve apresentar:

- **Identificação da empresa** – Pode ser feita por meio do logotipo da organização, em se tratando de anúncio aberto.
- **Texto de apresentação da empresa** – menciona dados relevantes sobre a organização, que possam exercer fator de atratividade para o candidato.
- **Resumo das qualificações desejadas para o candidato** – Contempla as qualificações e os requisitos do ocupante do cargo, assim como suas áreas de responsabilidades.
- **Condições oferecidas** – Informam benefícios e vantagens adicionais (caso existam).

* **Forma de contato** – Apresenta ao final do texto a forma de contato: *e-mail*, caixa postal, apresentação pessoal na empresa etc. No caso de anúncio fechado, utiliza-se a indicação da caixa postal, uma vez que a identidade da organização permanece oculta em todo o processo de recrutamento.

> O anúncio pode sofrer variações, mas o importante é que contenha todos os elementos a fim de comunicar a mensagem.

2.4.3 Tipos de anúncios

Ao abrir um jornal de classificados de empregos, você já deve ter observado que alguns anúncios informam qual é a empresa que faz a oferta da vaga, ao passo que outros não revelam o nome, indicando apenas uma caixa postal ou um endereço eletrônico para que os candidatos interessados enviem seu currículo. Isso ocorre porque as organizações, ao entrarem em contato com o candidato, podem optar por modalidades de anúncios diferentes: o anúncio aberto, o anúncio fechado e o anúncio misto.

O **anúncio aberto** é aquele que identifica a organização que está recrutando, ao passo que o anúncio fechado não traz essa informação. Neste último, o candidato deve enviar o currículo a determinado *e-mail* ou a uma caixa postal.

> A experiência mostra que os candidatos tendem a se sentir mais seguros ao enviarem currículos para anúncios abertos, pois sabem que a vaga é para aquela organização em específico, o que evita surpresas.

O anúncio simples muitas vezes é utilizado também por empresas que gozam de excelente reputação no mercado. O nome da organização funciona como uma espécie de grife para atrair candidatos.

Observe um exemplo de anúncio aberto.

> **Empresa Somos Amigos contrata**
>
> ## Analista de recursos humanos
>
> Realizar análise da área de recursos humanos, recrutar e selecionar novos colaboradores, levantar necessidades de treinamento e avaliar desempenho de pessoal, desenvolver planos de carreiras e disseminar a cultura organizacional, realizar controle e processamento de folhas de pagamento, encargos sociais, cálculo de férias, admissões e demissões, preparar documentos para homologação, garantindo o cumprimento dos procedimentos legais.
> Necessária experiência na função.
> Ensino superior cursando ou completo em Administração, Recursos Humanos ou Psicologia.
>
> **Salário:** a combinar.
> **Benefícios:** assistência médica/medicina em grupo, participação nos lucros, tíquete-alimentação, vale-transporte.
> **Horário:** segunda a quinta, das 8h às 18h, e as sextas, das 08h às 17h.
> **Informações adicionais:** ter fácil acesso à região da Zona Sul.
>
> Interessados deverão enviar currículo com título da vaga para jocely@somosamigos.com.br ou à portaria da empresa: Avenida Castelo Branco – n. XXX – Centro – Curitiba/PR.

O anúncio fechado não traz informações sobre a empresa que oferta a vaga. Uma vez que os dados sobre a organização são desconhecidos, esse tipo de anúncio pode provocar insegurança e desconforto ao candidato. Outro fator de receio por parte do candidato é responder ao anúncio de sua própria empresa, uma vez que, segundo Pontes (2014, p. 88), "muitos bons candidatos deixam de responder a anúncios por esse motivo, pois os empregadores não costumam aceitar bem o fato de o empregado estar procurando emprego, interpretando-o como insatisfação em relação à empresa".

Na visão de Pontes (2014), só deveriam fazer uso de anúncio fechado as organizações que por alguma razão precisam manter segredo daquela vaga para seus colaboradores ou para o público externo. Contudo, a maioria das grandes empresas tende a optar por anúncios fechados.

> O anúncio fechado tende a evitar as indesejadas filas de candidatos sedentos por uma vaga na portaria da empresa, além de manter em sigilo as necessidades de recrutamento, muitas vezes ostensivo, que, se forem muito frequentes, podem macular a imagem da organização por causar a impressão de alto índice de rotatividade (Lacombe, 2011).

Que informações deve conter um anúncio fechado? Recomenda-se que a estrutura desse tipo de anúncio contenha:

- uma breve apresentação da organização e seu ramo de atuação;
- o nome do cargo;
- os requisitos desejáveis para o candidato;
- os benefícios oferecidos pela organização;
- a forma de contato.

A seguir, um exemplo de anúncio fechado:

> Somos uma empresa de médio porte do setor de calçados. Temos vagas para vendedores comunicativos, proativos e dinâmicos que tenham disponibilidade de viajar e trabalhar sem horário fixo.
> Oferecemos ótimo ambiente de trabalho, salário acima do mercado e benefícios
> Envie seu currículo para a caixa postal 1905 com o seguinte código: vendedor..

Fonte: Adaptado de Banov, 2012, p. 47.

A organização que assim desejar pode optar por um anúncio fechado com maiores detalhamentos, adotando uma estrutura semelhante à indicada no exemplo a seguir.

Analista de recursos humanos

Atuar em levantamentos de perfil junto ao gestor da área, divulgar as vagas e efetuar a triagem de currículos. Efetuar convocação e entrevistas de candidatos. Lançar os candidatos no sistema, controlar os indicadores de seleção, acompanhar o processo admissional, integrar novos colaboradores, promover processos de treinamento e desenvolvimento (levantamento da necessidade de treinamento) e avaliação de desempenho. Acompanhar e alimentar os indicadores da área. Realizar a entrevista de desligamento.

Requisitos:

Experiência em processos de recrutamento e seleção de grande volume no segmento de serviços, processo de contratação, controle de exames médicos admitidos e integração de novos colaboradores.

Necessário ensino superior completo em Psicologia ou Recursos Humanos. Desejável pós-graduação em áreas afins.

Necessário conhecimento nos pacotes Office e Excel intermediário e PowerPoint®. Desejável conhecimento em sistema integrado de recrutamento e seleção.

Ter disponibilidade para viagens.

Benefícios:

Assistência médica/medicina em grupo, assistência odontológica, convênio com farmácia, seguro de vida em grupo, tíquete-alimentação, tíquete-refeição e vale-transporte.

Horário: de segunda a sexta, das 8h às 18h.

Salário: R$ 2.500,00

Interessados devem enviar currículo para jocelyy@hotmail.com.

O **anúncio misto** ou **semiaberto** indica o nome da empresa, mas omite a unidade e o endereço e solicita o envio de currículo para a portaria de um jornal, um *e-mail* ou uma caixa postal como no anúncio fechado.

Observe o exemplo a seguir.

> **Empresa Somos Amigos contrata**
>
> ## Analista de recursos humanos
>
> Realizar análise da área de recursos humanos, recrutar e selecionar novos colaboradores, levantar necessidades de treinamento e avaliar desempenho de pessoal, desenvolver planos de carreiras e disseminar a cultura organizacional, realizar controle e processamento de folhas de pagamento, encargos sociais, cálculo de férias, admissões e demissões, preparar documentos para homologação, garantindo o cumprimento dos procedimentos legais.
> Necessária experiência na função.
> Ensino superior cursando ou completo em Administração, Recursos Humanos ou Psicologia.
>
> **Salário:** a combinar.
> **Benefícios:** assistência médica/medicina em grupo, participação nos lucros, tíquete-alimentação, vale-transporte.
> **Horário:** segunda a sexta, das 8h às 18h.
> **Informações adicionais:** fácil acesso à região da Zona Sul.
> Interessados enviar currículo com o título da vaga para a caixa postal 1905.

Mas o que é, de fato, fundamental seguir ao elaborarmos o texto de um anúncio? A despeito de o anúncio ser aberto ou misto, elaborar um texto que seja atraente ao candidato é fundamental. Esse texto de chamada busca exaltar os pontos positivos da organização ou os aspectos positivos da vaga aberta. O anúncio, longe de ser apelativo ou mentiroso, deve provocar a vontade das pessoas de se candidatarem à vaga, mesmo aquelas que não estejam procurando uma nova colocação.

2.4.4 O meio de divulgação da vaga

Outro ponto que requer atenção é o meio de divulgação a ser utilizado. A organização dispõe de um leque de opções que incluem jornais, revistas, televisão, internet e cartazes, entre outros.

Qual é o meio de divulgação mais eficaz? Consideramos que não é possível classificar que um meio de divulgação seja absolutamente mais eficaz do que outro; tudo depende da vaga e do candidato. Para que o anúncio tenha eficácia, é relevante que seja divulgado de forma a melhor atingir o público-alvo, devendo-se atentar para o tipo de mídia e os meios de comunicação a serem utilizados.

2.5 O preconceito e a discriminação no processo de recrutamento

Ao abrir um jornal de classificados, você já deve ter encontrado anúncios que solicitavam apenas candidatos de determinada faixa etária, ou somente para solteiros, ou vagas somente para não fumantes. Será que tais anúncios, na realidade, estão especificando o público-alvo ou incorrendo em discriminação?

As organizações devem estar atentas e tomar extremo cuidado com os critérios que expressam na divulgação das vagas, para isentá-las da possibilidade de preconceito ou discriminação de qualquer tipo: sexo, cor, origem, idade, religião, violação da intimidade, estado civil, deficiência, opção sexual, entre outros. Tais aspectos são proibidos pela Lei n. 9.029, de 13 de abril de 1995 (vide Anexo – Lei n. 9.029/1995).

Mas quais elementos não podem estar contidos em um anúncio, sob pena de serem considerados discriminatórios? Segundo Teixeira (2015), anúncios que sejam isentos de discriminação não podem fazer alusão a:

- raça (art. 3º, inciso IV, da Constituição Federal);
- sexo (art. 5º, inciso I e art. 7º, inciso XXX, da Constituição Federal);
- religião (art. 5º, inciso VIII, da Constituição Federal);
- violação à intimidade e à vida privada – normalmente nas entrevistas (art. 5º, inciso X, da Constituição Federal);
- sindicalizados (art. 5º, incisos XIII, XVII, XX e XLI, da Constituição Federal);
- origem – estrangeiros (*caput* do art. 5º, da Constituição Federal);
- idade (art. 7º, inciso XXX, da Constituição Federal);
- cor (art. 7º, inciso XXX, da Constituição Federal);
- estado civil (art. 7º, inciso XXX, da Constituição Federal);
- opção sexual (art. 7º, inciso XXX, da Constituição Federal).

O que pode acontecer caso o anúncio da vaga apresente itens discriminatórios? Em caso de detecção de discriminações citadas, as pessoas que se sentirem discriminadas podem recorrer à justiça e exigir indenizações. A ausência do cuidado na elaboração do anúncio e dos critérios da vaga faz todos perderem: de um lado, o candidato a colaborador, ao se sentir humilhado, pode exigir uma indenização na justiça; de outro, a imagem da empresa fica seriamente comprometida e marcada como uma organização que não cumpre seu papel social. Além de tudo isso, há também prejuízo financeiro, pois quem arca com os valores da indenização é a organização, e não o funcionário. De forma objetiva, um processo desse tipo caracteriza uma diminuição do lucro da empresa.

> Compete à equipe de recrutamento manter-se absolutamente atenta e vigilante quanto às formas de discriminação, bem como a suas implicações.

2.6 As etapas do processo de recrutamento

Quais são os passos do processo de recrutamento? Esse processo é composto pelas seguintes etapas: formalização da abertura da vaga, coleta de dados, planejamento, execução e avaliação. Veja no Quadro 2.5.

Quadro 2.5 – As etapas do processo de recrutamento

Etapas	Ação	Especificações
Etapa 1	Formalização da abertura de vaga	Abertura formal da vaga. O gestor da área faz a solicitação de pessoal por meio da requisição de pessoal (RP) ou requisição de empregado (RE)[1].
Etapa 2	Coleta de dados	Detalhamento do perfil do cargo; mapeamento das competências; recursos financeiros disponíveis para o recrutamento; tempo de preenchimento da vaga; situação do mercado de trabalho e outras informações necessárias para fundamentar o planejamento.

(continua)

---

[1] O Apêndice 4, ao final do livro, apresenta um modelo de ficha para RP.

(Quadro 2.5 – conclusão)

Etapas	Ação	Especificações
Etapa 3	Planejamento	Período em que ocorrerá o recrutamento; tipo de recrutamento (externo, interno ou misto); escolha do tipo de anúncio e dos meios de divulgação; responsabilidades sobre o processo, entre outras.
Etapa 4	Execução do recrutamento	Operacionalização do recrutamento propriamente dito: divulgação da vaga e captação e recepção de candidatos.
Etapa 5	Avaliação do recrutamento	Aplicação de métricas que permitam identificar a eficiência e a eficácia do recrutamento: número de candidatos que responderam ao anúncio; percentual de candidatos qualificados para a vaga; eficácia dos meios escolhidos para atingir o público-alvo.

Fonte: Adaptado de Banov, 2012, p. 39.

Essas etapas orientam o processo de recrutamento; o recrutador deve estar atento para que a ação tenha sucesso e traga efetividade e credibilidade ao profissional executor da atividade. Sabemos que todas as etapas do processo de recrutamento requerem todo cuidado e atenção.

O que pode acontecer caso o recrutamento ocorra sem a devida oficialização, ou seja, sem que a diretoria tenha assinado a requisição de pessoal? Para responder a essa pergunta, apresentamos a história de Janaina.

Janaina, estudante de RH, divorciada e mãe de um menino de oito anos, era responsável por seu sustento e pelo de seu filho. Não recebia nenhum tipo de ajuda financeira. Esforçada, conseguia conciliar as diversas áreas de sua vida com muita dedicação e afinco. Há cinco anos trabalhava na empresa de eventos Flor de Liz, especializada em festas de casamentos e aniversários. Sua função ia desde oferecer suporte aos procedimentos administrativos até captar clientes. Em uma ocasião, conversando com Moacir, seu colega de faculdade, Janaina lhe confidenciou que se sentia cansada, sobrecarregada, e que seu salário não era suficiente sequer para cobrir todas as suas despesas, apesar da vida contida e modesta que levava com o filho.

> Moacir, que trabalhava em uma grande revenda de automóveis, logo se solidarizou com a situação da colega e, muito solícito, disse saber que sua empresa estaria precisando de alguém com o perfil de Janaina, a qual ficou muito entusiasmada e agradecida. Desse modo, Moacir combinou de apresentá-la na empresa.
>
> Assim foi feito. Janaina foi apresentada à equipe da empresa, foi muito bem-recebida e entrevistada pelo gestor da área, que lhe teceu amplos elogios e disse que há muito tempo esperava encontrar alguém com o perfil dela. O gestor anunciou com todas as letras que a vaga seria de Janaina, parabenizando-a pela conquista. Feliz e confiante com a nova oportunidade que se desenhava, no dia seguinte, ela solicitou o seu desligamento na Flor de Liz.
>
> Passados dois dias, Janaina procurou então o RH da revenda de automóveis para informar que já estava disponível e que poderia começar a trabalhar. Qual foi a sua surpresa ao ser informada pelo RH de que não havia nenhuma solicitação para contratação e, portanto, não havia vaga!
>
> Atônita e preocupada, ela procurou o gestor da área que havia feito a entrevista e explicou o ocorrido. O gestor afirmou que estava tudo certo e que iria providenciar o documento de requisição de pessoal. E assim o fez: procurou o RH e preencheu esse documento, que foi então encaminhado à diretoria para fins de aprovação.
>
> A diretoria, ao avaliar a necessidade de contratação, posicionou-se contrária à admissão, não assinando o documento que formalizaria a abertura da vaga. Nessa situação, Janaina não foi contratada nem pôde reassumir seu antigo trabalho.

A não formalização da abertura da vaga gera contratempos e desencontros e, como no caso relatado, além de frustrar a expectativa do candidato, pode resultar que este tome decisões que impactam diversas áreas de sua vida.

2.7 Métricas e indicadores: análise do custo-benefício do recrutamento

Existe uma expressão recorrente nas organizações segundo a qual "empresários só entendem a linguagem dos números". Em recrutamento e seleção não é diferente. As métricas do recrutamento permitem avaliar a relação custo-benefício dos esforços empreendidos para atrair os candidatos e os resultados obtidos pelo processo.

Sabemos que nem todos os candidatos que se apresentam estão em devida consonância com o que a organização espera. Muitos ficam pelo caminho já na primeira triagem. Apenas continuam no processo seletivo os candidatos que preenchem os requisitos exigidos pela vaga. Sendo assim, não há outra forma de avaliar o desempenho senão medir, e as métricas são os elementos que dão base para essa medição.

O que são métricas?

Métricas são medidas brutas, de simples composição.

Por meio das métricas, chegamos aos indicadores de desempenho, os quais nos permitem avaliar a qualidade do processo refletida em seus resultados.

Os **indicadores de desempenho** são medidas calculadas e são compostos pelas métricas.

Figura 2.11 – **Métricas do recrutamento**

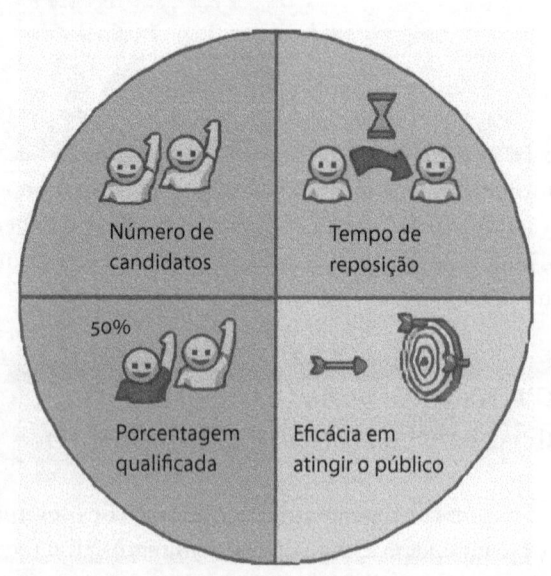

- Número de candidatos
- Tempo de reposição
- Porcentagem qualificada (50%)
- Eficácia em atingir o público

Crédito: Jessé Eliel Gonçalves

De que maneira o recrutamento é avaliado? Pelo número de candidatos que realmente preenchem os requisitos para a vaga. Podemos chegar a esse número considerando tanto os currículos recebidos quanto as fichas de solicitação de emprego (vide Apêndice 5 – Modelo de ficha de solicitação de emprego) preenchidas pelos candidatos. O cálculo é feito dividindo a quantidade de vagas preenchidas com empregados vindos do mercado pelo número total das vagas preenchidas. Por meio desse cálculo, é possível avaliar a eficiência do recrutamento. Essa forma de avaliação fornece um indicador quantitativo.

Para compreender a eficiência do processo de recrutamento, tomemos o seguinte exemplo: uma empresa divulgou uma vaga de *chef* de cozinha por meio de cartazes afixados em terminais de ônibus metropolitano. Recebeu 300 currículos; contudo, apenas três deles – ou seja, 1% – eram compatíveis com o perfil desejado pela organização.

O Quadro 2.6 sugere uma avaliação de recrutamento para esse caso.

Quadro 2.6 – **Exemplo de avaliação de recrutamento**

Referências	Resultado
Vaga para	*Chef* de cozinha
Número de vagas	01
Meio de divulgação	Cartaz em terminais de ônibus metropolitano
Total de candidatos	300
Número de candidatos com o perfil para a vaga	3
Número de candidatos contratados	0
Tempo de reposição da vaga	Vaga em aberto

Fonte: Banov, 2012, p. 51.

A avaliação deste recrutamento indica que, embora tenha existido o recebimento de currículos e fichas de emprego, o meio de divulgação escolhido não foi adequado. As métricas demonstram que o processo de recrutamento não foi eficaz: apesar do tempo investido na leitura e triagem dos currículos e dos investimentos realizados pela organização, a vaga continua em aberto.

Existe outra forma de avaliar o recrutamento? Sim, após a contratação e a permanência do colaborador por um dado período de tempo. Sabemos que nem todos os contratados permanecem na organização: alguns são desligados por vontade da empresa, outros solicitam o desligamento. O cálculo da qualidade de contratação permite identificar essa qualidade. Pereira (2014) argumenta que a organização tem um *feedback* sobre a qualidade dos novos contratados e também sobre a efetividade do processo seletivo. Assim, por meio desse calculo, é possível conhecer a eficácia do recrutamento. O cálculo é feito da seguinte forma:

$$QC = (AD + CP + CR) / N$$

Em que:
QC = qualidade dos recrutados contratados;
AD = medida de avaliação de desempenho no trabalho;
CR = percentagem de contratados promovidos em um ano;
N = número de indicadores utilizados.

Por meio do resultado, chega-se ao índice de contração, o qual permite que a organização classifique o processo de contratação como: a) ótimo; b) bom; c) regular; d) ruim. Essa classificação determinará a manutenção ou a mudança da estratégia que foi adotada pela organização, tanto no que se refere a recrutamento externo, interno ou misto, quanto no que diz respeito ao tipo de anúncio ou canal utilizado para a veiculação da vaga, entre outros.

Pereira (2014) levanta um contraponto em relação à permanência do colaborador na organização, aspecto determinado por fatores que, muitas vezes, dependem não do recrutador, mas do próprio colaborador, como sua conduta no dia a dia de trabalho, seu equilíbrio emocional, seu empenho em realizar tarefas e sua predisposição em aceitar *feedbacks* acerca de pontos que precisam ser melhorados. Outro ponto que merece destaque é que muitos colaboradores deixam as organizações por falta de oportunidade de promoção na empresa ou por oportunidades que surgem no mercado de trabalho.

Assim, a avaliação do recrutamento permite também identificar os pontos que precisam ser aprimorados. Podemos ilustrar por meio da experiência de Augusto, apresentada a seguir.

> A empresa Pisando nas Nuvens Fábrica de Calçados abriu 10 vagas para vendedores. O anúncio, divulgado em jornais e terminais de transporte coletivo, não era muito específico quanto aos requisitos das vagas. Entre as solicitações de emprego e currículos recebidos somavam-se 600 candidatos, um volume que a princípio deixou a equipe de recrutamento bastante otimista. João Augusto, responsável pelo recrutamento, chegou a se gabar para o gerente de vendas mencionando que jamais a Pisando nas Nuvens havia tido tantas possibilidades de escolha.
> Mas a alegria durou pouco. Ao contabilizar os currículos, apenas oito deles preenchiam os requisitos das vagas que, entre outras especificações, determinavam que os candidatos deveriam possuir automóvel e ter disponibilidade para viagens. Desanimado, João Augusto se deu conta de que havia hiatos no processo de recrutamento. A empresa investiu para a veiculação do anúncio, gastou um tempo considerável na triagem de tantos currículos e, ao final, não havia conseguido número razoável de candidatos qualificados para o preenchimento da vaga. Foi então que João Augusto se perguntou: **"O que posso fazer de diferente da próxima vez?"**

O recrutamento pode ser avaliado sob diversas óticas, a exemplo da eficácia dos recrutadores, da origem dos recrutados e dos métodos empregados, conforme registra Pereira (2014). Em outras palavras, cada passo dado, cada escolha realizada, oferece ao recrutador um resultado. Recomendamos que esse resultado seja constantemente avaliado a fim de se identificarem as oportunidades de melhorias no processo.

2.8 Considerações sobre o currículo

O currículo recebe destaque quando o assunto é recrutamento e seleção; por essa razão reservamos um espaço para tecer considerações a respeito desse importante documento. A prática revela que os recrutadores dispõem, muitas vezes, de pouquíssimo tempo para fazer a triagem dos currículos e que o candidato, por desconhecimento ou descuido, não se dá conta de que pode perder valiosas oportunidades no mercado de trabalho porque seu currículo não é suficientemente atraente para despertar a atenção do selecionador.

> O currículo é o primeiro contato do selecionador com o candidato. A impressão que o currículo causa ao recrutador é determinante para que o candidato seja convocado ou não para a entrevista de seleção.

Quando o selecionador analisa um currículo, dois aspectos são considerados: o conteúdo e a forma. O **conteúdo** expressa as informações sobre o candidato: nome, endereço, *e-mail*, objetivo, formação acadêmica, experiência profissional, formação complementar, entre outras. A estética, a ordem, a limpeza, o tipo de papel escolhido pelo candidato, o cuidado com a grafia das palavras e a formatação expressam a **forma**.

> Currículos com erros de português, sem o devido cuidado com a formatação e sem que as informações estejam claras, de fácil acesso, tendem a comprometer a imagem de credibilidade e profissionalismo do candidato.

O propósito do currículo é **apresentar o objetivo e as qualificações do candidato**, de modo que o selecionador encontre consonância entre os requisitos exigidos pela função e o perfil do candidato. Por essa razão, um currículo adequadamente elaborado é simples, direto, objetivo e reúne as informações relevantes sobre o candidato em até duas laudas.

Para que possa apresentar adequadamente o candidato e despertar o interesse do selecionador para uma conversa exploratória, é fundamental que o currículo contenha as seguintes informações:

- **Nome completo do candidato** – Indicado no alto da página em negrito ou em destaque.
- **Dados pessoais** – Endereço completo com CEP, telefone com DDD e *e-mail*.
- **Objetivo** – Cargo ou área desejada.
- **Escolaridade** – Formação escolar, a começar pela atual ou a mais recente, informando o nome do curso, nome completo da instituição, ano de conclusão (completo ou previsto), cidade e estado; os cursos técnicos devem ser informados da mesma maneira, acrescendo-se a carga horária.
- **Experiência profissional** – Seção que deve incluir as três últimas experiências, informando a empresa, a cidade e o estado, o cargo ocupado e as funções desempenhadas em, no máximo, quatro linhas para cada experiência.

- Informações complementares – Apresenta informação sobre cursos de idiomas e outros cursos com adesão à área desejada. Devem ser incluídos o nome completo do curso, a instituição, o ano e a carga horária. Também neste campo podem ser indicadas as participações em palestras, eventos, intercâmbios, trabalhos voluntários, entre outros.

> Existem diversos tipos de currículos que servem a diferentes áreas. O importante é que o candidato preste atenção à demanda de cada área de atuação para apresentar as informações que são, de fato, relevantes.

2.8.1 Critérios para a análise de currículo

Quais são os critérios utilizados pelo recrutador para a análise do currículo do candidato? O primeiro ponto a considerar é que o recrutador deve conhecer os requisitos exigidos para o desempenho do cargo. A partir daí, procederá com a verificação de compatibilidade entre as exigências da vaga e o que o candidato oferta. Para tal propósito, os seguintes fatores recebem destaque:

- Apresentação do currículo – A apresentação do currículo remete aos elementos estéticos, por exemplo: organização das informações, documento limpo e sem rasuras, tipo de fonte utilizada e cuidado com a formatação em geral. Na apresentação do currículo, os erros de português são verdadeiros vilões, pois podem gerar uma impressão nada positiva sobre o candidato e afastá-lo da vaga almejada.
- Dados de contato – O contato deve estar atualizado e permitir que o candidato seja de fato encontrado por meio do endereço, de telefones do candidato ou de contatos próximos, além, é claro, do *e-mail*. Neste ponto, cabe uma observação sobre *e-mails*: endereços eletrônicos do tipo gatinhafofinha@…com, "todopoderos@…com" são comprometedores na hora de avaliar o contato. É importante que o candidato tenha um *e-mail* que o represente de forma profissional.

- **Conteúdo** – Refere-se àquilo que o documento informa, como a descrição das atividades realizadas, os cargos ocupados, as datas e saídas das empresas. Ainda na verificação de conteúdo, o selecionador deve estar atento às responsabilidades que o candidato assume fora de sua vida profissional: se participa de grupos, se ganhou algum prêmio, se ajuda alguma comunidade etc. A objetividade é fundamental, mas sem dispensar a essência da função.
- **Comparação** – Com o currículo em mãos, o recrutador irá avaliar se o candidato é compatível com os requisitos da vaga, ou seja, o que o candidato oferece e o que a vaga requer.

Que outros detalhes "saltam aos olhos" do recrutador no momento da análise do currículo? São os pontos de hiato ou "buracos" entre um emprego e outro, a frequência com que as mudanças de emprego acontecem e a ausência de transferências ou promoções:

- **Espaços de tempo entre um emprego e outro** – Muitos candidatos omitem fases de sua carreira profissional. Este ponto deve ser amplamente questionado. Mas é importante ressaltar que nem sempre este fato é ruim; por exemplo, muitas mulheres optam pela maternidade e por permanecerem os primeiros anos ao lado dos filhos, e somente mais tarde retornam ao mercado de trabalho.
- **Mudanças de emprego** – O excesso de mudanças de emprego pode caracterizar instabilidade, o que é visto com certa restrição e cautela pelas empresas. Tal fato pode criar a imagem de que o candidato "troca" de emprego nas primeiras dificuldades que encontra, ou representar que ele possui algum tipo de dificuldade em termos de relacionamento ou subordinação.
- **Ausência de transferências, promoções ou crescimento** – Conforme o tempo de permanência na organização, espera-se que o colaborador apresente crescimento que reflita em maiores responsabilidades. A ausência de transferências, promoções ou crescimento pode gerar dúvidas no entrevistador sobre a existência de limitações, ou mesmo sinalizar excesso de conformismo por parte do candidato.

Você já está munido de informações a respeito dos tipos e das fontes de recrutamento, bem como sobre a forma de elaborar e divulgar uma vaga. Também compreendeu os cuidados a serem tomados para que os critérios de uma vaga não sejam confundidos com aspectos discriminatórios e aprendeu sobre a forma de construir e analisar um currículo. Portanto, agora você está apto a dar o próximo passo de nossa jornada, o qual se refere à seleção de pessoal, tema do próximo capítulo.

Síntese

O tema central deste capítulo foi o processo de recrutamento de pessoal, etapa inicial do processo seletivo que tem por objetivo "atrair" o candidato cujo perfil é compatível com os requisitos do cargo, fator determinante na qualidade do processo de seleção. O processo de recrutamento eficiente e eficaz requer preparação por parte do recrutador, que deve conhecer as características da vaga e o perfil do candidato. Para tal propósito, ele recorre à análise e descrição de cargos que oferece as especificações do cargo e o perfil do candidato para o exercício das funções. Essas informações são utilizadas em diferentes momentos do processo de recrutamento, por exemplo: na identificação do público-alvo; na elaboração do anúncio da vaga; na análise de currículo; nas etapas do processo seletivo.

Neste capítulo, você conheceu os tipos de recrutamento – interno, externo e misto –, as fontes de recrutamento externo e todas as etapas que compõem o processo. Abordamos também as métricas do recrutamento e os critérios para a análise do currículo do candidato e a elaboração do anúncio, tendo em vista o objetivo de comunicar ao público-alvo sem incorrer em discriminações de sexo, raça, cor, religião etc.

> **Para saber mais**
>
> Para ampliar a sua visão sobre os temas abordados neste capítulo, sugerimos que você assista ao seguinte filme, que chama a atenção pela forma como a personagem central da trama recruta seu quadro, busca por indicações, aborda e influencia candidatos.
>
> ONZE homens e um segredo. Direção: Steven Soderbergh. EUA: Warner Bros, 2001. 116 min.
>
> Que tal aprofundar seus conhecimentos sobre a forma como as empresas estão adotando o recrutamento *on-line*? Para tanto, acesse os seguintes textos:
>
> RECHE, G. E-recrutamento: a internet como ferramenta no recrutamento e seleção. **Administradores**, [S.l.], 16 maio. 2011. Disponível em: <http://www.administradores.com.br/artigos/economia-e-financas/e-recrutamento-a-internet-como-ferramenta-no-recrutamento-e-selecao/55112?>. Acesso em: 4 ago. 2015.
>
> JANELA WEB. **eRecruitment**: novos desafios para o Recrutamento online, [S.l; s.d]. Disponível em: <http://janelanaweb.com/reinv/rui_alves6.html>. Acesso em: 4 ago. 2015.
>
> Para aprofundar seus conhecimentos em relação às práticas discriminatórias, acesse os seguintes links:
>
> TEIXEIRA, P. H. Anúncios discriminatórios. **Guia trabalhista**, [S.l; s.d]. Disponível em: <http://www.guiatrabalhista.com.br/tematicas/anunciosdiscriminatorios.htm>. Acesso em: 31 ago. 2015.
>
> LUZ, L. S. Discriminação em anúncios de emprego. **Vida integral**, [S.l.; s.d]. Disponível em: <http://www.vidaintegral.com.br/noticias.php?noticiaid=977>. Acesso em: 31 ago. 2015.

Questões para revisão

1. A Valverde Negócios Imobiliários abriu processo para a contratação de gestor para uma nova unidade de negócios. Coube a Marina, a "faz-tudo" da empresa, conduzir uma entrevista e selecionar o candidato com o perfil mais adequado para a vaga. Entretanto, não existia nenhum documento na organização que esclarecesse

as funções do cargo, tampouco os tipos de conhecimentos e habilidades que o pretendente à vaga deveria apresentar. Desde que recebeu essa incumbência de seu chefe, Marina tem perdido noites de sono a se perguntar: por onde começar? Tendo em vista o que foi tratado no capítulo, qual seria a primeira providência a ser tomada por Marina?

a) Divulgar a vaga.
b) Pesquisar as funções a serem desempenhadas pelo profissional e construir a análise e descrição de cargos.
c) Pesquisar o mercado e identificar se a oferta de mão de obra é maior do que a procura.
d) Analisar currículos e agendar entrevistas.
e) Identificar o nível estratégico no qual o cargo está posicionado.

2. Uma questão frequente no processo de recrutamento é definir como chegar até os candidatos e como estes podem ficar sabendo das oportunidades que as empresas oferecem. Para isso, é importante definir as fontes de recrutamento. Com base nessa informação e no que você estudou neste capítulo, relacione as fontes de recrutamento apresentadas na coluna da esquerda com suas características, que constam à direita.

I) Anúncios em jornais, revistas e TV.
II) Transportes públicos
III) Instituições de ensino
IV) Redes sociais
V) *Site* da própria empresa

( ) O objetivo desta modalidade de recrutamento é atrair estagiários, *trainees* e profissionais qualificados.
( ) Trabalhe conosco.
( ) Permitem que diversos indivíduos mantenham contato por meio de comunidades virtuais.
( ) Tende a ser quantitativa, uma vez que se dirige ao público em geral.
( ) Cartazes nos terminais e no interior dos veículos.

Assinale a alternativa que apresenta a sequência correta de cima para baixo:

a) V, IV, III, II, I.
b) IV, II, I, III, V.
c) IV, II, III, V, I.
d) III, V, IV, I, II.
e) III, V, II, I, IV.

3. Recentemente, Ana Claudia, que ocupava o cargo de coordenadora administrativa em uma indústria de calçados no interior de Santa Catarina, solicitou sua demissão em razão da transferência de seu marido. João Carlos, gerente do RH, precisa repor a vaga o mais breve possível, pois essa indústria logo inaugurará mais uma fábrica na região. A empresa adota uma política de promover o crescimento e a valorização do colaborador sempre que exista a oportunidade por meio de abertura de vagas. Com base na política da empresa, assinale a alternativa que indica a ação correta a ser tomada por João Carlos:

a) Aguardar a inauguração da nova fábrica.
b) Fazer recrutamento interno e externo, e o processo que fornecer um melhor resultado será utilizado para a contratação.
c) Fazer recrutamento misto.
d) Fazer recrutamento externo.
e) Fazer recrutamento interno.

4. Que consequências podem ser sofridas por uma organização caso ela publique um anúncio de vaga que contenha itens discriminatórios?

5. Qual é o meio de divulgação de vagas considerado o mais eficaz?

Questões para reflexão

1. Leia o texto a seguir:

> A divulgação das vagas de emprego obviamente é essencial no processo de recrutamento e seleção nas empresas, mas também é uma tarefa que precisa ser planejada para alcançar vários interessados com o perfil que atenda os requisitos do cargo aberto.
>
> Porém, a divulgação ineficaz não atinge o objetivo de levar a vaga até o candidato potencial. Quando isso ocorre, o processo seletivo estagna, pois é inviável dar prosseguimento à seleção quando profissionais não se inscrevem para concorrer às vagas.
>
> Veja a seguir os principais erros que empatam os processos seletivos.
> a) Anunciar em *sites* com pouco tráfego – o que dificilmente atingirá o público-alvo.
> b) Padronizar os anúncios das vagas, trocando somente o título do cargo e as atividades.
> c) Omitir informações importantes, o que atrapalha as etapas seguintes do processo de contratação.
> d) Informar um *e-mail* geral para as vagas abertas – deixar a caixa de entrada lotada de *e-mails* com currículos sem saber para qual vaga estão sendo enviados é perda de tempo.
>
> Está mais do que provado que, se o anúncio das vagas não for eficiente e não tiver um bom alcance, certamente não surgirão candidatos qualificados, não haverá concorrência e nem subsídios para fazer uma boa escolha.

Fonte: Adaptado de Emprego..., 2014.

Com base na leitura do texto, comente o que deve ser feito para resolver cada um dos erros apontados.

2. Quais são as implicações para o processo de recrutamento, caso o anúncio da vaga não seja devidamente elaborado?

3 A seleção de pessoal

Conteúdos do capítulo

- Habilidades técnicas e comportamentais e perfil profissional.
- Seleção de pessoal.
- Etapas do processo seletivo.
- Técnicas de seleção: entrevistas, testes, testes psicológicos, ferramentas de assessment e análise grafológica.

Após o estudo deste capítulo, você será capaz de:

1. compreender as habilidades técnicas e as habilidades comportamentais;
2. mostrar as razões pelas quais o processo seletivo é um processo de comparação;
3. descrever, explicar e aplicar as etapas do processo seletivo;
4. aplicar as técnicas de seleção;
5. entender a aplicação de cada técnica de seleção;
6. identificar os tipos de testes;
7. escolher a técnica ou o conjunto de técnicas mais adequados à vaga que se pretende preencher.

> *As companhias mais admiradas e mais rentáveis compartilham de um denominador comum: pessoas felizes.*
> Richard Whiteley

O foco deste capítulo é o processo de seleção de pessoal. A primeira etapa é reservada para explicar as razões pelas quais o processo de seleção é, sobretudo, um processo de comparação que envolve, por um lado, os requisitos da vaga e, por outro, as qualificações oferecidas pelo candidato. Para identificar a compatibilidade entre os atores do processo, ou seja, a vaga e o candidato, é preciso conhecer o perfil deste. Nesse sentido, as técnicas e as competências exercem importante papel. Para aprofundar os conhecimentos a respeito de como fazer um processo seletivo, entram em cena as técnicas de seleção. Apresentaremos, neste capítulo, as mais utilizadas nas organizações: a entrevista, os testes, a dinâmica de grupo e as ferramentas de *assessment*, muito eficazes no levantamento das características do candidato para a composição do perfil dele.

O processo de seleção é subsequente ao recrutamento e também pertence ao subsistema de provisão de recursos humanos (RH).

> A seleção tem por objetivo **colocar a pessoa certa no lugar certo** por meio da escolha de candidatos que apresentem maiores possibilidades de desempenhar adequadamente as funções de acordo com as necessidades da organização.

O que o processo de seleção deve considerar para ser eficaz? A compatibilidade entre o perfil da vaga e a cultura da organização e o perfil, as crenças e os valores do candidato. Essa compatibilidade é determinante para a adaptação e permanência do colaborador na organização.

O processo de seleção tem por objetivo colocar o colaborador certo no lugar certo, cumprindo importante papel para que a organização seja bem-sucedida em seus propósitos.

3.1. A seleção de pessoal: um processo de comparação

O que é a seleção de pessoal?

A seleção de pessoal é um **processo de comparação** que envolve, de um lado, os requisitos do cargo e, de outro, o que o candidato tem a oferecer, por meio de seus conhecimentos, suas habilidades e seus comportamentos.

A ação inicial do processo seletivo fundamenta-se nas informações do cargo a ser preenchido, que o selecionador encontra na descrição de cargos. As especificações dos cargos indicarão os critérios da seleção. E quando os critérios são claros e objetivos, a seleção tende a apresentar maior grau de precisão.

Figura 3.1 – **A seleção é um processo de comparação**

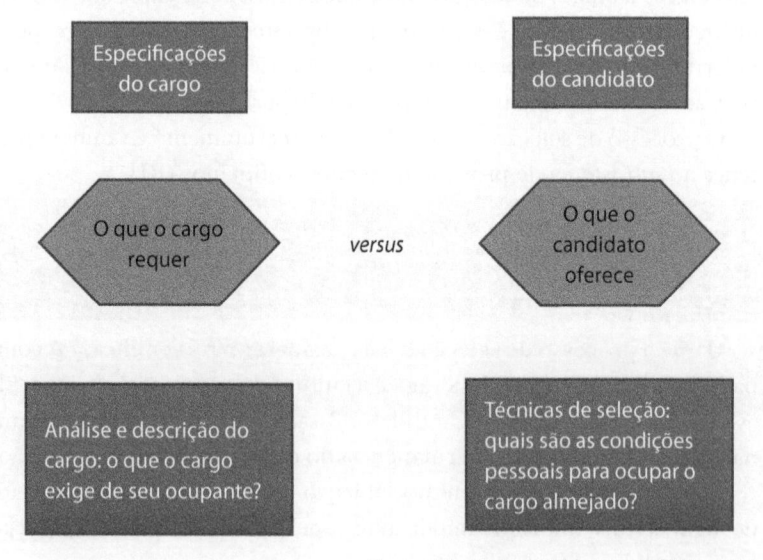

Especificações do cargo		Especificações do candidato
O que o cargo requer	*versus*	O que o candidato oferece
Análise e descrição do cargo: o que o cargo exige de seu ocupante?		Técnicas de seleção: quais são as condições pessoais para ocupar o cargo almejado?

Fonte: Adaptado de Chiavenato, 2015, p. 136.

Ao analisar o perfil do candidato e as exigências do cargo, quais são as situações com as quais o selecionador pode se deparar? Observe a seguir:

- O perfil do candidato está aquém das exigências do cargo – o candidato não apresenta as condições compatíveis às exigências da vaga, o que o coloca fora do processo seletivo.
- O perfil do candidato é mais elevado do que exige o cargo – o candidato é *overqualified*, ou seja, é muito qualificado para desempenhar determinado cargo. Nesse caso, o candidato também é eliminado do processo seletivo.
- O perfil do candidato é compatível com as exigências do cargo – o que o candidato tem a oferecer equivale aos conhecimentos e às habilidades requeridos para o desempenho do cargo. Nesse caso, o candidato está apto a prosseguir no processo seletivo.

Vejamos o seguinte exemplo:

> Eliana, uma jovem muito bonita e inteligente, trabalhava como assistente administrativo e sempre buscou aprender e assumir tarefas e responsabilidades na organização. Não havia um curso de aperfeiçoamento oferecido pela empresa que ela se recusasse a fazer. Aluna do terceiro período do curso noturno de Administração, costumava passar seus finais de semana estudando.
>
> A empresa na qual trabalhava a desligou de seu quadro funcional alegando necessidade de redução de custo. Eliana, que não levava uma vida fácil e não podia contar com a ajuda de ninguém, após três meses sem conseguir emprego passou a ficar muito temerosa quanto a sua recolocação no mercado. Ela foi convocada para algumas entrevistas, mas todas as empresas alegavam recessão, e a contratação não acontecia. Sequer um estágio ela conseguiu.
>
> Com as contas se acumulando, Eliana passou a procurar outros postos de trabalho. Foi então que, pesquisando no jornal, se deparou com uma vaga para auxiliar de limpeza em uma creche. Com o currículo em mãos, foi se candidatar para a vaga, pois precisava muito trabalhar.
>
> **Você contrataria Eliana para o cargo de auxiliar de limpeza?**

O que pode acontecer se o selecionador escolher um candidato *overqualified*? A experiência tem demonstrado que o candidato *overqualified* para a vaga é mais suscetível a pedir desligamento da organização em um curto período de tempo. Mesmo que ele aceite as condições de um cargo que exija menos do que tem a oferecer, tão logo consiga uma oportunidade adequada ao seu perfil, fará a troca de emprego. Esse fato ocorre naturalmente, porque o colaborador tende a buscar oportunidades que se encaixem em seu perfil e em suas expectativas profissionais.

Quais são os impactos dessa escolha para a organização? Caso surja uma oportunidade mais favorável ao profissional e este opte por ela, a organização perde, pois com o posto de trabalho em aberto, provavelmente será necessário abrir um novo processo de recrutamento e seleção, além de treinar outro colaborador.

Figura 3.2 – **A pessoa certa no lugar certo**

Crédito: Jessé Eliel Gonçalves

A empresa poderá arcar também com os custos de desligamento, caso o colaborador não consiga se adaptar às tarefas do cargo e precise ser desligado do quadro funcional da organização. A seleção de pessoal é um processo comparativo, análogo a um quebra-cabeça, que só ficará completo se houver o encaixe correto das peças.

3.2 A importância das habilidades técnicas e comportamentais na composição do perfil profissional do candidato

Por que o processo de observar cuidadosamente os conhecimentos, as habilidades e os comportamentos do candidato é tão importante para a organização? Aqui, temos dois aspectos: o primeiro é de ordem técnica, e o segundo, de ordem comportamental, ou seja, as habilidades técnicas e as habilidades comportamentais.

- As **habilidades técnicas** correspondem ao domínio de uma determinada atividade, isto é, envolvem o conhecimento especializado. Tais habilidades consistem na utilização de conhecimentos, métodos, técnicas e equipamentos necessários para a realização de tarefas específicas, através de instrução, experiência e educação. Por exemplo, uma habilidade técnica do profissional de RH é ter domínio dos trâmites para elaborar e fechar uma folha de pagamento (Chiavenato, 2004).
- As **habilidades comportamentais**, ou seja, a competência emocional, são decisivas para os resultados do colaborador no trabalho e absolutamente relevantes no mundo corporativo. Peter Drucker (1909-2005), pensador, escritor e professor, considerado o pai da administração moderna, costumava dizer que "as pessoas são contratadas pelas suas habilidades técnicas, mas são demitidas pelos seus comportamentos" (Werner, 2013).

Por que as competências técnicas e comportamentais são tão importantes para o processo seletivo? Porque elas são fundamentais para identificar, avaliar, mensurar e decidir quem está mais apto a desempenhar as atividades de um determinado cargo, tendo em vista as competências técnicas e comportamentais que compõem o perfil do candidato.

> **Perfil** é o conjunto de características de um indivíduo, que, quando analisado sob a ótica de mercado, remete aos pré-requisitos que o candidato deve apresentar para ocupar determinado cargo.

O que compõe o perfil profissional do candidato? Basicamente, estas três dimensões: 1) o saber fazer; 2) o saber ser; 3) o saber agir. Para explicar essas dimensões, destacamos os estudos de Gondim e Cols (2003):

- **Saber fazer** – Refere-se às dimensões práticas, técnicas e científicas adquiridas formalmente e/ou por meio da experiência profissional (cursos e treinamentos). O saber fazer se refere às habilidades motoras e ao conhecimento necessário para o trabalho.

- **Saber ser** – Corresponde à personalidade e ao caráter, que ditam os comportamentos nas relações sociais de trabalho, por exemplo: iniciativa, comunicação, produtividade e competitividade. O saber ser está relacionado às características pessoais que contribuem para a qualidade das interações humanas no trabalho e à formação de atitudes de autodesenvolvimento.
- **Saber agir** – Diz respeito ao saber trabalhar em equipe, ser capaz de resolver problemas e realizar trabalhos novos, diversificados. O saber agir se aproxima da noção de competência, ou seja, a capacidade de mobilizar conhecimentos, habilidades e atitudes para o trabalho.

Figura 3.3 – **Mapa de competências**

Mapa das competências

- Visão estratégica
- Compromisso
- Saber mobilizar
- Saber agir

Crédito: Jessé Eliel Gonçalves

Diferentes pessoas apresentam diferentes perfis, cada qual adequado a um conjunto de funções.

Por que é tão importante que o selecionador recolha dados do perfil do candidato? Por mais que uma pessoa tenha um elevado grau de boa vontade, se não apresentar um perfil adequado para o desempenho de determinada função, despenderá uma enorme energia e provavelmente obterá resultados inferiores aos almejados. A fábula a seguir ilustra os riscos que o selecionador corre ao desconsiderar o perfil do candidato.

> Conta-se que uma vez vários bichos decidiram fundar uma escola. Para isso, reuniram-se e começaram a escolher as disciplinas. O Pássaro insistiu que houvesse aulas de voo. O Esquilo achou que a subida perpendicular em árvores era fundamental. E o Coelho queria de qualquer jeito que a corrida fosse incluída no currículo da escola. E assim foi feito, incluíram tudo, mas cometeram um grande erro. Insistiram que todos os bichos cursassem todos os cursos oferecidos. O Coelho foi magnífico na corrida, ninguém corria como ele, mas também queriam ensiná-lo a voar. Colocaram-no em cima de uma árvore. Ele saltou lá de cima e não deu outra: quebrou as patas! O Coelho não aprendeu a voar e ainda acabou sem poder correr também. O Pássaro voava como nenhum outro, mas quando o obrigaram a cavar buracos como uma toupeira, quebrou o bico e as asas.

Fonte: Rangel, 2003, p. 195.

O perfil do candidato pode ser levantado apenas pela análise do currículo? Não, pois esta não permite identificar o perfil do candidato.

> O currículo contribui para levantar as competências técnicas, mas não as competências comportamentais.

Portanto, é importante que as etapas sejam respeitadas a fim de selecionar o candidato mais bem preparado. Em entrevistas, por exemplo – seja a entrevista tradicional, seja a entrevista comportamental com foco em competências –, dinâmicas de grupo e testes psicológicos são muito necessários para selecionar pessoas.

O selecionador deve ter sempre em mente que a complexidade dessa investigação se atrela às demandas do cargo. Cargos em nível operacional tendem a apresentar um processo seletivo mais enxuto, ao passo que cargos nos níveis tático e estratégico demandam maior variedade de avaliações, a exemplo de entrevistas comportamentais e testes psicológicos.

3.3 Considerações sobre o processo de seleção de pessoal

No início do processo seletivo, ocorre a triagem dos candidatos recrutados por meio da análise do currículo, da ficha de inscrição ou do contato rápido, para verificar a compatibilidade entre o candidato e a vaga. Mas de que forma podemos realizar essa triagem? Por meio da seleção de currículo pelo sistema ou pela triagem inicial, conforme indicamos a seguir:

- Seleção de currículos pelo sistema – A busca por currículos no banco de dados da organização é a principal característica desse processo. Algumas organizações adotam soluções informatizadas para tratar bancos de currículos, mesmo aqueles recebidos em papel ou anexados ao *e-mail*. Essa modalidade permite ao selecionador velocidade e agilidade no processo seletivo.
- Entrevista de triagem – Embora superficial, a entrevista de triagem tem por objetivo verificar aspectos determinantes para o desempenho da função. Sabemos que muitos candidatos enviam seus currículos para vagas mesmo sem apresentar perfil adequado para elas. A entrevista de triagem identifica os candidatos que podem prosseguir no processo seletivo. O que o selecionador deve considerar ao realizar essa entrevista? A entrevista de triagem permite averiguar dados do candidato como idade, local de moradia, pretensão salarial, disponibilidade de horários e disponibilidade para viagens. A entrevista de triagem traz para a organização ganhos de tempo e recursos, uma vez que os selecionadores podem se concentrar nos candidatos com condições de continuar o processo.

O processo de seleção tem sequência com a aplicação de técnicas variadas, por exemplo: testes físicos, entrevista inicial, entrevista comportamental, testes de conhecimento, testes psicológicos, dinâmicas de grupo, análise grafológica, entre outras. Como podemos o número de etapas a compor o processo seletivo? Para fazer isso, devemos delinear as necessidades do cargo, a cultura da organização e a verba disponível para a contratação.

As expectativas do candidato merecem especial atenção e devem ser cuidadosamente levantadas e avaliadas em comparação ao que a organização pode oferecer. Vale lembrar que o contrato de trabalho envolve duas partes, sendo mais interessante quando ambas ficam satisfeitas.

> As **expectativas do candidato** em relação à organização devem ser consideradas.

O que pode ocorrer quando a organização não tem condições de atender às expectativas do candidato? Se mesmo assim a organização o contrata, incorre em sério risco de ter em seu quadro funcional um colaborador frustrado e insatisfeito e que se desligará da empresa tão logo consiga outra colocação, deixando seu posto de trabalho em aberto.

Portanto, é imprescindível que, antes de iniciar o processo, o selecionador conheça o cargo a ser ocupado e o que a organização oferece ao colaborador.

> Para identificar com precisão as expectativas do candidato, é essencial ter clareza sobre o perfil da vaga a ser preenchida.

Somente munido desse conhecimento é que o selecionador poderá coletar informações que permitam identificar a compatibilidade entre o que é oferecido pela organização e as expectativas do candidato.

3.4 As etapas do processo seletivo

O processo de seleção é constituído por um conjunto de etapas que podem variar em virtude do cargo a ser preenchido e em virtude de uma organização para outra. **Cada etapa resulta em uma decisão** que definirá se o candidato passará ou não para a próxima etapa.

Caso existam diversas vagas a serem preenchidas, pode-se decidir por mudanças no processo, com no caso em que o candidato continua a participar da seleção, mas para outro cargo. Algumas dessas decisões sobre a continuidade do candidato nas próximas etapas do processo seletivo podem ser tomadas pelos selecionadores. Contudo, a decisão final de contratação é do gestor da área.

Por que motivo a decisão final de contratação compete ao gestor da área? O gestor conhece especificidades da área na qual atua e detalhes que, por serem de natureza tácita, não aparecem na descrição de cargos. Por isso, a decisão final de contratação deve vir dele.

> Quando um colaborador é "empurrado garganta abaixo" e não apresenta o perfil para o desempenho do cargo ou não tem sintonia com o gestor, a organização sofre consequências que serão percebidas no clima organizacional e na produtividade.

Mas afinal, quais são as ações do processo seletivo? O processo seletivo é composto por triagem dos candidatos, aplicação de testes, aplicação de entrevistas, dinâmicas de grupo, exames admissionais, até chegar à assinatura e formalização da contratação.

A Figura 3.4 ilustra uma possibilidade de processo de seleção de pessoal.

A SELEÇÃO DE PESSOAL

Figura 3.4 – **Etapas do processo de seleção de pessoal**

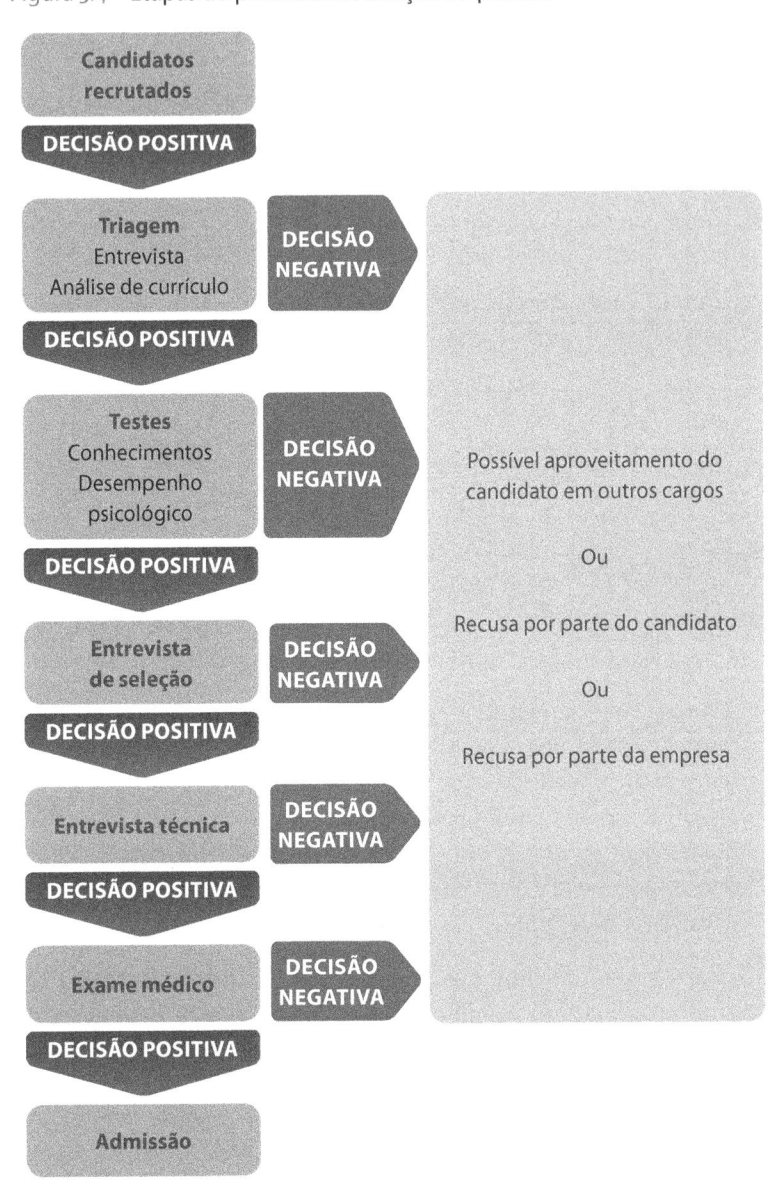

- **Candidatos recrutados**
  - DECISÃO POSITIVA ↓
- **Triagem** — Entrevista / Análise de currículo
  - DECISÃO NEGATIVA →
  - DECISÃO POSITIVA ↓
- **Testes** — Conhecimentos / Desempenho psicológico
  - DECISÃO NEGATIVA →
  - DECISÃO POSITIVA ↓
- **Entrevista de seleção**
  - DECISÃO NEGATIVA →
  - DECISÃO POSITIVA ↓
- **Entrevista técnica**
  - DECISÃO NEGATIVA →
  - DECISÃO POSITIVA ↓
- **Exame médico**
  - DECISÃO NEGATIVA →
  - DECISÃO POSITIVA ↓
- **Admissão**

Possível aproveitamento do candidato em outros cargos

Ou

Recusa por parte do candidato

Ou

Recusa por parte da empresa

Fonte: Adaptado de Pontes, 2014, p. 141.

As etapas apresentadas na Figura 3.4 podem sofrer variações de acordo com cada organização, assim como variam também as técnicas adotadas para a seleção dos candidatos.

Na seção a seguir, daremos especial atenção a um conjunto de técnicas passíveis de serem adotadas em processos seletivos. O conhecimento acerca delas possibilita ao selecionador eleger aquela(s) que oferece(m) informações mais apuradas sobre o perfil do candidato.

3.5 As técnicas de seleção

> *Contratar alguém é uma arte e não uma ciência. Os currículos não dizem se alguém se encaixará na cultura da sua empresa.*
> Horward Schultz, citado por Cumberland (2014, p. 61)

O que são técnicas de seleção?

Técnicas de seleção são instrumentos utilizados e aplicados para identificar as características do candidato e verificar se essas são compatíveis com o cargo.

As técnicas de seleção que abordaremos nesta seção são as seguintes:

- testes de conhecimentos;
- testes de capacidade e realização;
- testes de habilidades físicas;
- testes psicológicos (psicométricos e projetivos);
- dinâmica de grupo;
- outras ferramentas de *assessment* ou avaliação;
- entrevistas de seleção[1].

Como se dá a escolha por uma técnica ou outra? Na prática, de acordo com cada caso e com as especificações ditadas pelo perfil da vaga, o que ocorre é uma combinação de técnicas de seleção, uma vez que cada uma delas oferece um conjunto diferente de informações sobre o candidato. Por exemplo: uma técnica pode oferecer um conjunto de informações que podem ser comprovadas e, em caso de dúvidas, verificadas em outra técnica.

---

1   Estudaremos as entrevistas no Capítulo 4.

> O importante ao escolher a técnica é que esta seja o melhor **preditor** para o desempenho do cargo.

E o que é um preditor? Chiavenato (2004, p. 193) explica que "dá o nome de preditor a característica que uma técnica de seleção deve possuir no sentido de predizer o comportamento do candidato em função dos resultados que alcançou quando submetido a esta técnica".

A história de Felix, a seguir, nos ajuda a compreender a relevância da escolha combinada de técnicas.

> Felix gerenciava uma empresa administradora de condomínios que prestava todos os tipos de serviços para condomínios fechados e prédios, desde manutenção, limpeza e portaria até serviços administrativos em geral. Nelson, o assessor imediato de Felix e responsável pela área comercial, fechou contrato para a administração de mais um grande condomínio de alto luxo e precisou contratar profissionais dos níveis operacionais, técnico e também de gestão. Para os cargos operacionais e técnicos, a empresa já contava com candidatos, mas para o cargo de supervisão, a empresa precisou definir um processo de seleção específico.
>
> Então, Fernando, gerente do RH, para selecionar candidatos para o cargo, utilizou entrevista comportamental com foco em competências, dinâmicas de grupo para verificar a capacidade dos candidatos para a resolução de problemas, bem como testes psicológicos para o levantamento do perfil comportamental de cada candidato e também para verificar as habilidades de liderança.
>
> Após essas etapas, duas candidatas selecionadas foram conduzidas para a entrevista técnica com o gestor no local de trabalho. A empresa optou por Judith, que assumiu, após sete dias, o cargo de supervisora. Já a segunda candidata, Ione, foi admitida em outro condomínio 30 dias depois.

Mas essas técnicas são absolutamente precisas no que diz respeito ao levantamento do perfil do candidato? Em se tratando de ciências humanas, a margem de erro é muito mais significativa do que nas ciências exatas. Por essa razão, não podemos desconsiderar a subjetividade implícita em cada uma das técnicas.

3.5.1 Entrevistas

A entrevista é a técnica de seleção mais utilizada nas organizações.

> A **entrevista** é um instrumento de alta relevância para o processo seletivo e, por esse motivo, deve ser conduzida por um profissional bem preparado. De outro modo, pode resultar em distorções que comprometem significativamente a escolha do candidato.

Quais são as modalidades de entrevistas utilizadas no processo seletivo? São as seguintes: entrevista de triagem; entrevista tradicional; entrevista comportamental com foco em competências; entrevista técnica. Cada uma delas apresenta um diferente propósito; por isso são utilizadas em diferentes momentos do processo seletivo, conforme apresentamos a seguir.

- Entrevista de triagem – Também denominada *entrevista de pré-seleção*, é uma entrevista breve que pode até mesmo ser realizada por telefone ou videoconferência. Trata-se de uma entrevista para obter esclarecimentos sobre dados que o candidato apresenta no currículo e verificar informações relevantes, como disponibilidade para viagens e predisposição para mudança de domicílio, caso necessário.
- Entrevista tradicional – Tem por objetivo conhecer as áreas da vida do candidato, por exemplo – seu histórico profissional, escolar e familiar e seus objetivos.
- Entrevista comportamental com foco em competências – De acordo com Rabaglio (2014, p. 43), essa é uma "técnica de investigação comportamental em que se procura identificar no perfil dos candidatos comportamentos específicos que são pré-requisitos para o sucesso do cargo para o qual está sendo selecionado".
- Entrevista técnica ou entrevista com o requisitante – Trata-se da entrevista com o gestor da área, que verifica a experiência específica do candidato. Passos (2005, p. 126) explica que a entrevista técnica é realizada ao final do processo seletivo, geralmente pelo

profissional superior a quem o escolhido se reportará no exercício da atividade. [...] tem o objetivo de corroborar e aprofundar as informações sobre conhecimentos técnicos, habilidades e experiência do candidato, item fundamental na escolha do candidato que mais responda às expectativas da empresa.

Essa entrevista é de suma importância, pois compete ao gestor da área a decisão final sobre a escolha e contratação do candidato.

3.5.2 Testes

Quais são os tipos de testes adotados nos processos seletivos e quais são os critérios de escolha para a aplicação de cada um deles? São diversas as possibilidades de testes a serem aplicados aos candidatos no processo seletivo (e também na identificação potencial de desenvolvimento do colaborador quando já está no desempenho de suas funções na organização).

> O teste ou conjunto de testes a serem aplicados no processo seletivo são definidos em virtude da função que o colaborador irá desempenhar, tendo em vista as competências necessárias.

Imagine que você recebesse a tarefa de selecionar um profissional para trabalhar com maquinário pesado sendo que, nessa função, qualquer descuido pode acarretar bloqueio da linha de produção e também acidente de trabalho. Que tipo de teste você recomendaria?

Vamos refletir por alguns instantes sobre esse desafio: para a situação exposta, é imperativo que o candidato tenha um alto grau de **atenção concentrada**, pois, além de grandes problemas e perdas no processo produtivo, um acidente de trabalho pode ser fatal. Assim, seria fundamental que você aplicasse um teste para identificar o grau de atenção concentrada do candidato.

Mas e se, por outro lado, você estivesse selecionando um profissional para o cargo de gestor? No processo seletivo para esse cargo, o selecionador estaria buscando um profissional para atuar no nível de estratégia e solução de problemas. Assim, os testes direcionados a esses profissionais seriam consideravelmente diferentes daqueles aplicados a um operador de máquina.

Para efeito exclusivamente didático, vamos separar os testes em dois grupos: 1) o grupo que aborda testes de conhecimentos, testes de capacidade e realização e testes de habilidades físicas e 2) o grupo que trata dos testes psicológicos. Do primeiro grupo, vamos apresentar os testes de conhecimentos os testes de capacidade cognitiva e os testes de habilidade física. Do segundo, você irá conhecer os testes projetivos e os testes psicométricos.

> Atenção! Os testes psicológicos podem ser aplicados somente por psicólogos, conforme regulamentação do Conselho Federal de Psicologia, segundo a Resolução n. 2/2003, de 24 de março de 2003 (CFP, 2003).

Incluímos os testes psicológicos neste livro apenas com o propósito de informar você, leitor, sobre os objetivos de sua aplicação no processo seletivo, uma vez que, dependendo do cargo em questão, é importante que o profissional de RH trabalhe em parceria com o profissional de psicologia, ou que solicite os serviços deste para compor adequadamente o perfil do candidato.

3.5.2.1 Testes de conhecimentos

O que são os testes de conhecimentos?

> Os testes de conhecimentos são instrumentos aplicados quando o propósito é **avaliar objetivamente** os conhecimentos do candidato, adquiridos por meio do estudo ou da prática.

Esses testes mensuram os conhecimentos profissionais e/ou técnicos requeridos pelo cargo, por exemplo: conhecimentos de língua portuguesa, contabilidade, recursos humanos, engenharia, administração e direito. Essa técnica é frequentemente aplicada nos concursos públicos.

Os testes de conhecimento podem versar sobre temas gerais ou específicos. Os **testes de conhecimentos gerais** têm por objetivo identificar e aferir noções relativas à cultura geral, generalidades de conhecimento e atualidades. Os **testes de conhecimentos específicos** são voltados aos conhecimentos técnicos, especificamente utilizados no cargo em questão. Tomemos por exemplo um teste de conhecimento aplicado à vaga para segurança do trabalho. Certamente, no espectro de questões seriam contempladas perguntas relacionadas às normas regulamentadoras (NRs) de higiene, medicina e segurança do trabalho.

Figura 3.5 – **Testes de conhecimentos**

Crédito: Jessé Eliel Gonçalves

Os testes de conhecimento podem ser aplicados de forma oral ou por escrito. O teste oral, ou prova oral, é aplicado verbalmente por meio de perguntas dirigidas ao candidato. O teste por escrito contempla a aplicação de perguntas de múltipla escolha, objetivas e dissertativas.

3.5.2.2 Testes de capacidade e realização

O que são testes de capacidade e realização?

Os testes de capacidade e realização são sempre de cunho prático; neles, o candidato deve **demonstrar seu desempenho**, isto é, o que efetivamente sabe fazer.

Qual é o propósito dos testes de capacidade e realização? Esses testes procuram aferir o grau de habilidade ou perícia que o candidato apresenta na realização de determinadas tarefas, como em cargos de operador de máquinas ou de empilhadeira, motorista de caminhão, digitador e cozinheiro.

Como você pode perceber, é a aplicação combinada de testes de conhecimentos gerais e específicos e testes de capacidade que revela o domínio de prática que o candidato apresenta.

3.5.2.3 Testes de habilidades físicas
O que são testes de habilidades físicas?

> Os testes de habilidades físicas são aqueles que identificam a aptidão e a compleição física do colaborador para o trabalho.

Profissionais como bombeiros, guarda-vidas, segurança, carcereiros, jogadores de futebol, servidores de limpeza pública e policiais têm o resultado de seu trabalho atrelado a suas condições físicas. Para que o colaborador possa desempenhar adequadamente suas funções, é preciso verificar em primeira instância a compleição física dele.

Que fatores os testes físicos avaliam? De acordo com Milkovich e Boudreau (2013), existem três fatores básicos a serem verificados quando a questão é a habilidade física para o desempenho da função: 1) a força muscular; 2) a resistência cardiovascular; 3) a qualidade do movimento – flexibilidade, equilíbrio e coordenação motora. A grande maioria dos cargos não requer habilidades físicas específicas, mas para aqueles que as requerem, existem métodos que se propõem a identificar as habilidades necessárias e os instrumentos (testes) específicos para avaliá-las, por exemplo: testes de equilíbrio, estática, força de explosão, resistência, entre outros.

3.5.2.4 Testes psicológicos
O que são testes psicológicos?

Segundo a Resolução n. 2/2003 (CFP, 2003):

> Art. 1º Os Testes Psicológicos são instrumentos de avaliação ou mensuração de características psicológicas, constituindo-se um método ou técnica de uso privativo do psicólogo, em decorrência do que dispõe o § 1º do Art. 13 da Lei nº 4.119/62. Para que possam ser reconhecidos como testes psicológicos em condições de uso deverão atender aos requisitos técnicos e científicos, definidos no anexo da Resolução CFP nº 002/2003, e aos seguintes requisitos éticos e de defesa dos direitos humanos: (Redação dada pela Resolução CFP nº 005/2012) [...]
>
> Parágrafo único. Para efeito do disposto no *caput* deste artigo, os testes psicológicos são procedimentos sistemáticos de observação e registro de amostras de comportamentos e respostas de indivíduos com o objetivo

de descrever e/ou mensurar características e processos psicológicos, compreendidos tradicionalmente nas áreas emoção/afeto, cognição/inteligência, motivação, personalidade, psicomotricidade, atenção, memória, percepção, dentre outras, nas suas mais diversas formas de expressão, segundo padrões definidos pela construção dos instrumentos. (Redação dada pela Resolução CFP n° 005/2012)

> Os testes psicológicos são um conjunto de tarefas com definição prévia cujos propósitos são a descrição de fenômenos psicológicos, a classificação diagnóstica, a predição, o planejamento de intervenções ou monitoramento.

Os testes psicológicos, amplamente utilizados para selecionar pessoas nas organizações, podem incluir inventários, escalas, questionários ou tarefas que demandem a projeção e/ou a expressão gráfica do comportamento da pessoa avaliada. Esses tipos de testes, quando aplicados na seleção de pessoal, auxiliam na escolha do candidato que apresente um perfil com características pessoais mais semelhantes à necessidade da vaga e com um perfil mais alinhado à política da empresa.

O resultado de um teste psicológico é permanente ou reflete apenas aquele momento vivenciado pelo candidato? Os testes oferecem o panorama da pessoa na ocasião da aplicação, mas sem o intuito de indicar aprovação ou reprovação do candidato no teste psicológico. O ponto a ser analisado é se o candidato está em compatibilidade as exigências das funções a serem desempenhadas no exercício do cargo.

Os testes psicológicos são recursos que auxiliam o profissional na elaboração do perfil do candidato. Subdividem-se em testes psicométricos e projetivos.

Testes psicométricos
Para entender o que é um teste psicométrico, é importante compreendermos sua raiz, a palavra *psicometria*, que tem origem no grego *psyké* – "alma" – e *metron* – "medida", "medição". Ou seja, psicometria significa *medida da mente* (Almeida et al., 2007)

> A psicometria é uma área da psicologia que tem aproximação com as ciências exatas, sobretudo a estatística e a matemática aplicada. É um conjunto de técnicas aplicadas para mensurar um conjunto de comportamentos que se deseja conhecer melhor (Erthal, 1987).

Os testes psicométricos estão fundamentados em números, tabelas e escalas que pontuam escores, os quais possibilitam a classificação e a comparação do desempenho dos candidatos em determinados aspectos. Esses tipos de testes utilizam o método da escolha forçada, representado por escalas em que a pessoa deve marcar as suas respostas. A popularidade dos testes psicométricos nas pesquisas psicológicas surgiu por dois motivos:

1. Esses testes foram desenvolvidos para mensurar um conjunto amplo de características mentais que contemplam aptidões, competências, traços de personalidade, estados de humor, psicopatologia, sintomatologia psicossomática, atitudes, motivos e autoconceito.
2. Esses testes permitem ao pesquisador coletar grande quantidade de dados e de vários candidatos de uma só vez.

Quais são as características de um teste psicométrico? Esse teste deve ser sensível, válido e fidedigno. De acordo com Alchieri e Cruz (2003, p. 59),

> Os instrumentos psicométricos estão, basicamente, fundamentados em valores estatísticos que indicam sua sensibilidade (ou adaptabilidade do teste ao grupo examinado), sua precisão (fidedignidade nos valores quanto à confiabilidade e estabilidade dos resultados) e validade (segurança de que o teste mede o que se deseja medir).

Os testes psicométricos são objetivos, portanto, a correção, a tabulação das respostas e o resultado são atribuídos de forma quantitativa. O perfil é traçado tomando-se por base os números, e o resultado é determinado por regras de interpretação, cujos fundamentos têm origem em pesquisas anteriores. Em outras palavras, em virtude do caráter objetivo que apresentam, os testes psicométricos podem ser corrigidos com rapidez, o que possibilita ao selecionador categorizar de imediato o perfil do candidato nas tabelas de interpretações.

> Os testes psicológicos somente podem ser adquiridos por psicólogos que apresentem sua inscrição no Conselho Regional de Psicologia (CRP), e a aplicação e a correção também são exclusividade desses profissionais, pois sua atuação é regulamentada pelo CFP, que publica anualmente a relação de testes considerados válidos.

Testes projetivos

O que são testes projetivos?

> Os testes projetivos são testes livres nos quais, com base em um estímulo – como uma frase ou imagem (que remeta, por exemplo, à família, à casa ou ao ser humano) –, o indivíduo cria uma resposta consciente ou inconsciente para o estímulo oferecido.

A resposta oferecida é interpretada pelo psicólogo, que segue regras consistentes, estabelecidas em manuais, para a correção dos testes. Os testes projetivos são alicerçados no conceito de projeção, introduzido por Sigmund Freud, proeminente médico neurologista e criador da psicanálise.

Você deve estar se perguntando: O que é projeção?

> **Projeção** é o ato de um indivíduo atribuir a uma pessoa, um animal ou um objeto qualidades, sentimentos ou intenções que se originam nele próprio.

Segundo o conceito de projeção, o que o indivíduo pensa e fala nada mais é do que a projeção de seu mundo interno, mesmo que não tenha consciência objetiva disso. As palavras de Eloi (2012) contribuem para o esclarecimento dessa questão:

> Os Testes Projetivos, surgiram com o conceito de *projeção* introduzido por Freud. Projeção (clássica) para Freud constitui um mecanismo de defesa, em que o sujeito de forma inconsciente atribui características negativas de si e da sua personalidade às pessoas que o rodeiam. Partindo deste conceito surgiu o conceito de projeção assimilativa, este conceito é mais amplo do que o de projeção clássica. Segundo a projeção assimilativa, interpretamos a realidade, não como ela é objetivamente, mas em função da nossa personalidade, necessidades e experiências de vida.

O que os testes projetivos podem revelar? Eles podem mostrar traços da personalidade e aspectos da história de vida do indivíduo, pois se alicerçam em elementos simbólicos e de expressão inconsciente fundamentados na metodologia projetiva. As técnicas projetivas estimulam o sujeito a liberar sua criatividade sob as condições impostas pelo teste; desse modo, permitem captar o que é expresso pela estrutura interna do indivíduo, o que muitas vezes é difícil de captar apenas por meio do que a pessoa fala (Formiga; Mello, 2000).

Quando solicitado a desenhar uma casa ou uma figura humana, o indivíduo desconhece o que está sendo testado; por essa razão, dribla os possíveis mecanismos de defesa ou as tentativas de enganar o examinador. Assim, os testes projetivos permitem acessar conteúdos do inconsciente do indivíduo, algo a que nem ele próprio tem acesso, informa Eloi (2012).

> Os testes projetivos de personalidade são aqueles que verificam as características do indivíduo que permanecem mais constantes, uma vez que comportamentos e interesses se modificam com o passar do tempo.

Testes psicológicos e suas finalidades

Que tal conhecer alguns dos testes psicológicos utilizados no processo de seleção, bem como a finalidade de cada um deles? No quadro a seguir apresentamos essas informações de forma objetiva.

Quadro 3.1– **Testes psicológicos e suas finalidades**

Testes	Finalidades
BPR-5 – Bateria de provas de raciocínio	Investigar o funcionamento cognitivo e as habilidades do indivíduo, analisando as aptidões e o raciocínio geral em cinco áreas: 1) raciocínio abstrato; 2) raciocínio espacial; 3) raciocínio verbal; 4) raciocínio numérico; 5) raciocínio mecânico.
BFP – Bateria fatorial de personalidade	Avaliar a personalidade a partir de cinco fatores, que incluem as seguintes dimensões: 1) extroversão; 2) socialização; 3) realização; 4) neuroticismo; 5) abertura para novas experiências. Este teste chama a atenção por ter sido desenvolvido no Brasil e considerar a linguagem, a cultura e as características da população brasileira.

(continua)

(*Quadro 3.1 – continuação*)

Testes	Finalidades
BFM – Bateria de funções mentais	Investigar, avaliar e mensurar o raciocínio lógico de motoristas. Pode ser aplicado a sujeitos com diferentes graus de instrução. Pode ser utilizado na avaliação psicológica no trânsito, abrangendo candidatos à obtenção da Carteira Nacional de Habilitação (CNH), motoristas que estão mudando de categoria, bem como aqueles que estão renovando os exames. Na seleção de pessoal, aplica-se, sobretudo, para os cargos de motorista, operadores de empilhadeira, vigilantes e seguranças e também para a avaliação de potencial de colaboradores.
CPS – Escala de personalidade de Comrey	Identificar as principais características de personalidade com base em inventário com método da autodescrição. Avalia oito dimensões da personalidade de um indivíduo: 1) confiança *versus* atitude defensiva; 2) ordem *versus* falta de compulsão; 3) conformidade social *versus* rebeldia; 4) atividade *versus* passividade; 5) estabilidade emocional *versus* neuroticismo; 6) extroversão *versus* introversão; 7) masculinidade *versus* feminilidade; 8) empatia *versus* egocentrismo.
EFS – Escala fatorial de socialização	Mensurar a personalidade em relação à socialização e a relações interpessoais. Os itens verificados são amabilidade, pró-sociabilidade e confiança nas pessoas.
G36 – Teste não verbal de inteligência	Avaliar a capacidade intelectual por meio dos seguintes itens: compreensão de relação de identidade simples; compreensão de relação de identidade mais raciocínio por analogia; raciocínio por analogia envolvendo mudança de posição; raciocínio por analogia de tipo numérico e envolvendo mudança de posição; raciocínio de tipo espacial.
G38 – Teste não verbal de inteligência	Medir a capacidade intelectual do indivíduo. Nesse teste, são avaliadas as seguintes áreas: compreensão de relação de identidade simples; compreensão de relação de identidade mais raciocínio por analogia; raciocínio por analogia envolvendo mudança de posição; raciocínio por analogia do tipo numérico ou mudança de posição; raciocínio por analogia do tipo espacial. Forma paralela do G-36, este teste é muito utilizado em seleção de pessoal para reteste de candidatos.

(Quadro 3.1 – continuação)

Testes	Finalidades
IFP-R – Inventário fatorial de personalidade – revisado – forma reduzida	Avaliar o indivíduo em 15 necessidades ou motivos psicológicos, a saber: 1) assistência; 2) dominância; 3) ordem; 4) denegação; 5) intracepção; 6) desempenho; 7) exibição; 8) heterossexualidade; 9) afago; 10) mudança; 11) persistência; 12) agressão; 13) deferência; 14) autonomia; 15) afiliação.
Palográfico	Conhecer aspectos da personalidade do indivíduo que incidem sobre a produtividade, o ritmo de trabalho, os aspectos relacionais, a iniciativa, o dinamismo, a agressividade e a organização. Esse teste permite identificar também problemas que afetam o sistema nervoso central, a exemplo de uso de álcool ou drogas, problemas emocionais e neurológicos. É atualmente um dos instrumentos de avaliação de personalidade mais utilizados no Brasil, pela riqueza de informações que oferece e pela facilidade de aplicação. Esse teste pode ser aplicado de forma tanto individual quanto coletiva.
Pfister – As pirâmides coloridas de Pfister	Avaliar aspectos da personalidade e indicar a dinâmica afetiva e as habilidades cognitivas do indivíduo.
PMK – Psicodiagnóstico miocinético	Avaliar candidatos a motorista, operadores de máquinas e pessoas que pretendem portar de arma de fogo. O teste oferece visão bastante clara e diferenciada da personalidade humana, sua estrutura e dinâmica, mostrando como a pessoa é em sua essência e como ela reage em contato com o meio ambiente. Considera os seguintes aspectos: tônus vital (elação e depressão); agressividade; reação vivencial (extra e intratensão); emotividade; dimensão tensional (excitabilidade e inibição); predomínio tensional (impulsividade e rigidez/controle).
Quati – Questionário de avaliação tipológica	Avaliar a personalidade com base nas escolhas situacionais que cada indivíduo faz. Pode ser utilizado para: seleção de pessoal; avaliação de potencial; orientação vocacional; psicodiagnóstico etc.

(Quadro 3.1 – conclusão)

Testes	Finalidades
R1 – Teste não verbal de inteligência	Medir a capacidade intelectual do indivíduo. Teste constituído com a finalidade específica de selecionar motoristas amadores e profissionais, cujo uso potencialmente foi estendido a outros grupos da população. Não exige escolaridade, podendo inclusive ser aplicado a estrangeiros, pois os sinais de trânsito que aparecem em alguns problemas são internacionais. Esse teste destina-se tanto a pessoas que não foram alfabetizadas quanto às que concluíram o ensino médio.
Teste AC – atenção concentrada	Avaliar a capacidade que o sujeito tem de manter a sua atenção concentrada no trabalho durante um período.
TIG-NV – Teste de inteligência geral – não verbal	Avaliar a inteligência não verbal, possibilitando a identificação do tipo de raciocínio e a forma de processamento do indivíduo na execução da atividade. Avaliação neuropsicológica. Pode ser aplicado de forma individual ou coletiva.
Teste de Zulliger	Identificar as características da personalidade do indivíduo, especialmente em relação aos seus aspectos afetivo-emocionais, bem como em termos de intelectualidade, pensamento, objetivos de vida, sociabilidade e relacionamento interpessoal. A aplicação deste teste pode ser individual ou coletiva, para a finalidade de psicodiagnóstico, avaliação da personalidade, seleção de pessoal, avaliação de desempenho etc.

Fontes: Elaborado com base em Ulyssea, 2015; Satepsi, 2015.

Vale lembrar que tais testes contribuem no sentido de oferecer informações sobre o candidato. Contudo, para a elaboração do perfil do candidato, é fundamental a utilização de outras técnicas, a exemplo de dinâmicas de grupo, entrevistas iniciais e entrevista comportamental com foco em competências.

> Os testes psicológicos devem ser um recurso para auxiliar o selecionador, jamais uma arma preconceituosa a ser usada em detrimento do candidato.

Por que razão o profissional de RH, não psicólogo, precisa de informações a respeito dos testes psicológicos utilizados no processo seletivo, se jamais poderá aplicá-los? Porque, reconhecendo a relevância, a eficácia e a fidedignidade dos testes psicológicos, o profissional de RH pode pleitear aos gestores a aplicação desses testes no processo seletivo. Caso a empresa não tenha em seu quadro funcional um psicólogo apto para a aplicação dos testes, pode contratar uma empresa ou um profissional especializado para tal função.

> A aplicação de testes psicológicos no processo seletivo é um importante investimento que a organização faz para o processo, pois permite o delineamento do perfil do candidato, o que auxilia na escolha do profissional que tem mais chances de se adaptar ao perfil da empresa e às demandas do cargo.

3.5.3 A dinâmica de grupo

A dinâmica de grupo tem sido uma das técnicas amplamente utilizadas pelas organizações.

> A palavra *dinâmica* se origina da palavra grega *dynamis*, que significa "energia", "ação", "força". A dinâmica de grupo permite identificar o movimento e as inter-relações a partir de um desafio proposto ao grupo (Militão; Militão, 2003).

Qual é o objetivo da aplicação de uma dinâmica de grupo no processo seletivo? A dinâmica de grupo tem por objetivo observar o comportamento do candidato e como este se relaciona com o grupo. Essa técnica permite a observação, por meio de reações face aos problemas ou desafios colocados aos candidatos, de algumas características pessoais, como iniciativa, argumentação, tomada de decisão, integração, persistência, bem como a forma de administrar conflitos, de trabalhar sob pressão e de solucionar problemas (Banov, 2012; Lacombe, 2011).

Conforme registra Banov (2012), a aplicação da dinâmica de grupo no processo seletivo passa por três fases: preparação, aplicação e avaliação:

1. Preparação – É a etapa de planejamento do processo e envolve a escolha da dinâmica de acordo com: as competências requeridas para o desempenho das funções; a descrição das competências a serem observadas; a previsão do tempo de aplicação; a providência de materiais que serão utilizados; e a descrição detalhada da dinâmica.

2. Aplicação – Refere-se à etapa da execução da dinâmica na qual o selecionador, já diante dos candidatos, apresenta as instruções prescritas, oferece suporte e auxilia no limite estabelecido no procedimento da dinâmica.
3. Avaliação – Diz respeito à etapa dos resultados, que podem ser: positivos, quando permite observar o comportamento dos candidatos de forma que possam ser relacionados com as competências mapeadas relativas ao perfil do cargo; negativos, quando não oportuniza o rastreamento das competências elencadas. Essa etapa é decisiva para a identificação dos candidatos que continuarão no processo seletivo.

Quais cuidados são importantes ao aplicarmos uma dinâmica de grupo? O selecionador, ao aplicar uma dinâmica de grupo, deve se manter atento aos seguintes cuidados:

- preparar o ambiente com antecedência;
- saber exatamente o que se quer alcançar com a aplicação;
- definir tempo de início e fim da atividade;
- observar e anotar os fatos ocorridos com os participantes;
- fazer um fechamento da experiência vivida.

> O trabalho realizado pelo selecionador deve sempre estar fortemente alicerçado em critérios previamente definidos, tendo em vista os objetivos e as competências que se pretende observar.

3.5.4 Outras ferramentas de avaliação

Para levantar o perfil do candidato por meio de mapeamento comportamental, além das modalidades apresentadas, o selecionador pode se valer das ferramentas de *assessment*, que significa "avaliação". Tais ferramentas podem ser aplicadas por profissionais não psicólogos, porque não são testes psicológicos. Entre as ferramentas de *assessment*, vamos apresentar a teoria Disc, o método Quantum e a análise grafológica.

3.5.4.1 A teoria Disc

O que é a teoria Disc e o que ela se propõe a avaliar?

A teoria Disc é uma ferramenta de mapeamento comportamental que se propõe analisar emoções e comportamentos observáveis do indivíduo e como estes são percebidos pelos outros.

A teoria Disc está alicerçada nos conceitos propostos pelo psicólogo norte-americano William Moulton Marston, da Universidade de Harvard, EUA, na obra original *Emotions of Normal People* (*As emoções das pessoas normais*), publicada no ano de 1928. Os instrumentos de avaliação e os relatórios, tais como conhecidos atualmente, passaram a ser construídos a partir de 1950 (Portal Disc, 2015a).

A denominação *Disc* é atribuída em virtude da primeira letra dos quatro fatores básicos do comportamento avaliados no instrumento:

1. D – *dominance* – dominância;
2. I – *influence* – influência;
3. S – *stability* – estabilidade;
4. C – *compliance* – conformidade.

O Quadro 3.2 apresenta cada fator da teoria Disc.

Quadro 3.2 – **Fatores de avaliação da teoria Disc**

Fator	O que avalia
Dominância	Indica a forma como a pessoa lida com problemas e desafios. Os principais descritores são: competitivo; decidido; direto; orientado para resultados.
Influência	Refere-se ao modo como o indivíduo lida com outras pessoas e as influencia. Os principais descritores são: confiante; inspirador; otimista; popular; sociável; confia nos outros.
Estabilidade	Diz respeito à maneira como a pessoa lida com mudanças e estabelece o seu ritmo. Os principais descritores são: agradável; bom ouvinte; paciente; sincero; constante; membro de equipe; estável.

(continua)

(Quadro 3.2 – conclusão)

Fator	O que avalia
Conformidade	Indica de que forma a pessoa lida com regras e procedimentos estabelecidos por outros. Os principais descritores são: preciso; analítico; perfeccionista; cuidadoso; minucioso.

Fonte: Adaptado de Portal Disc, 2015b.

Como é feita a aplicação da ferramenta Disc? Essa aplicação é feita por meio de um questionário que apresenta grupos com quatro opções de palavras. Em cada grupo, o indivíduo deve escolher aquelas que considera lhe descreverem melhor, bem como as que acredita não lhe descreverem. O resultado é apresentado por meio de um gráfico que permite compreender o perfil do avaliado.

O que o mapeamento levantado pelo Disc oferece ao selecionador? O mapeamento detecta os pontos fortes e as oportunidades de melhorias e permite ao indivíduo refletir, a partir da análise apresentada, sobre suas características comportamentais, como motivações, formas de se comunicar, nível de estresse, influências e exigências do meio no qual está inserido, estilo de gerenciar, entre outras. A teoria Disc tem sido amplamente utilizada pelas organizações tanto em processos seletivos, para identificar compatibilidades entre características, pessoas e requisitos da função, quanto para o mapeamento de talentos e desenvolvimento de pessoas na organização.

> O Disc é uma ferramenta que promove o autoconhecimento, convidando o indivíduo a olhar as oportunidades de melhoria e a traçar um plano de ação para o desenvolvimento dessas oportunidades. Por esse motivo, também é amplamente utilizado para o treinamento e o desenvolvimento do profissional.

A ferramenta de *assessment* Disc, ao levantar o modelo comportamental do candidato, contribui para um relacionamento positivo entre o colaborador e a organização. Não deve ser usada jamais para manipular ou rotular as pessoas.

Lembramos que não existe um modelo comportamental melhor ou pior; o que existem são características compatíveis ou não com a função a ser preenchida.

3.5.4.2 O método Quantum

O que é o método Quantum?

O método Quantum é um instrumento de avaliação comportamental, baseado em linguística, estatística e na hipnose erickssoniana[2]. Essa ferramenta de *assessment* tem por objetivo identificar tendências comportamentais, perfil e índice de flexibilidade do indivíduo, por meio de quatro fatores comportamentais de análise, conforme o Quadro 3.3.

Quadro 3.3 – **Fatores comportamentais do método Quantum**

Fator comportamental	Descrição
Ação	Estilo de ação percebida no comportamento pelo nível de predominância que o indivíduo apresenta.
Comunicação	Estilo de indução percebida no comportamento pelo nível de extroversão ou expressividade que o indivíduo apresenta.
Estabilidade	Estilo de submissão percebida no comportamento pelo nível de estabilidade pelo qual o indivíduo se submete a partir de estímulos ambientais.
Referências	Estilo de concordância percebida no comportamento do indivíduo pelo nível de obediência, exatidão e disciplina, com referencial dado.

Fonte: Adaptado de Base Científica, 2015.

O método Quantum pode ser aplicado por profissionais não psicólogos, contudo, tem como requisito o curso de formação de analista quântico (FAQ), que fornece a garantia de utilização adequada da ferramenta.

> Muito embora as ferramentas de *assessment* apresentem altos índices de fidedignidade, em um processo seletivo é fundamental que venham acompanhadas de outras técnicas que complementem a composição do perfil e da experiência do candidato.

---

[2] "A **hipnose** Ericksoniana, assim denominada por ter sido criada pelo Dr. Milton Erickson, fundador da American Society of Clinical Hypnosis, surgiu como modernização da **hipnose** clássica." (Mancilha, 1997, grifo do original).

3.5.4.3 Análise grafológica

Segundo Souza (2015), o termo *grafologia* deriva do grego *graphein* – "escrever" – e de *logos* – "discurso", "tratado". A grafologia é uma ciência que analisa a personalidade e caráter a partir do estudo dos traços da escrita. Considera que a forma de escrever é produzida por movimentos que refletem características psicológicas, comportamentais, ou seja, cada pessoa escreve conforme as respostas inconscientes de seus impulsos cerebrais. Surgiu no séc. XVII (1622) a partir de experiências do médico italiano Camilo Baldi (Souza, 2015).

Vels (1997, p. 15) registra que grafologia "é uma ciência humanista e uma técnica de observação e interpretação que possibilita o estudo da personalidade pelo exame de um manuscrito". O autor explica que a grafoanálise mede a corrente vital que anima os impulsos psíquicos do indivíduo, os quais podem ser identificados por meio de oito aspectos gráficos que refletem determinadas particularidades psicológicas do indivíduo.

O Quadro 3.4 apresenta os aspectos gráficos e suas particularidades psicológicas.

Quadro 3.4 – **Aspectos gráficos e suas particularidades psicológicas**

Aspecto	O que analisa na grafia	Características da personalidade
Ordem	Distribuição de letras, palavras e linhas, disposição do texto na página e proporção das letras.	Organização e adaptação do indivíduo, ordem das ideias, ordem social, equilíbrio e ponderação.
Dimensão	Amplitude do movimento.	Magnitude expansiva, vitalidade, extroversão ou introversão, necessidade de se fazer valer (ambição de poder, importância, superioridade e orgulho).
Pressão	Intensidade ou força do impulso gráfico.	Potência da libido, força de resistência e realização, firmeza, força para resistir ou impulsionar as decisões e índice de capacidade criadora.

(continua)

(Quadro 3.4 – conclusão)

Aspecto	O que analisa na grafia	Características da personalidade
Forma	Modalidade de estrutura das letras.	Expressão modal da conduta, grau de convencionalismo e originalidade, modo de adaptação e capacidade de sentir e criar beleza.
Rapidez	Vivacidade do impulso gráfico.	Grau de vivacidade da inteligência, da intuição e das reações.
Direção	Lugar ou plano simbólico para onde se dirigem preferencialmente os movimentos no espaço gráfico.	Flutuações de ânimo, do humor e da vontade e grau de objetividade em relação às metas desejadas.
Inclinação	Espontaneidade dos movimentos.	Espontaneidade afetiva e grau de vinculação às pessoas e a objetos.
Continuidade	Constância, regularidade, estabilidade da onda gráfica.	Grau de regularidade, estabilidade, constância e perseverança do caráter e das ideias, direção alocêntrica ou egocêntrica das ideias, instintos e necessidades, grau de abertura ou franqueza, disciplina, controle que impõe vontade sobre si mesmo e impulso realizador.

Fonte: Elaborado com base em Vels (1997, p. 41-42).

A análise grafológica, assim como as demais ferramentas de *assessment* apresentadas, ao revelar traços de personalidade, contribui não apenas para o processo seletivo, mas também para a elaboração de programas de desenvolvimento das pessoas que já atuam na organização.

Quais são os melhores métodos e ferramentas para avaliar um candidato? Acreditamos que não exista um melhor método ou uma melhor ferramenta. Para realizar a escolha do método adequado para o processo seletivo, é necessário verificar as exigências do cargo e as características desejadas para o candidato. O produto do processo seletivo é a escolha do indivíduo com o perfil adequado para o desempenho da vaga, e para que tal escolha seja a correta, é importante que o selecionador utilize técnicas e ferramentas para compor o perfil comportamental do candidato. No entanto, é imprescindível adotar mais de uma ferramenta de avaliação.

Síntese

O processo de seleção de pessoal foi o tema central deste capítulo. A seleção de pessoal é essencialmente um processo de comparação: de um lado, há os requisitos do cargo; de outro, as competências do candidato. O processo seletivo pode se valer de diferentes técnicas para investigar se o perfil do candidato é compatível com as exigências para o desempenho da função.

Entre as técnicas mencionadas, o capítulo destacou a entrevista, os testes, a dinâmica de grupo e as ferramentas de *assessment*. Os tipos de entrevistas abordados foram: entrevista de triagem, entrevista tradicional, entrevista comportamental com foco em competências e entrevista técnica – esta última realizada pelo gestor. O tema testes trouxe esclarecimentos a respeito de testes de conhecimento e capacidade, testes de habilidade física e testes psicológicos, que são divididos em psicométricos e projetivos.

Uma vez que os testes psicológicos só podem ser aplicados por psicólogos, o capítulo apresentou também outras ferramentas, como a dinâmica de grupo e as ferramentas de *assessment*, ou seja, de avaliação. Ambas contribuem para o levantamento do perfil do candidato e podem ser aplicadas por profissionais não psicólogos, desde que preparados para tal.

Para saber mais

Para maiores detalhamentos sobre o método Quantum, sugerimos a você que visite o seguinte *site*:

QUANTUM Assessment. **Modo de usar**. Disponível em: <http://www.quantumassessment.com.br/modo-de-usar>. Acesso em: 25 ago. 2015.

Para ampliar a sua visão sobre os temas abordados neste capítulo, sugerimos que você assista ao filme *O que você faria?*, que ilustra o processo seletivo de executivos com a participação de sete candidatos, os quais são submetidos à seleção pelo método Grönhom, técnica que deixa o grupo a sós numa sala, com vários testes promovidos por meio de computadores. Os participantes são submetidos a um alto nível de tensão enquanto são observados por câmeras. O objetivo é analisar os comportamentos e as emoções durante o jogo.

O QUE você faria? Direção: Marcelo Pineyro. Argentina: Art Films, 2005. 115 min.

Para saber mais sobre os testes psicológicos validados pelo CFP, acesse o seguinte *site*:

SATEPSI – Sistema de Avaliação de Testes Psicológicos. **Testes favoráveis**. Disponível em: <http://satepsi.cfp.org.br/listaTeste.cfm?status=1>. Acesso em: 4 ago. 2015.

Se você tiver interesse em saber como adotar um sistema de gestão de currículos, consulte o seguinte *site*:

ÂNCORA RH. Disponível em: <www.ancorarh.com.br>. Acesso em: 4 ago. 2015.

Interessou-se por ferramentas de *assessment*? Leia o artigo indicado a seguir:

MARQUES, J. R. Assessment: uma poderosa ferramenta de mapeamento comportamental. **Portal RH**, [S.l.], 28 ago. 2012. Disponível em: <http://www.rh.com.br/Portal/Desenvolvimento/Artigo/8085/assessment-uma-poderosa-ferramenta-de-mapeamento-comportamental.html>. Acesso em: 4 ago. 2015.

Visite o seguinte *site* para ler uma matéria muito interessante sobre comportamento em uma entrevista por videoconferência:

LAM, C. Como se comportar em uma entrevista por videoconferência. **Exame.com**, São Paulo, 20 jul. 2011. Disponível em: <http://exame.abril.com.br/carreira/noticias/como-se-comportar-em-uma-entrevista-por-videoconferencia>. Acesso em: 4 ago. 2015.

Questões para revisão

1. Você foi convocado para decidir sobre a contratação de um estagiário de engenharia para o seu setor. As atividades de estágio serão voltadas a: auxílio na elaboração de documentos de processo; ajustes e testes de equipamentos; auxílio na preparação de linha produtiva; pesquisa de fornecedores do mercado de máquinas e equipamentos. A empresa oferece bolsa-auxílio no valor de R$ 6,00 a R$ 8,00 por hora. Os benefícios são: transporte fretado, convênio médico e alimentação no local. Depois de uma triagem de 15 currículos, chegou-se a apenas dois candidatos:

   - Candidato A – 20 anos de idade, cursando o segundo ano de Engenharia de Produção, solteiro e com ensino médio em Mecânica cursado em um centro de educação tecnológica. Sua fluência em idiomas é inglês intermediário.
   - Candidato B – 45 anos de idade, está cursando o último ano de Engenharia de Produção, casado, pai de dois filhos. Tem amplo conhecimento em idiomas, viveu por dois anos na França e um ano na Inglaterra e, por essa razão, é fluente em francês e inglês. Apresenta diversos cursos de especialização na área.

   Com base nesses dados, é possível fazer as seguintes afirmações:
   I) O candidato B apresenta o perfil mais adequado para a vaga, pois ele tem excelente qualificação e poderá contribuir com a organização.
   II) O candidato B apresenta o perfil mais adequado para a vaga, por ter diversos cursos de especialização na área.
   III) O candidato B é *overqualified* e, por isso, pode, em pouco tempo, se sentir desmotivado e solicitar o desligamento da empresa, deixando a vaga em aberto novamente e gerando custos de recrutamento e seleção para a organização.
   IV) O candidato A deve ser contratado, porque seu perfil é compatível com as características da vaga de estágio.

   De acordo com os aspectos técnicos da gestão de pessoas que estudamos até agora, assinale a opção que apresenta a alternativa correta:

a) Apenas a afirmação I está correta.
b) As afirmações I e II são corretas.
c) As afirmações III e IV estão corretas.
d) As afirmações I e IV estão corretas.
e) Todas as afirmações estão corretas.

2. Dúnia é recrutadora e selecionadora do grupo de empresas Realização S/A., que tem aproximadamente 680 funcionários distribuídos nas 12 unidades do estado do Rio Grande do Sul. O ramo de atividade da empresa é hotelaria, eventos e entretenimentos. Há três semanas, ela iniciou o processo de recrutamento para 40 novas vagas operacionais. Agora, Dúnia precisa decidir sobre as etapas do processo seletivo na sequência em que eles devem acontecer.

   A sequência correta das etapas a serem adotadas nesse caso é:

   a) Entrevista de triagem, dinâmica de grupo e testes de capacidade física e metodologia Disc.
   b) Entrevista tradicional, dinâmica de grupo e teste psicológico PMK.
   c) Triagem dos currículos, convocação de candidatos para dinâmica de grupo, aplicação de testes de capacidade, entrevista tradicional e teste psicológico.
   d) Teste de capacidade física, análise grafológica, metodologia Disc e teste psicológico IFP.
   e) Metodologia Disc, teste de conhecimentos gerais e específicos e entrevista de triagem.

3. Sobre testes psicológicos, é correto afirmar:

   a) São testes que todos os profissionais de RH podem utilizar.
   b) São instrumentos de avaliação ou mensuração de características psicológicas, constituindo-se um método ou uma técnica de uso privativo do psicólogo.
   c) São instrumentos de avaliação para uso no processo de recrutamento.
   d) Podem ser utilizados após a entrevista com o gestor da área.
   e) Compreendem a primeira etapa do processo seletivo.

4. Denise é psicóloga e trabalha como recrutadora e selecionadora de uma empresa que fabrica bolsas e que conta com aproximadamente 350 funcionários. O gerente da empresa, Luis Carlos, solicitou a elaboração de um novo processo para a contratação de *designer* de bolsas, que em breve assumirá o cargo de coordenador da equipe. Indique como Denise deve desenvolver o processo de seleção.

5. A dinâmica de grupo é uma técnica bastante utilizada nas organizações durante o processo seletivo, pois, a partir de um desafio proposto, ela permite observar e identificar o comportamento dos candidatos. Porém, o selecionador precisa ficar atento a algumas questões para o sucesso da aplicação dessa técnica. Que cuidados o selecionador deve ter?

Questões para reflexão

1. Leia o texto a seguir:

> Analisando as variadas técnicas de seleção de pessoal nas organizações, nota-se que os métodos mais utilizados para essa finalidade têm sido as entrevistas, os testes psicotécnicos, as provas de conhecimentos específicos, os testes de personalidade e as dinâmicas de grupo. Certa multinacional de óleo e gás introduziu um teste de conhecimentos sobre vinhos numa avaliação para o cargo de engenheiro comercial, alegando que a empresa buscava por profissionais refinados que soubessem receber as comitivas estrangeiras e frequentar jantares com presidentes de outras empresas. Porém, quando os candidatos acreditavam que já haviam passado por todas as etapas do inacreditável processo seletivo, surgiu um pedido inusitado:
> – Agora, mostre suas habilidades culinárias na cozinha do nosso refeitório.
>
> Fonte: Adaptado de Santos, 2012.

Qual é o seu ponto de vista sobre a situação apresentada no texto, sabendo que processos seletivos análogos a esse podem aconte.cer?

2. Não raras vezes, as organizações designam a tarefa de realizar entrevistas a profissionais inexperientes. Quais são os impactos que essa decisão pode acarretar no processo seletivo?

4 Entrevista de seleção e entrevista comportamental com foco em competências

Conteúdos do capítulo
- Entrevista tradicional.
- Entrevista comportamental com foco em competências.

Após o estudo deste capítulo, você será capaz de:
1. identificar as modalidades e os tipos de entrevistas;
2. identificar o propósito de cada pergunta;
3. distinguir as perguntas que devem ser realizadas em cada tipo de entrevista;
4. especificar as áreas da vida do candidato a serem investigadas na entrevista tradicional;
5. conhecer as etapas da entrevista tradicional de seleção;
6. conduzir entrevistas de seleção;
7. diferenciar competências técnicas e competências comportamentais;
8. construir perguntas a partir da competência a ser investigada;
9. registrar os resultados das entrevistas;
10. mensurar o resultado da entrevista comportamental com foco em competências;
11. observar a linguagem não verbal e os sinais de alerta em uma entrevista de seleção;
12. escolher o candidato que mais se adéqua aos requisitos de uma vaga;
13. adotar uma postura profissional e ética ao conduzir uma entrevista.

> *A pergunta certa é geralmente mais importante do que a resposta certa à pergunta errada.*
> Alvin Toffler

4.1 A entrevista tradicional de seleção

O que é entrevista de seleção?

> A **entrevista de seleção** é uma técnica que possibilita levantar informações sobre os candidatos.

Por que a entrevista de seleção é uma das técnicas mais utilizadas nas organizações? Porque se trata de uma técnica versátil que pode ser realizada por psicólogo, administrador, profissional de recursos humanos (RH) ou, ainda, por profissionais preparados e qualificados para a aplicação do método. Diversas são as razões pelas quais se realiza uma entrevista no processo seletivo, dentre as quais destacamos a seguintes:

- A entrevista permite ao selecionador verificar e confirmar as informações que o candidato apresenta em seu currículo.
- A entrevista oportuniza ao selecionador levantar informações sobre as dimensões da vida pessoal, profissional, social e educacional do candidato.
- A entrevista possibilita ao selecionador avaliar se o perfil do candidato atende aos requisitos exigidos pelo cargo e pelo ambiente de trabalho.

4.1.1 As modalidades de entrevistas de seleção

Quais são as modalidades da entrevista de seleção? A entrevista pode ser presencial ou a distância.

> A **entrevista presencial** ocorre quando o candidato e o selecionador estão na presença física um do outro.

Entretanto, com o advento de novas tecnologias, a exemplo de videoconferências, outra modalidade de entrevista vem ganhando espaço: a entrevista a distância, que pode ser realizada *on-line* ou por telefone.

> A **entrevista *on-line* ou a distância** ocorre quando o candidato e o selecionador não estão na presença física um do outro.

Quais são as vantagens para o entrevistador e para o candidato na utilização da entrevista a distância? Essa modalidade favorece o atendimento de demandas das organizações das grandes cidades, cujos profissionais se veem impedidos, por motivo de tempo ou trânsito, de chegar até a empresa contratante, e também em situações nas quais o candidato encontra-se em outra cidade, estado ou país. Os recursos proporcionados pela internet possibilitam economia de tempo e dinheiro, evitam deslocamentos e agilizam o processo seletivo.

Figura 4.1 – **Entrevista a distância**

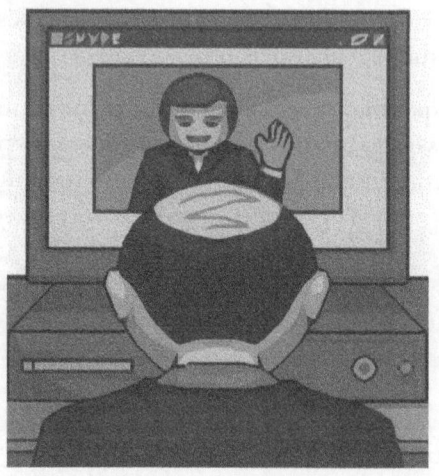

Crédito: Jessé Eliel Gonçalves

O texto a seguir ilustra o papel da entrevista a distância e os motivos pelos quais ela tem ganhado cada vez mais espaço como modalidade:

Como se preparar para uma entrevista de emprego *on-line*

A tecnologia do Google Hangouts é uma das opções para poupar tempo e deslocamento de candidatos e empresas

[...] Nos Estados Unidos as entrevistas de emprego online ganham cada vez mais força, e dentre as principais formas de conversa a ferramenta Google Hangouts ganha destaque por ser uma plataforma Google que permite a interação por meio de *webcam* entre até 10 pessoas, com registro do vídeo no Youtube. E por incrível que pareça, a exigência de entrevistas iniciais via Hangouts é maior por parte dos candidatos, que não querem perder tempo indo até um recrutador se não estão certos de que vão ser mesmo considerados para o cargo.

No Brasil, há ainda um longo caminho a percorrer, mas algumas empresas de recrutamento e seleção já usam o Hangouts para encontrar candidatos para seus clientes, conseguindo reduzir o tempo de busca de profissionais de 25 para apenas 7 dias. Segundo Luciana Tegon, Sócia Diretora da Tegon Consultoria, as entrevistas via Google Hangouts têm muitas vantagens quando comparadas ao processo tradicional, que engloba entrevistas via telefone e presenciais:

"[...] Com o Google Hangouts conseguimos entrevistar bons candidatos que estão atualmente empregados e que não conseguiriam deixar o emprego no horário de trabalho para participar de uma entrevista, o que permite atrair um melhor número de bons profissionais para todas as vagas", explica Luciana.

Em grandes cidades problemas como chuva ou trânsito dificultam muito o trabalho de empresas de recrutamento e seleção. É praticamente impossível marcar entrevistas com intervalos menores de duas horas, isso com a certeza de que vários candidatos deixarão de comparecer em função de problemas relacionados à cidade ou até mesmo em função da distância entre o candidato e a empresa que fará a entrevista.

"Esses problemas vinham afastando bons profissionais das entrevistas, o que é ruim para as empresas que buscam pessoal com formação e qualificação mais abrangentes. [...]", assinala Luciana.

Fonte: Adaptado de Como se preparar..., 2015.

4.1.2 Os tipos de entrevista

As entrevistas, sejam presenciais, sejam a distância, podem ser do tipo estruturada, semiestruturada ou aberta, conforme mostra o Quadro 4.1.

Quadro 4.1 – **Tipos de entrevistas**

Tipo	Características
Estruturada	Segue um roteiro previamente estabelecido.
Semiestruturada	Segue um roteiro previamente estabelecido, mas o entrevistador tem a liberdade de investigar temas que lhe pareçam relevantes.
Aberta	Não segue um roteiro preestabelecido. O entrevistador conduz a entrevista de forma livre mediante as informações trazidas pelo candidato.

Fonte: Elaborado com base em Milkovich; Boudreau, 2013.

A entrevista **estruturada** fundamenta a entrevista padronizada, que segue um roteiro padrão a ser aplicado a todos os candidatos concorrentes a determinada vaga.

Figura 4.2 – **Perguntas diferentes estimulam respostas diferentes**

Fale-me sobre seus projetos que deram certo.

Fale-me sobre os projetos que você tinha e que fracassaram.

Crédito: Jessé Eliel Gonçalves

Por que, quando há diversos candidatos, a entrevista padronizada é recomendável no processo seletivo? A entrevista padronizada é importante para obter o mesmo bloco de informações a respeito dos candidatos. Conforme ilustra a Figura 4.2, perguntas diferentes estimulam respostas diferentes, o que pode beneficiar alguns candidatos em detrimento de outros e também dificultar a coleta informações relevantes para o desempenho adequado da função.

4.1.2.1 Considerações sobre as perguntas da entrevista de seleção

Qual é a grande armadilha que pode surpreender o selecionador em uma entrevista de seleção? A principal armadilha é fazer deduções acerca das informações do candidato sem, no entanto, fazer as perguntas devidas para levantar essas informações.

As armadilhas das suposições e o poder das perguntas para o conhecimento e a compreensão adequados da situação são ilustrados na história indicada a seguir.

> Dizem que em 1995 houve o seguinte diálogo entre um navio da marinha americana e as autoridades costeiras do Canadá. Os americanos começaram educadamente:
> – Favor alterar seu curso 15 graus para o norte, para evitar colisão com nossa embarcação.
> Os canadenses responderam de pronto: – Recomendo mudar seu curso 15 graus para o sul.
> O americano ficou mordido: – Aqui é o capitão de um navio da marinha americana! Repito, mude seu curso.
> Mas o canadense insistiu: – Impossível. Mude seu curso atual.
> O negócio começou a ficar feio. O capitão americano berrou ao microfone: – Este é o porta-aviões USS Lincoln, o segundo maior da frota americana no Atlântico! Estamos acompanhados de três *destroyers*, três fragatas e numerosos navios de suporte. Eu exijo que vocês mudem imediatamente seu curso 15 graus para o norte, do contrário tomaremos contramedidas para garantir a segurança do navio.
> E o canadense respondeu: – Impossível, repito: aqui é um farol... Câmbio!

Fonte: Rangel, 2003, p. 139.

O que essa passagem pode ensinar ao profissional de RH que atua com seleção de pessoal? Não sabemos se o diálogo entre o navio da marinha americana e o farol canadense de fato ocorreu, mas com certeza a passagem remete ao importante papel das perguntas.

As perguntas investigam, fornecem informações não imaginadas e elucidam pontos que antes eram apenas fruto de suposições. Portanto, na situação ilustrada no texto, se perguntas muito simples tivessem sido feitas, com certeza a conversa teria tomado outro rumo e o desfecho da história certamente seria diferente.

Decisões devem ser tomadas com base em fatos e informações, jamais em suposições. Em uma entrevista de seleção, compete ao selecionador investigar e coletar informações, para depois decidir sobre se o candidato está apto a prosseguir no processo seletivo. A competência do selecionador em fazer as perguntas adequadas assinala o êxito da entrevista ou pode conduzir esta a um patamar insatisfatório para o processo seletivo.

A entrevista de seleção é realizada por meio de perguntas, que têm por objetivo conhecer o candidato, levantar informações de sua vida pessoal e profissional relacionadas à vida pregressa, bem como suas expectativas e pretensões.

Quais são os tipos de perguntas a serem dirigidas aos candidatos e que efeitos podem causar nas respostas? As perguntas podem ser fechadas ou abertas. As fechadas são aquelas que levam o candidato a responder somente sim ou não. As abertas, por sua vez, permitem que o candidato fale livremente.

Observe o exemplo de uma pergunta fechada:

> Selecionador: – Você gosta de desafios no trabalho?
> Candidato: – Sim.

O selecionador dirigiu ao candidato uma pergunta fechada, cujas opções de respostas limitavam-se a "sim" ou "não", não oferecendo vazão para a continuidade do assunto. Por exemplo, caso o selecionador tenha em mente obter maiores esclarecimentos acerca do ensino médio do candidato, a pergunta fechada não é adequada, pois não abre espaço para que o candidato apresente detalhamentos sobre o tema.

Pode ocorrer que um entrevistado extrovertido prossiga falando espontaneamente sobre os tipos de cursos e as instituições que frequentou.

Contudo, o candidato retraído pode limitar-se a responder o que foi perguntado pelo selecionador. Observe o exemplo de uma pergunta aberta:

> Selecionador: – O que é importante pra você ter no trabalho?
> Candidato: – Para mim é muito importante ter no trabalho regras claras, para que eu possa saber o que especificamente a empresa espera de mim. Gosto também de ser colocado em situações desafiadoras. Sinto-me motivado quando estou diante de possibilidades de resolver problemas.

Observe que a pergunta aberta abre espaço para que o candidato fale livremente, o que oportuniza ao selecionador coletar maior número de informações.

Mas vale lembrar que perguntas curtas e objetivas, que vão direto ao ponto, são aquelas que promovem melhores resultados no momento da entrevista. As perguntas longas, prolixas ou repletas de contextualização podem dispersar a atenção do candidato, comprometendo as próximas entrevistas e as demais atividades do selecionador.

O Quadro 4.2 resume as principais perguntas e seus respectivos propósitos.

Quadro 4.2 – As perguntas e seus propósitos

Pergunta	Propósito
O quê?	Buscar informações; listar informações.
Quem?	Buscar informações sobre pessoas; identificar responsabilidades.
Por quê?	Buscar justificativas e motivos para ações; buscar valores; atribuir responsabilidade/culpa; buscar significados; investigar causas passadas.
Quando?	Orientar no tempo; buscar informações limitadas pelo tempo (passado, presente, futuro).
Onde?	Pedir informações sobre locais.
Como?	Explorar o processo, a maneira pela qual o indivíduo fez algo; listar estratégias.

Fonte: Adaptado de Lotz; Gramms, 2014, p. 160.

Quando o entrevistador compreende o propósito de cada pergunta, ele está apto a conduzir uma entrevista de seleção, cujo êxito consiste na habilidade do selecionador em fazer as perguntas certas tendo em vista a informação que pretende levantar. Uma pergunta é análoga a uma flecha, cujo alvo deve estar na mira. É fundamental que o entrevistador tenha sempre em mente "aonde quer chegar" ao escolher o conjunto de perguntas que dirigirá aos candidatos.

4.1.3 O conteúdo da entrevista

Que conteúdo a respeito do candidato é explorado em uma entrevista de seleção? O conteúdo da entrevista é composto pelas áreas da vida do candidato que serão abordadas pelo entrevistador.

Para que uma entrevista possa levantar um conjunto significativo de informações, é importante que ela percorra os seguintes aspectos da vida do candidato: dimensão profissional; dimensão educacional; dimensão social; dimensão familiar; perspectivas futuras; autopercepção.

A seguir, apresentamos o detalhamento de cada uma das dimensões com base nos textos de Marras (2002) e Sorio (2015).

- **Dimensão profissional** – Busca levantar junto ao candidato: as características profissionais; as empresas nas quais trabalhou; o perfil das empresas anteriores; os resultados e as realizações que obteve; as responsabilidades e tarefas mais relevantes; os vínculos com alguma associação ou sindicato; o relacionamento com seus pares e chefias anteriores; os motivos pelos quais se desligou ou foi desligado das empresas; e o aprendizado com chefias anteriores.

- Por qual motivo você se desligou de seu último emprego?
- Qual foi a sua realização mais importante em seu trabalho anterior?
- Qual foi o seu maior insucesso em seu trabalho anterior?
- O que você aprendeu com seus insucessos?
- Se você pudesse começar tudo de novo, o que faria de modo diferente em sua carreira?
- De que você mais gostava no seu emprego?
- Com que tipo de pessoas você tem facilidade para trabalhar?
- O que você sabe sobre nossa empresa?
- Por que você está procurando um cargo nesta empresa?
- Que qualificações você tem que o fariam ser bem-sucedido aqui?

- **Dimensão educacional** – Procura investigar junto ao candidato: o grau de formação; os interesses acadêmicos (se deseja continuar estudando); o domínio de idiomas; o domínio de informática; os cursos de aperfeiçoamento; a cultura em geral (cursos, viagens, leituras etc.).

- Você estuda atualmente? O quê? Em qual horário?
- O que o levou a fazer o curso (ou por que decidiu não fazer)?
- Por que você escolheu esse curso?
- Em quais matérias que você tinha mais facilidade?
- Que outros cursos você já fez?
- Gosta de ler? Qual é o tipo de leitura que mais lhe agrada?
- Suas atividades profissionais correspondem ao que você planejava com seus estudos?
- Qual é seu conhecimento em língua estrangeira (inglês, espanhol, outras)?
- Quais são os planos em relação a sua formação?

- **Dimensão social** – Busca conhecer os *hobbies* e a forma de entretenimento do candidato: as atividades que desempenha no tempo livre; se realiza algum tipo de trabalho voluntário; se pratica atividade esportiva; se possui vínculo com alguma associação; se pertence a alguma religião ou fraternidade; com que frequência encontra os amigos; quais são suas preferências sobre os tipos de postagens em redes sociais, entre outros.

- O que você costuma fazer em seu tempo livre?
- Esse lazer costuma ser mais com a família, sozinho ou com os amigos?
- Pratica alguma atividade física em grupo?
- Participa ou participou de alguma atividade de voluntariado?
- Existe algum impedimento religioso com relação a horários, dias?
- Prefere um encontro entre amigos em sua casa ou na casa deles?
- Quais redes sociais você prefere?
- Você participa de alguma atividade comunitária/religiosa/social? Qual? Que tipo de trabalho desenvolve?
- Que imagem você acha que as pessoas têm de você?

- **Dimensão familiar** – Busca conhecer a estrutura familiar do candidato: as responsabilidades emocionais e/ou financeiras para com a família; as características que mais aprecia no cônjuge; como é a relação com os filhos ou pais (conforme o caso), entre outros aspectos.

- Qual é a sua naturalidade? Há quanto tempo mora aqui? Por qual motivo veio para nossa cidade?
- Como a sua família se sente em relação à sua vinda para nossa empresa?
- Com quem ficam os filhos nos dias em que a creche não funciona?
- Pretende ter (mais) filhos? Quantos? Quando?
- Seus pais são vivos? Moram perto de você/com você? O que fazem? Dependem de alguma forma de você ou você deles?
- Qual é o maior orgulho que você tem em relação a seus familiares?
- Quais são os seus principais planos familiares?

- **Perspectivas futuras** – Procura investigar os interesses pessoais do candidato, bem como seus planos para o futuro e a carreira.

- Quais são os seus objetivos pessoais?
- Quais são as suas expectativas em relação ao seu futuro profissional?
- Quais são as suas metas a longo prazo?
- Onde quer estar daqui a cinco anos?

* **Autopercepção** – Pretende levantar os pontos fortes do candidato na visão deste: as oportunidades de melhorias que enxerga para si; os valores nas áreas da família, do trabalho, da amizade e do relacionamento; as características da personalidade; os fatores que o motivam; como se percebe trabalhando na empresa e assumindo o cargo, entre outros.

> * Quanto você foi bem-sucedido até aqui?
> * O que pode limitar seu crescimento?
> * Por que nós o contrataríamos?
> * Que características suas mais contribuiriam para nossa empresa?
> * O que você considera importante que exista em um trabalho?
> * O que é importante pra você em um relacionamento profissional?
> * Se você tivesse o emprego de seus sonhos, o que precisaria acontecer para que decidisse se demitir?
> * Se você tivesse que mudar uma característica sua, qual seria?
> * Se pudesse dar uma virtude ao mundo, que virtude seria?
> * O que mais o motiva?
> * De que você acha que as pessoas mais gostam em você?
> * O que você acha que é necessário para uma pessoa ter sucesso?
> * Como você descreveria sua personalidade? O que é bom nela e o que não é?
> * Quais são os seus pontos fortes?

A entrevista de seleção permite ao candidato revelar alguns de seus valores ou crenças, os quais são determinantes em sua motivação e seu comportamento do indivíduo.

Existe um roteiro rígido a ser seguido em relação às dimensões investigadas? Alguns entrevistadores preferem iniciar a conversa questionando sobre as áreas profissional ou social, pois acreditam ser essa a forma mais apropriada de estabelecer *rapport*, ou seja, sintonia com o candidato. Mas essa ação não deve ser tomada como regra. O entrevistador, com a prática, tende a definir seu estilo.

> **O que é *rapport*?**
>
> De acordo com O'Connor e Seymour (1995, p. 225), *rapport* é a "relação mútua de confiança e compreensão entre duas ou mais pessoas. A capacidade de provocar reações de outra pessoa". *Rapport* é empatia, a habilidade de se colocar no lugar do outro; é a construção de uma ponte de confiança. O *rapport* é o alicerce de toda a comunicação eficaz; quando o entrevistador entra em *rapport* com o candidato, transmite acolhimento e confiança, e quando o candidato se sente confortável na presença do entrevistador, a entrevista flui. Como resultado dessa sintonia, o candidato se expressa com tranquilidade e confiança, ao passo que o entrevistador obtém maior qualidade de informações.

4.1.4 As etapas da entrevista

Quais são as etapas de uma entrevista de seleção? A entrevista de seleção segue seis etapas: 1) planejamento; 2) abertura; 3) pesquisa; 4) troca; 5) fechamento; 6) síntese.

O Quadro 4.3 apresenta algumas considerações acerca de cada uma delas.

Quadro 4.3 – **Etapas da entrevista de seleção**

Etapa	Característica
Planejamento	Nesta fase, deve ser feito o levantamento da maior quantidade possível de informações acerca dos requisitos do cargo e a cuidadosa leitura do currículo do candidato. Trata-se de uma etapa crucial para que o entrevistador possa averiguar e comparar a adequação entre vaga e candidato com **relativa precisão**. Inclui: a leitura do currículo; a escolha do local da entrevista; os preparativos para o arranjo da sala; os formulários a serem utilizados, entre outros.
Abertura	É a etapa do "quebra-gelo", decisiva para a qualidade da entrevista. Trata-se do momento de estabelecer a **sintonia entre entrevistador e candidato**.
Pesquisa	Esta etapa compreende a entrevista em si, quando o entrevistador faz perguntas com o objetivo de checar os dados apresentados no currículo e levantar informações sobre o perfil profissional e pessoal do candidato.

(continua)

(Quadro 4.3 – conclusão)

Etapa	Característica
Troca	Nesta etapa, o selecionador informa sobre o cargo, a organização e a remuneração e oportuniza que o candidato faça perguntas e esclareça eventuais dúvidas sobre a vaga e a organização.
Fechamento	Nesta fase, o selecionador deve agradecer pela presença do candidato e oferecer informações sobre como e quando será feito o contato pela organização, caso o candidato seja aprovado para as etapas seguintes.
Síntese	Nesta etapa, o selecionador, já não mais na presença do candidato, deve preencher formulários ou fazer o registro das notas da entrevista, considerando o conteúdo da entrevista, o conjunto de informações levantadas, o comportamento, a conduta e a linguagem não verbal do candidato. O selecionador deve registrar seu parecer sobre se o candidato continua no processo ou se não atende aos requisitos do cargo.

Fonte: Elaborado com base em Pontes, 2014; Banov, 2012.

Para que o selecionador percorra todas as etapas da entrevista mantendo o foco, é fundamental que ele faça o uso adequado do **tempo** de que dispõe para entrevistar cada candidato. Dispersões do tema e perda de objetividade podem passar ao candidato a impressão de uma conversa informal, e não de uma entrevista formal de seleção, e o entrevistador corre o risco de deixar de coletar dados que podem ser relevantes para fundamentar seu parecer.

> É importante que o entrevistador tenha em mente o adequado uso do tempo para que a entrevista traga os resultados desejados.

Qual é a recomendação para o uso do tempo em uma entrevista de seleção? São vários os fatores que envolvem essa questão. Muitas vezes o volume de entrevistas que o entrevistador precisa fazer em um dia não permite que ele invista muito tempo por candidato. O importante é que a maior parte do tempo seja destinada à etapa da pesquisa, ou seja, ao levantamento das informações, e que exista a administração eficaz do tempo disponível da entrevista para passar por todas as etapas apresentadas anteriormente.

A forma de receber o candidato para a entrevista é importante? Para criar uma atmosfera propícia à realização da entrevista de seleção, seja ela realizada na organização, seja em empresas especializadas, os ambientes físico e psicológico merecem especial atenção.

O ambiente físico deve ser agradável, confortável e livre de interrupções que possam fazer o candidato ou o entrevistador se dispersarem. Já o ambiente psicológico se relaciona ao clima da entrevista: criar uma atmosfera acolhedora é fundamental para que o candidato se sinta confortável e acolhido com a devida cordialidade e o respeito que merece.

> Dependendo do processo seletivo, a espera é inevitável. Se for esse o caso, a sala de espera deve receber especial cuidado, com cadeiras suficientes, água, revistas e jornais. Receber bem, além de elegante, constrói uma imagem positiva sobre a organização junto aos possíveis colaboradores.

A maneira como o candidato é recebido é decisiva na imagem que ele formará sobre a organização. O candidato pode se sentir entusiasmado com a possibilidade de pertencer ao quadro funcional da empresa.

Mas se na entrevista ele recebe, por parte do entrevistador, um tratamento descortês, desinformação, falta de boa vontade e desorganização, a impressão que formará da organização não será das melhores. O candidato irá se questionar se realmente deseja trabalhar naquele tipo de ambiente. São inúmeros os exemplos de candidatos que "batem em retirada", em razão da imagem negativa recebida sobre a organização como consequência desse contato inicial.

4.2 A entrevista comportamental com foco em competências

O que é entrevista comportamental com foco em competências?

> Trata-se da modalidade de entrevista que explora as **competências específicas** exigidas para o desempenho adequado do conjunto de funções requeridas pelo cargo.

Essa modalidade de entrevista é uma técnica utilizada por organizações que trabalham com gestão por competências.

4.2.1 Considerações sobre competências e gestão por competências

O que é gestão por competências?

> Gestão por competências, segundo Leme (2012, p. 1), "é o processo de conduzir os colaboradores para atingirem as metas e os objetivos da organização por meio das competências técnicas e comportamentais".

A gestão por competências estabelece as diferenças entre "cargo" e "função" e toma por objeto de referência e análise a função.

Para Leme (2012, p. 5), o cargo é uma formalidade: "cargo é na folha de pagamento, é o registro em carteira. Em desenvolvimento e gestão de pessoas é a função". A organização que realiza a entrevista comportamental com foco em competências investiga as competências necessárias e desejáveis para o exercício das funções requeridas para a vaga, e não pelo cargo, cuja descrição é estanque e pode priorizar competências que não sejam tão essenciais e necessárias para o desempenho da função.

De acordo com Leme (2007, p. 15),

> Ao montar os requisitos da função e os requisitos de acesso, é necessário manter foco naquilo que realmente é necessário para que o profissional desempenhe sua função. É comum empresas cometerem um grande exagero nestes itens, exigindo competências que não são necessárias e muitas vezes, priorizam justamente essas que não são necessárias em vez de prioritárias por pura falta de foco.

Para esclarecer a distinção entre *cargo* e *função*, vamos nos valer da experiência de Soeli e da maneira como ela resolveu um impasse para a contratação de um executivo.

> Soeli trabalhava na divisão de capital humano de uma multinacional. Havia dois meses que uma vaga estava em aberto e que ela não conseguia preencher. Não faltavam candidatos a se apresentarem; no entanto, ora faltava uma competência técnica, ora outra; assim, não havia candidato que pudesse prosseguir com o processo seletivo.
>
> Por se tratar de uma multinacional, a princípio, entre as competências técnicas do candidato, deveria figurar o inglês fluente. Inclusive, os candidatos deveriam passar por mais de uma entrevista, todas em inglês. Dois candidatos altamente gabaritados já estavam fora do processo seletivo por apresentarem inglês em nível intermediário.
>
> Soeli, ao se lembrar da polêmica distinção entre cargo e função, teve um *insight* e foi investigar o perfil das funções que aquele profissional desempenharia. Qual não foi a sua surpresa ao saber que esse profissional precisaria uma única vez ao ano elaborar um relatório em inglês com as informações sobre o setor! Contudo, o modelo de relatório já existia. Foi então ela que se perguntou: "Porque insistir na fluência em inglês, uma vez que esta não é uma competência realmente necessária para a função?".
>
> Soeli argumentou com seus superiores hierárquicos, que compreenderam e aceitaram sua argumentação. Roberto, seu chefe imediato, acrescentou:
>
> – Pois é, este é o resultado de fazer as coisas de uma forma porque sempre foram feitas assim! Às vezes é importante nos perguntarmos se estamos utilizando a rede certa para pescar o peixe que desejamos.

Fonte: Adaptado de Leme, 2012.

A entrevista comportamental com foco em competências identifica o grupo de competências que o profissional efetivamente deve apresentar para desempenhar com excelência suas funções. Portanto, o ponto chave para realizar com êxito uma entrevista desse tipo é saber o que são competências.

4.2.2 Competências técnicas e competências comportamentais

> *Quando você faz em frações de segundo o que os outros levariam horas para fazer, tudo parece mágica.*
> Steve Jobs

O que são competências?

> **Competências** são conhecimentos, habilidades e atitudes necessárias para se atingir determinados objetivos (Durand, 1998).

É interessante observar que a noção de competências teve seu desenvolvimento num contexto de busca por competitividade da década de 1980 e se refere "à capacidade de combinar recursos incorporados à pessoa, como conhecimento, habilidade, experiências, capacidades cognitivas, recursos emocionais entre outros e os recursos presente no meio, como banco de dados, redes de documentos etc.", explica Bitencourt (2010, p. 178).

Embora existam tantos conceitos de competências quanto autores que se propõem a estudá-las, vamos tomar por base Durand (1998), cujo modelo de competência articula-se em torno de três dimensões, chamadas de *CHA*: 1) conhecimento; 2) habilidade; 3) atitude.

Quadro 4.4 – As dimensões do modelo de competências

Dimensão	Característica
Conhecimento	É o saber; o que se aprende na escola, nos livros, na vida.
Habilidade	É o saber fazer; o *know-how*; desenvolvida por meio da prática.
Atitude	É querer fazer; são as intenções manifestas em ações, os comportamentos.

Fonte: Elaborado com base em Durand, 1998.

Ao olharmos para as dimensões da competência, compreendemos que o conhecimento, a habilidade e a atitude, isolados, não formam a competência. Apenas o conhecimento não torna o indivíduo competente. O conhecimento não é um fim em si mesmo, mas um instrumento que permite ao indivíduo se adaptar ao meio e transformá-lo. O manejo e a prática da aplicação do conhecimento alicerçam a habilidade do indivíduo. Contudo, ele pode conhecer, ter a prática, mas se não quiser fazer, a competência não está completa. Competência é resultado, o qual está atrelado à ação.

Tomemos por exemplo duas pessoas que são desafiadas a produzir um bolo. Uma tem conhecimento e habilidades na cozinha, mas a outra, não. São oferecidos a ambas os mesmos ingredientes, recursos e tempo para a produção. Embora os participantes estejam igualados em termos de recursos, o resultado final de cada produção será diferente em virtude do fator competência. É por essa razão que as organizações empreendem a busca por profissionais competentes, pois a competência faz diferença no resultado, na entrega, ou seja, no desempenho das funções.

Sabemos que cada cargo abarca um conjunto de competências vitais para o desempenho adequado das funções. O quadro a seguir oferece um exemplo de descrições das dimensões da competência.

Quadro 4.5 – **Conhecimentos, habilidades e atitudes**

Conhecimentos	Habilidades	Atitudes
Ensino médio completo.	Fazer inspeção nas peneiras vibratórias.	Atenção concentrada.
Um ano como operador de equipamento de embalagem.	Saber operar equipamentos para alimentação de reservatório de moagem.	Atenção aos detalhes.
Treinamento operacional na área.		Organização.
		Higiene.
		Persistência.
Equipamento de peneira.	Saber efetuar aferição de balança eletrônica com peso padrão.	Determinação.
Equipamento de moagem.		
Balança eletrônica XYZ.	Saber fazer limpeza e higienização dos equipamentos de envasamento.	
Procedimentos de limpeza.		

Fonte: Elaborado com base em Leme, 2012, p. 22.

A análise do currículo pode revelar as habilidades técnicas e comportamentais do candidato? As habilidades técnicas, compostas por conhecimentos e habilidades, são perfeitamente verificáveis por meio do currículo, ao passo que as atitudes, por serem comportamentais, necessitam de outra forma de observação e verificação. Você já deve ter ouvido o ditado popular que diz que "o papel aceita tudo"; portanto, essas habilidades só podem ser detectadas na entrevista, nas dinâmicas de grupo ou em testes psicológicos.

Em se tratando do conceito de *competências*, somos simpatizantes da proposta de Leme (2012, p. 19), que acrescenta ao CHA mais duas letras: o C, de *comportamento*, e o M, de *motivação*, fechando assim seu conceito de competências com base no CHAM. Por que essas duas letrinhas fazem sentido? Por *comportamento* entende-se o "conjunto de ações de um indivíduo que se pode observar objetivamente", explica Kury (2004, p. 239).

Competência envolve as ações que efetivamente produzem o resultado. Está atrelada ao resultado, tendo relação direta com a **entrega**.

A motivação é o movimento interno que impulsiona a ação, é o que determina o real querer do indivíduo, é a sinergia e a inter-relação quando a prática trabalha junto e os resultados, positivos ou negativos, podem ser observados. Sendo assim, o desempenho dos funcionários é direcionado pelo conhecimento, pela habilidade e pela atitude (Foroni, 2014).

Sabemos que é possível ter o conhecimento, saber fazer determinada coisa, mas se a pessoa não quiser fazer, não há como produzir resultados. Assim, podemos perceber que o conhecimento e a habilidade pertencem ao conjunto de habilidades técnicas que podem ser verificadas no currículo, ao passo que o querer fazer pertence à dimensão das habilidades comportamentais.

O conhecimento sem a habilidade não é competência. A habilidade sem o conhecimento também não é competência, e ambos sem a atitude, o querer fazer, a entrega efetiva, também não representam competência.

As competências se fundamentam nesses três eixos e podem ser divididas entre competências técnicas e competências comportamentais.

- **Competências técnicas** – Trata-se do conjunto de competências que o profissional precisa saber para desempenhar a sua função. Exemplos: domínio de informática, de idiomas; manuseio de ferramentas, máquinas, equipamentos. As competências técnicas podem ser identificadas no currículo.
- **Competências comportamentais** – Dizem respeito aos campos emocional e comportamental, relativos ao equilíbrio; relaciona-se à adequação do indivíduo ao meio no qual está inserido. São exemplos de competências comportamentais: capacidade de trabalhar sob pressão; tolerância a frustrações; capacidade de gerir conflitos; gestão do tempo; flexibilidade; criatividade, entre outros.

O que fundamenta as habilidades comportamentais? As habilidades comportamentais são fortemente alicerçadas na inteligência emocional.

> As organizações, ao selecionar seus candidatos, consideram fortemente a inteligência emocional. Para Goleman (1995), a inteligência emocional manifesta-se por meio de como as pessoas lidam com suas emoções e com as emoções das pessoas ao seu redor. Segundo o autor, autoconsciência, motivação, persistência, empatia e entendimento e as habilidades sociais são as dimensões desta inteligência. Emprestamos de Dubrin (2003) as seguintes informações acerca das dimensões da inteligência emocional:
>
> - **Autoconscientização** – É a habilidade de compreender seus humores, emoções e necessidades, assim como seu impacto nos outros; autoconhecimento.
> - **Autocontrole** – Refere-se à habilidade de controlar as próprias decisões, sentimentos e impulsos; acalmar a ansiedade.
> - **Motivação** – É a habilidade de motivar a si mesmo; garra, flexibilidade; diálogo interno positivo.
> - **Empatia** – Corresponde à habilidade para compreender o que os outros sentem; ter compaixão, tendo como base a perspectiva do outro (inclusive, pessoas pelas quais não se tem simpatia).
> - **Habilidade social** – É a competência na criação e manutenção de relacionamentos e rede de suporte.

Para ilustrar a importância da inteligência emocional e das competências comportamentais para a carreira profissional, vamos contar a história de Fábio, cuja competência técnica de alto grau foi suplantada pela ausência de competências relacionais.

> Fábio é um jovem muito bonito, formado em Administração, e seu currículo impressiona: MBA em Gestão de Negócios pela Universidade de Harvard; 5 especializações e 18 cursos de aperfeiçoamento na área de gestão.
>
> A Amparus Projetos e Business precisava contratar com urgência um executivo para assumir a divisão de negócios, e Osvaldo, o diretor geral, ao ler o currículo de Fábio, não teve dúvidas em contratá-lo, sem que o candidato precisasse submeter-se ao processo seletivo formal, pois, em seu íntimo, o diretor achava uma grande bobagem todo o processo seletivo, entrevistas e dinâmicas de grupo. O diretor julgou que, com essa medida, pouparia tempo e dinheiro, a seu ver, preciosos para a organização.
>
> Foi então que, à primeira vista, Fábio impressionou a todos na organização. Até mesmo colaboradores com muito tempo de casa passaram a experimentar certa sensação de inferioridade em função da supremacia intelectual de Fábio.
>
> Contudo, com o passar do tempo, algo parecia estranho. Fábio, que dirigia uma motocicleta da marca Harley-Davidson, ficou muito agressivo quando o porteiro o impediu de estacionar sua moto em um lugar inadequado. O executivo perdeu o controle e por pouco não partiu para a agressão física com o homem que estava apenas realizando seu trabalho. Na semana seguinte, Fábio caiu de encantos pela secretária, Patrícia, uma jovem muito atraente e dedicada ao trabalho. A moça, que estava noiva, dia após dia era bombardeada por um conjunto de cantadas que ficavam cada vez mais ousadas, e Fábio parecia não se importar com o constrangimento que infligia a ela. Em certa ocasião, ao partir para o ataque incisivo, diante da recusa da moça, Fábio a agrediu, deixando a face dela machucada, e os hematomas não tardaram a aparecer.
>
> Desse modo, já não havendo mais a possibilidade de ser conivente com aqueles comportamentos, a organização decidiu por não sustentar mais a permanência de Fábio. Cinco semanas após a contratação, o executivo foi desligado do quadro funcional. Com isso, foi então possível suspeitar sobre as razões pelas quais Fábio não tinha em sua carteira de trabalho um registro sequer com tempo de trabalho superior a três meses.

As competências comportamentais são determinantes para o êxito das atividades. Por essa razão, as organizações têm priorizado a detecção e o desenvolvimento desse conjunto de competências.

Mas como saber quais competências buscar em uma entrevista? É o mapeamento de competências que permite identificar quais destas são desejáveis e necessárias para o exercício de determinada função.

> O mapeamento de competências, segundo Rabaglio (2014, p. 23), é a "estratificação criteriosa e organizada de todos os conhecimentos, habilidades e atitudes necessários para a eficácia e resultados em um cargo específico".

Como se chega ao mapeamento de competências? O ponto de partida para esse mapeamento é a descrição de cargo com as funções atualizadas. Emprestamos de Rabaglio (2014, p. 25-26) o texto a seguir, que nos auxilia a explicar sobre a ação consistente e objetiva para mapear e mensurar competências:

> É incontestável que a fórmula mais consistente é construída tendo como base as atribuições do cargo, portanto, a descrição de cargos ou funções atualizada é a ferramenta chave que deverá fornecer todos os indicadores de competências do cargo, e será também a base para a mensuração de competências. Nada pode ser inventado nem criado sem uma metodologia criteriosa, consistente, clara e objetiva, vinculada a realidade do cargo, que evolui passo a passo, de acordo com os indicadores constantes na descrição de cargos.

O mapeamento de competências está alicerçado na descrição atualizada das funções e em uma criteriosa metodologia, sob pena de se tornar apenas mais um documento a ser engavetado e acabar nem contribuindo para os processos de gestão de pessoas nas organizações.

Quais são os outros usos para o mapeamento de competências? O mapeamento de competências é uma ferramenta também utilizada para fins de entrevista comportamental, em avaliações de desempenho, em programas de treinamento e plano de desenvolvimento de competências. Esse mapeamento permite identificar lacunas existentes entre as competências reais e as necessárias ou desejadas, além de contribuir para orientar a tomada de ações à medida que os dados são apontados pelo *gap*, ou seja, a lacuna de diferenças.

4.2.3 As perguntas na entrevista comportamental com foco em competências

Aprendi que os erros podem muitas vezes ser tão bons professores quanto o sucesso.
Jack Welch

A entrevista comportamental com foco em competências tem por objetivo detectar comportamentos específicos relevantes para o desempenho das funções requeridas por um cargo. Cada cargo tem contornos e especificidades; por essa razão, a entrevista comportamental deve versar sobre as necessidades do cargo, tendo por foco perguntas cujas informações sejam relevantes e agregadoras em relação à competência que se pretende investigar.

> "Se cada cargo é diferente do outro, exige um perfil diferente, consequentemente, deve ter também uma entrevista sob medida para investigar o seu perfil comportamental" (Rabaglio, 2014, p. 45).

Como são as perguntas na entrevista comportamental com foco em competências? São abertas, específicas e sempre voltadas ao passado, ou seja, investigam situações vividas pelo candidato, como este agiu e qual resultado obteve.

Portanto, para realizar uma entrevista comportamental com foco em competências, é importante ter sempre em mente que as perguntas são abertas, situacionais, específicas e com verbos de ação no passado, para investigar as experiências vividas pelo entrevistado. Essa modalidade de entrevista utiliza perguntas em SAC e estrutura das respostas em CAR.

Perguntas em SAC são abertas e deixam claro onde a situação aconteceu, quais foram as ações tomadas e as consequências trazidas pelas ações.

- Situação – Descreve o cenário, o contexto vivido pelo candidato. Explicita as circunstâncias nas quais aquela situação foi vivida, o retrato do cenário antes da tomada de decisão e da ação do candidato, a exemplo de época, momento específico atravessado pela organização ou pelo candidato, números ou indicadores da organização.

- **Ação** – Indica o que o candidato fez. Trata-se da narrativa da intervenção realizada pelo candidato face ao contexto vivido. Permite levantar o comportamento do candidato.
- **Consequência** – Retrata o resultado obtido com a ação, o fechamento da situação, o qual pode ser voltado aos resultados desejados, bem como, também, trazer equívocos e fracassos para o candidato. Perguntas que levantam situações de fracasso permitem avaliar o aprendizado do candidato com tais situações.

A **estrutura das respostas em CAR** instiga o candidato a informar o contexto, a ação e o resultado:

- **Contexto** – É o que estava acontecendo; o cenário; a situação enfrentada pelo candidato – por que fez.
- **Ação** – Refere-se ao que ele fez frente ao desafio apresentado; sua escolha comportamental – o que fez e como fez.
- **Resultado** – Representa o que aconteceu em função de seu comportamento ou decisão; final.

Observe o exemplo a seguir.

Pergunta: qual foi o projeto mais desafiador de que você participou e no qual obteve melhor resultado?	
Resposta do candidato:	
Situação	Estávamos enfrentando uma série de problemas com pequenos acidentes de trabalho. Por mais que o técnico em segurança do trabalho cuidasse da fiscalização de uso de EPIs (equipamentos de proteção individual), bastava ele virar as costas que os funcionários abandonavam seus equipamentos de segurança, alegando desconforto e expondo-se novamente aos riscos da tarefa.

Ação	Percebendo que apenas a supervisão rígida não contribuiria para a sensibilização dos colaboradores e sabendo que alguns deles gostavam muito de cantar e imitar outros colegas nos intervalos de descanso, foi então que tive a ideia de desenvolver junto com esses colaboradores uma peça, com música e outros elementos, para representar os perigos da negligência em segurança no trabalho. Apresentei a ideia ao técnico de segurança da empresa que me ajudou a sistematizar o projeto. Apresentei o projeto aos colaboradores. De pronto, quinze deles aderiram à minha ideia. Ensaiávamos nos intervalos e no nosso tempo livre.
Consequências	Apresentamos a peça na empresa, e o sucesso foi tal que nos convidaram para representá-la em outras empresas também. Os "atores" da peça passaram a gozar de maior prestígio dentro da organização e a funcionar como "âncoras da segurança". Bastava olhar para eles para lembrar da importância da segurança no trabalho. Para nossa alegria, os acidentes de trabalho foram reduzidos em 70%.

A entrevista comportamental com foco em competências tem por fundamento a utilização de perguntas preditivas. E o que isso significa? Significa que o princípio da entrevista comportamental "é investigar o passado do profissional, pois seu princípio tem como base que uma pessoa tem a tendência de apresentar o mesmo comportamento quando exposta, no futuro, ao mesmo estímulo vivenciado", explica Leme (2012, p. 76).

Comportamentos passados informam sobre os comportamentos futuros.

As perguntas utilizadas na entrevista comportamental com foco em competências não podem ser hipotéticas. Uma coisa é o que o indivíduo imagina fazer em uma determinada situação; no entanto, outra é ele descrever de fato como agiu ao passar por essa situação.

A experiência de Jociane, apresentada a seguir, auxilia-nos a compreender o ponto no qual se estabelece a diferença entre o que uma pessoa pensa que faria e como ela realmente se comporta face a esse desafio.

> Jociane, que trabalhava de vendedora em um comércio de roupas no centro de uma cidade interiorana, sempre conversava com suas colegas no intervalo do almoço. Não raras vezes narravam os infortúnios que passavam com seus clientes desrespeitosos, encrenqueiros e beligerantes. Jociane pensava que se alguma daquelas situações acontecesse com ela, seria capaz de perder as estribeiras e até bater no cliente.
>
> Em uma tarde chuvosa, ela estava sozinha atendendo no balcão, pois duas colegas haviam faltado ao trabalho, e uma cliente apareceu. A mulher padecia de uma soberba inenarrável, olhava Jociane de alto a baixo e se dirigia a ela com arrogância e desrespeito. A vendedora, diante da postura deselegante da mulher, abriu um sorriso franco e demonstrou interesse genuíno em ajudar. A mulher, que nos primeiros minutos mostrou-se resistente ao elegante comportamento de Jociane, não tardou a abrir também um sorriso. Ao final do atendimento, a cliente, que estava muito satisfeita, deu um abraço em Jociane e se desculpou pela grosseria, dizendo que estava passando por problemas difíceis.

4.2.3.1 Exemplos de perguntas comportamentais

As informações desta seção são adaptadas dos estudos de Rabaglio (2014, p. 75-86) e apresentam um grupo de competências selecionadas a título de referência e as respectivas perguntas comportamentais. Salientamos que, embora as indicações aqui apresentadas não esgotem as possibilidades de perguntas, oferecem uma referência para que você possa realizar uma entrevista por competências.

- **Administração do tempo** – capacidade de empregar o tempo necessário para cada atividade sem desperdício.

> - Em algum momento de sua carreira profissional, você sentiu que estava sobrecarregado e não estava conseguindo dar conta de seu trabalho?
> - Como você definiu as urgências e as emergências em seu último trabalho?
> - Qual foi a melhor contribuição que você deu para sua equipe eliminar desperdiçadores de tempo?

- Agilidade – capacidade de otimizar as atribuições para cumprir metas de produtividade.

> - Em que tipo de tarefa e situações você conseguiu concluir o trabalho antes do prazo preestabelecido?
> - Houve alguma situação em que você foi cobrado por não conseguir cumprir prazos?
> - Houve algum projeto para o qual você conseguiu antecipar o prazo de conclusão?

- Planejamento/organização – capacidade de dar ordem de prioridade às ações individuais e conjuntas, a fim de garantir qualidade e produtividade; capacidade de ter controle sobre todas as atividades e realizá-las dentro da sequência mais produtiva.

> - Houve alguma situação na qual você obteve sucesso e foi elogiado pela forma como planejou as atividades?
> - Como você gerenciava metas com sua equipe de trabalho?
> - Você já coordenou uma equipe para a realização de algum projeto?
> - Como você age com pessoas desorganizadas?

- Disciplina – capacidade de se organizar para cumprir normas e procedimentos que levem ao atendimento de metas e objetivos.

> - Já ocorreu de você ter sido mencionado com destaque por ter conseguido corresponder às expectativas de um cliente ou da empresa, por ter seguido as normas e os procedimentos definidos?
> - Já aconteceu alguma situação na qual você tenha sido penalizado por transgredir alguma norma da empresa?
> - Houve alguma situação em que uma norma ou política tenha impedido você de realizar um bom atendimento aos clientes?

- Equilíbrio emocional – capacidade de manter a calma diante de situações adversas, sem perder o equilíbrio das emoções; autoconscientização, autocontrole e automotivação.

> - Em qual situação você teve que controlar suas emoções para que não houvesse um descontrole emocional geral das pessoas ao seu redor?
> - Em que momento de sua vida você se sentiu satisfeito por ter evitado que as pessoas ao seu redor perdessem o controle?
> - Houve alguma situação difícil que você administrou com cautela, sem perder o equilíbrio das emoções?

- **Rendimento sob pressão** – capacidade de desenvolver respostas rápidas e encontrar soluções para situações difíceis, diante de fortes pressões.

> - Você já passou por uma situação de muita pressão em que teve de fornecer respostas rápidas ao cliente? Como foi?
> - Existe alguma experiência pela qual você tenha passado em que a pressão o impediu de apresentar uma boa produtividade? Como foi?

- **Flexibilidade** – capacidade de se relacionar com diferentes pessoas, trabalhar com diversas atividades, mudar estratégias e tentar novas possibilidades para atingir resultados.

> - Quais rotinas já foram modificadas por sugestões suas? Como ocorreram as mudanças?
> - Houve alguma situação em que você tenha discordado de uma mudança no seu setor?
> - Você já teve alguma ideia criativa que desenvolveu e aplicou e que tenha trazido retorno positivo para sua área?

- **Proatividade** – capacidade de desenvolver atitudes preventivas capazes de impedir adversidades; capacidade de visualizar oportunidades e resultados.

> - Qual foi a situação crítica na qual você conseguiu prever problemas e ter ações que impedissem um fracasso?
> - Qual foi a situação em que sua visão de futuro o ajudou num projeto importante?

- **Respeito** – capacidade de ter atitudes respeitosas na interação com todos os tipos de pessoas.

> - Houve uma situação na qual, mesmo que tenha se sentindo ofendido, você manteve uma postura de respeito para com o ofensor?
> - Em quais situações você foi elogiado pela forma respeitosa com que trata as pessoas?

- **Saber ouvir** – capacidade de ouvir com atenção, demonstrando interesse e empatia.

> - Você já foi questionado por alguém da sua equipe por falta de tempo para dar atenção? Conte algumas situações ocorridas.
> - Você já foi solidário com os sentimentos de alguém da sua equipe que passava por adversidades? Qual foi a sua atitude?
> - Você já percebeu alguém da sua equipe que estava precisando desabafar e o ouviu com atenção?

- **Administração de conflitos** – capacidade de encontrar soluções positivas a curto, médio e longo prazos, para administrar conflitos e problemas.

> - Você já administrou um conflito e depois disso ficou satisfeito por ter resolvido o problema?
> - Você já passou por um conflito interpessoal no trabalho que comprometia o seu desempenho? De que forma esse conflito foi administrado?
> - Em qual situação você conseguiu ajudar a resolver um conflito com êxito?

- **Tolerância a frustrações** – capacidade de manter o foco e a automotivação frente a condições, pessoas, eventos e resultados que não correspondam às expectativas.

> - Qual foi a situação adversa que o fez desistir de um plano ou uma meta?
> - Houve alguma decepção que o acometeu e que comprometeu o seu desempenho, trazendo prejuízos aos seus resultados?
> - Qual foi o *feedback* mais amargo que você recebeu e de que maneira lidou com ele?

- **Espírito de equipe** – capacidade de cooperar, contribuir, ajudar a equipe ou clientes internos sempre que se fizer necessário para que os objetivos sejam atendidos.

> - Alguma vez você recebeu agradecimentos da equipe por alguma colaboração extra?
> - Em qual situação você presenciou uma indelicadeza do seu cliente com um colega de trabalho e que atitude você teve diante da situação?

- **Comprometimento** – capacidade de desenvolver compromisso com os resultados, de forma a tomar providências necessárias para atingir as metas e os objetivos.

> - Já houve alguma situação em que você tenha assumido a responsabilidade como se fosse o principal responsável? Como foi?
> - Em que situação o excesso de trabalho trouxe consequências negativas para sua vida pessoal?

- **Relacionamento interpessoal** – capacidade de se relacionar de forma produtiva e positiva com diferentes tipos de pessoas na convivência diária, tendo em vista objetivos comuns.

> - Qual foi a maior incompatibilidade que você já teve na vida profissional? Fale a respeito.
> - Quais foram as dificuldades de relacionamento que você já enfrentou e como essas questões foram resolvidas?
> - Quais *feedbacks* positivos você já recebeu de colegas de equipe ou de clientes internos?

Conforme demonstrado nas perguntas apresentadas, a entrevista de seleção com foco em competências requer personalização; isso significa que a pergunta, voltada ao passado, deve investigar a competência específica. Assim, é possível conhecer como o candidato agiu no passado, revelando o grau de desenvolvimento da competência investigada.

Por que fazer perguntas sobre desacertos, fracassos? O que tais perguntas se propõem a investigar? Perguntas sobre desacertos, fracassos, frustrações, ou seja, que remetem a resultados considerados negativos, são grande fonte de identificação sobre o quanto o candidato aprendeu e de que forma este aprendizado pode contribuir para os acertos e a eficácia de outros comportamentos em situações futuras.

4.2.4 Os cuidados na realização da entrevista comportamental com foco em competências

Para realizar a entrevista comportamental com êxito, Rabaglio (2014) destaca os seguintes procedimentos:

- O entrevistador pode sentir-se a vontade e fazer quantas perguntas (SAC/CAR) julgar necessário para investigar os comportamentos que indiquem os grupos de competências.
- Todas as competências de cada grupo devem ser investigadas, uma vez que todo cargo requer um conjunto de competências, e não uma ou outra isoladamente.
- A cada pergunta feita, o entrevistador deverá atribuir um grau, sendo que cada grau tem seu significado.
- Ao final da entrevista, deve somar a quantidade de perguntas que fez para cada grupo de competências e fazer uma média aritmética, a qual apontará o grau que o candidato obteve para cada grupo de competências avaliadas.
- Uma vez identificado o grau obtido pelo candidato, o entrevistador deve compará-lo ao grau exigido pelo cargo, registrado no mapeamento de competências.
- Caso exista compatibilidade entre o perfil do candidato e o do cargo, o entrevistador poderá recomendar sua admissão. Caso seja identificada incompatibilidade, o candidato não deverá ser recomendado.

> O parecer da entrevista comportamental por competências não é um laudo psicológico, uma vez que pode ser realizado por não psicólogos, sendo utilizado não apenas por selecionadores do RH, mas também por gestores das áreas.

4.2.5 A mensuração da entrevista comportamental com foco em competências

De que maneira a mensuração da entrevista comportamental com foco em competências é realizada? O entrevistador atribui graus de 1 a 5 para cada resposta do candidato. Ao identificar o grau mínimo acerca de determinada competência investigada, atribuirá a esta o grau 1; se identificar excelência no comportamento, deverá indicar o grau 5; caso o comportamento do candidato gravite mediano para menos, deverá atribuir grau 2; mediano para mais, grau 4.

O Quadro 4.6 apresenta os critérios para a avaliação da entrevista comportamental com foco em competências.

Quadro 4.6 – **Critérios para a avaliação da entrevista comportamental com foco em competências**

Grau	Significado	Conceito
1	Mínimo	Mínima evidência do grupo de competências no perfil do candidato para o cargo.
2	Regular	Regular evidência do grupo de competências no perfil do candidato para o cargo.
3	Mediano	Média evidência do grupo de competências no perfil do candidato para o cargo.
4	Bom	Boa evidência do grupo de competências no perfil do candidato para o cargo.
5	Excelente	Forte evidência do grupo de competências no perfil do candidato para o cargo.

Fonte: Rabaglio, 2014, p. 61.

Já o Quadro 4.7 apresenta como ocorre o registro dos graus com base nas respostas oferecidas pelo candidato.

Quadro 4.7 – **Avaliação de entrevista comportamental com foco em competências**

Competências necessárias/Perguntas	Critérios/Comentários				
	Forte 5	Boa 4	Média 3	Regular 2	Mínima 1
Equilíbrio emocional 1. Em qual situação você teve que controlar suas emoções para que não houvesse um descontrole emocional geral das pessoas ao seu redor? 2. Em qual momento em sua vida você se sentiu satisfeito por ter evitado que as pessoas ao seu redor perdessem o controle? 3. Houve alguma situação difícil que você tenha administrado com muita cautela, sem perder o equilíbrio das emoções?	Boa evidência (4) O candidato relata ter tido experiências positivas quanto ao assunto em destaque.				
Administração de conflitos 4. Em qual situação seus colegas de trabalho discordavam uns dos outros e você precisou mediar a situação e conduzi-los a uma solução? 5. Você já passou por um conflito interpessoal no trabalho que comprometia o seu desempenho? De que forma foi administrado? 6. Que tipo de conflito você teve maior dificuldade para administrar?	Mínima evidência (1) Candidato não relatou experiências concretas e significativas quanto a esta competência.				
Espírito de equipe 7. Em qual situação que ocorria com frequência em sua área de trabalho a informalidade ajudava na união do grupo? 8. Já houve uma situação na qual você tenha recebido agradecimentos da equipe por alguma colaboração extra? Como foi? 9. Como você agiu ao presenciar uma indelicadeza do seu cliente com um colega de trabalho e qual foi sua postura diante da situação?	Forte evidência (5) O candidato revela ter participado de grupos formais e informais em seu último emprego. Os grupos formais, ligados a grupos de melhorias contínuas e reuniões sempre representando sua área. Reconhecido e premiado por participar dos grupos de avaliação interna, comissão dos eventos festivos da empresa e grupo de voluntariado. Fora do ambiente da empresa, o candidato participa de grupos em sua comunidade e assumiu a responsabilidade de representante de sua turma no período de faculdade.				

O que fornece a média do candidato? Para mensurar a entrevista, o entrevistador deverá somar os graus das perguntas de cada grupo e dividir pelo número de perguntas.

4.3 O entrevistador

Nas seções anteriores, detivemo-nos em apresentar os aspectos técnicos das entrevistas tradicional e comportamental com foco em competências. Mas, para que essas ferramentas de seleção possam sortir o efeito desejado, é imprescindível todo um conjunto de habilidades do entrevistador, o qual desempenha importante papel nas entrevistas de seleção, pois sua postura, seu tom de voz, além da aparência e da forma de conduzir a entrevista, impactam tanto a qualidade das informações obtidas quanto a imagem que o candidato forma sobre a empresa. Aos olhos do candidato, o entrevistador é símbolo e representante da organização.

> Aos olhos do candidato, a postura do entrevistador é a postura da organização.

Para que o entrevistador possa desempenhar o seu papel com profissionalismo, respeito e eficácia, é importante que, em primeiro lugar, ele preste atenção não apenas no candidato, mas também em si mesmo. O entrevistador deve manter-se sempre atento à linguagem não verbal e aos "sinais de alerta" nas respostas verbais dos candidatos. Contudo, deve apresentar a mesma "vigilância" em relação aos filtros perceptivos, que funcionam como lentes pelas quais ele, o entrevistador, observa o mundo e que podem conduzi-lo a julgamentos e avaliações distorcidas sobre o candidato.

4.3.1 As distorções perceptivas e as simplificações no julgamento dos candidatos

Embora a entrevista seja composta por etapas definidas e critérios específicos a serem observados no candidato, não podemos desconsiderar que existe a dimensão subjetiva, a qual passa pelas "lentes" que o entrevistador utiliza para entender o mundo e que podem induzi-lo a equívocos na construção do perfil do candidato.

Cada pessoa interpreta as informações de acordo com o seu patrimônio de referência – o modelo mental –, que é único, por ser formado de experiências, crenças e valores, além do estado emocional. Todos esses elementos determinam a forma como o homem interpreta o mundo a sua volta e o significado daquilo que lhe acontece.

O modelo mental funciona como filtro para captar a realidade, e nem sempre a realidade captada é de fato o que acontece. Wind, Crook e Gunther (2006, p. 36) escrevem que "uma de nossas ilusões mais persistentes – e talvez a mais limitadora – é a crença de que o mundo que vemos é o mundo real. Raramente colocamos em dúvida nossos próprios modelos do mundo até que sejamos forçados a fazê-lo".

Os seres humanos dispõem de cinco sentidos pelos quais experimentam o mundo a sua volta, e as pessoas têm a tendência de confiar cegamente nas percepções como se elas fossem um retrato fiel da realidade. As pessoas reagem àquilo que percebem, mas suas percepções nem sempre refletem a realidade objetiva. Ao interpretar a realidade, o indivíduo tende a distorcê-la, explicam Lotz e Gramms (2014).

> O selecionador deve se habituar a fazer constantemente o exercício de prestar atenção se de fato está enxergando o candidato ou se está emitindo julgamentos e tomando decisões baseado em reflexos distorcidos do seu próprio modelo mental.

Compete ao entrevistador conhecer e manter-se atento a essas "lentes" e às distorções perceptivas, que podem causar equívocos na construção do perfil do candidato; caso contrário, o entrevistador pode se distanciar dos fatos, tecer julgamentos equivocados, resultando em consequências desastrosas na avaliação do candidato.

O Quadro 4.8 apresenta as distorções perceptivas que levam às simplificações no julgamento dos candidatos.

Quadro 4.8 – **Distorções perceptivas**

Distorções perceptivas	Características
Percepção seletiva	As pessoas interpretam seletivamente o que veem, com base em seu modelo mental, seus próprios interesses, suas atitudes e suas experiências.
Projeção	É a atribuição de características próprias a outras pessoas. A projeção é inconsciente.
Efeito de halo	É a construção de uma impressão geral de um indivíduo, a partir de uma característica apenas.
Estereotipagem	É o juízo formulado a respeito de alguém segundo o critério de percepção própria do grupo ao qual essa pessoa pertence.
Efeito de contraste	É a avaliação das características de uma pessoa afetada pela comparação com outra recentemente encontrada. Uma pessoa é qualificada ou desqualificada não com base em suas próprias características, mas em comparação com as características de outra pessoa.

Fonte: Elaborado com base em Robbins, 2002.

A entrevista é uma etapa decisiva para a escolha do candidato que preencherá a vaga em aberto ou que prosseguirá no processo seletivo. Contudo, Robbins (2002, p. 125) explica que os entrevistadores

> costumam criar impressões antecipadas, que se tornam rapidamente resistentes. Se alguma informação negativa surge no início da entrevista, ela tende a ter um peso maior do que se surgisse no final. A maioria das decisões dos entrevistadores pouco muda depois dos primeiros quatro ou cinco minutos de entrevista.

Enfatizamos, portanto, que as impressões registradas pelo entrevistador no início da entrevista tendem a influenciar sua percepção ao longo de toda a entrevista. O entrevistador deve se disciplinar e ter sempre em mente que, ao realizar uma entrevista, sua busca é pelo candidato cujas características são compatíveis ao desempenho do cargo, e não pelo por aquele cujos valores se afinam com os seus.

4.3.2 O olhar sobre a linguagem não verbal

Suas palavras amigáveis não significam nada se seu corpo parece dizer algo diferente
(Borg, 2011, p. 129).

Tão importante quanto manter-se em vigilância em relação aos temas trabalhados na seção anterior é o entrevistador estar sempre atento a uma linguagem profunda, sublime e verdadeira, que é a linguagem não verbal.

> **O corpo fala?**
> O corpo comunica as **emoções** por meio da linguagem não verbal. Cada gesto – inclinação do tronco, ritmo de respiração, movimento da mão, posição do pé etc. – faz parte da linguagem corporal, que surgiu muito antes da linguagem verbal e é uma das mais importantes formas de comunicação entre as pessoas.

Existem duas linguagens fundamentais que possibilitam a relação entre as pessoas: a linguagem verbal, constituída por palavras que transmitem informações e dados; e, paralela a esta, a linguagem não verbal, a qual dá vida às palavras pronunciadas porque expressa as emoções mais profundas e verdadeiras. Esta linguagem aparece nos gestos, nas posturas e também no silêncio (Guglielmi, 2011).

Os estudos de Mehrabian e Ferris (1967) sugerem que a linguagem da emoção é transmitida 7% por meio de palavras, 38% pelo tom de voz e 55% pela linguagem geral do corpo.

> É importante que o entrevistador cuide do tom de voz que utilizará para conduzir a entrevista e procure suspender o seu juízo de valor a respeito do candidato, sob pena de manifestar expressões faciais que comuniquem desaprovação do que for informado pelo candidato.

Quando o entrevistador se mantém atento à linguagem não verbal do candidato, detecta sinais de desconforto, nervosismo, timidez etc. Ao captar tais sinais, é elegante que ele procure criar uma atmosfera que permita ao entrevistado se sentir mais à vontade.

O entrevistador sensível à leitura da linguagem não verbal do candidato pode também detectar incongruência nas respostas – quando o que é verbalizado aponta para uma direção contrária ao que é comunicado pela linguagem não verbal.

Entretanto, deve haver muito cuidado! Preocupa-nos a banalização e a leitura superficial da linguagem corporal. **Leitura da linguagem corporal é diferente de estabelecer julgamentos,** que na maioria das vezes são inconsistentes e errôneos.

A leitura da comunicação não verbal requer a observação atenta de um conjunto de elementos – contexto, conjunto, congruência, consistência e cultura – antes de se tomar como verdadeira uma proposição acerca de um gesto, um olhar ou uma postura corporal do candidato (Goman, 2010).

4.3.3 Os sinais de alerta a serem observados pelo entrevistador

Sinais de alerta são pontos levantados na entrevista que podem indicar aspectos delicados sobre a conduta de um candidato. Entre um universo de grande diversidade de sinais de alerta que o entrevistador pode captar em uma entrevista, vamos comentar acerca dos candidatos que demonstram lócus de controle externo (falam mal da empresa anterior, chefe ou colegas de trabalho; mentem no currículo), além de abordar aspectos importantes como o uso de gírias e palavrões, vestimentas e condutas inadequadas.

* Lócus de controle externo

Lócus é uma palavra que tem origem no latim e significa "local". Já a palavra *controle* significa "comando", "estar na direção". As pessoas com lócus externo percebem seus resultados como fruto de fatores diversos, que independem de sua vontade, seja sorte, seja outras pessoas e situações. Esse filtro de referência revela um comportamento com a tendência a não assumir responsabilidades, o que pode ser bastante comprometedor para o desempenho do cargo (Pasquali; Alves; Pereira, 1998).

Observe o exemplo a seguir:

> Entrevistador: – Por quais razões você deixou seu último emprego?
> Candidato: – Por que meu chefe nunca me dava *feedback*, os colegas de trabalho não me informavam de prazos de entrega dos relatórios e só quem era amigo do chefe se destacava.

Observe que as respostas do candidato deslocam a responsabilidade sempre para o outro. Perceba como poderia ser diferente se, em vez de responsabilizar os colegas por não passarem os prazos de entrega do relatório, ele mesmo procurasse se informar? E se, em vez de atribuir a responsabilidade ao chefe sobre a melhoria de desempenho, ele buscasse informação a respeito de como o resultado de seu trabalho estava sendo percebido e elencasse estratégias para se aprimorar?

Ao ser questionado sobre diversas situações, o candidato se coloca sempre na posição de vítima – a culpa é sempre dos outros, e a abordagem é reativa. A pessoa com lócus de controle externo não se dá conta de que entre um estímulo (algo que acontece) e uma resposta (um comportamento) existe a possibilidade de fazer uma escolha. Esse comportamento provoca acomodação e frustrações. Para ilustrar o lócus externo, apresentamos a frase de Pubilius Syrus, filósofo: "Tolo é aquele que mesmo tendo naufragado duas vezes o seu navio continua culpando o mar" (Costa, 2010, p. 66).

- Falar mal

Pessoas com lócus de controle externo também tendem a falar mal de ex-empresas, ex-chefes e ex-pares. Observe o exemplo a seguir.

> Entrevistador: – Por qual motivo você foi desligado de seu emprego anterior?
> Candidato: – Olha, porque eu era muito mais competente do que o meu chefe. Ele tinha inveja de mim. Um mal-amado, estúpido! De que jeito eu ia saber se precisava melhorar se ele nunca me dava *feedback*? Os meus colegas de trabalho, um bando de puxa-sacos, faziam de tudo para sabotar o meu trabalho. Não me informavam as datas de entregas dos relatórios, não me diziam o que era a minha parte no trabalho. Enfim, eles eram desorganizados. Nunca vi tanta gente perigosa, cobras mesmo, trabalhando num lugar só!

Talvez, o que o candidato do exemplo não tenha percebido é que, ao tecer comentários negativos a respeito de outrem, ele está denegrindo sua própria imagem.

É atribuída a Sigmund Freud, proeminente médico neurologista e criador da psicanálise, a seguinte frase: "O homem é dono do que cala e escravo do que fala. Quando Pedro me fala de Paulo, sei mais sobre Pedro que de Paulo" (Instituto Ahau, 2015). Portanto, falar mal é um importante sinal de alerta, não em relação a quem são dirigidos os comentários, mas em relação ao próprio candidato, uma vez que, em sua fala, ele está evidenciando o seu modelo mental.

- Mentiras

O candidato, em uma tentativa desesperadora de ser chamado para uma entrevista, pode exagerar em suas qualificações, comumente no quesito domínio de idiomas. A história de Antonio Carlos é um bom exemplo para ilustrar as consequências da mentira.

> Antonio Carlos acabou de se formar em Engenharia de Produção. Durante todo o período de faculdade, por diversas vezes ele foi alertado por seus professores sobre a importância do domínio de outro idioma, sobretudo o inglês, como passaporte para uma boa colocação no mercado de trabalho. Antonio Carlos sempre teve consciência de que seu inglês básico não atendia aos requisitos solicitados pelas empresas para o cargo que almejava. Semana após semana, muitas vagas surgiam, mas todas com a mesma exigência: inglês fluente.
>
> Foi então que se deu conta de que se não tomasse uma atitude urgente jamais seria convocado para uma entrevista – ser convocado a uma era tudo de que precisava! Antonio Carlos estava convicto de que, se o conhecessem, com certeza iriam se simpatizar com ele, e a fluência em inglês não passaria de um mero detalhe a ser resolvido depois.
>
> Antonio Carlos não pensou duas vezes, foi até o computador, abriu seu currículo e modificou o item "idiomas", de inglês básico para inglês fluente. Confiante, enviou o seu currículo para a empresa cuja vaga há muito tempo desejava. Dois dias depois, foi convocado para uma entrevista.
>
> Foi uma surpresa para ele quando a entrevistadora já o recepcionou falando inglês. Nenhuma palavra era proferida em português! Antonio Carlos ficou muito embaraçado e não teve a mínima condição de permanecer na entrevista. Não havia motivo para continuar aquela tortura.
>
> A entrevistadora, percebendo o desconforto da situação, deu a entrevista por encerrada e elegantemente lhe agradeceu pela presença. Antonio Carlos saiu da sala se sentindo arrasado e aprendeu amargamente a excelente lição de que "a mentira tem pernas curtas".

Uma vez detectada a mentira – seja no currículo, seja na contradição em que o candidato cai ao responder às perguntas na entrevista –, há uma quebra imediata de confiança. Contratar um candidato em quem não se confia ou de quem se suspeita não ter uma conduta ilibada não é nada interessante para a organização.

- Uso de gírias e palavrões

Muitas pessoas incorporam palavras em seu dia a dia como forma de vínculo e identificação com o grupo social ao qual pertençam. Outras se utilizam de palavrões como uma maneira natural de autoexpressão.

A entrevista de seleção é um evento formal e, como tal, pede decoro e postura adequados para a ocasião. O candidato que se utiliza de palavrões ou gírias apresenta um repertório vocabular empobrecido, fato que pode torná-lo inadequado para a vaga.

- Apresentação inadequada

A apresentação pessoal é importante; pertence à comunicação não verbal. Não se trata de o candidato apresentar-se com roupas novas e na moda, mas as roupas devem estar limpas, assim como o cabelo penteado e as unhas devidamente aparadas.

Outro aspecto a observar são excessos nos trajes, sobretudo no feminino, a exemplo de fendas, decotes, transparências, perfumes e maquiagem em excesso. O colaborador é um símbolo da organização, por isso, deve apresentar compatibilidade com a imagem dela.

- Condutas inadequadas

Alguns candidatos – seja em função da personalidade, seja em razão do nervosismo – tendem a fazer piadas ou demonstrar excessiva intimidade com o entrevistador. Outro aspecto a se observar é o uso do celular, pois durante a entrevista é importante que o candidato deixe o celular desligado ou em modo silencioso.

Outros sinais também podem colocar o entrevistador em alerta, como: chegar atrasado para a entrevista, estar excessivamente nervoso e gesticular freneticamente e responder laconicamente às perguntas do entrevistador. Entretanto, esses pontos podem não ser tão alarmantes quanto os que citamos anteriormente (apresentação e conduta inadequadas; lócus de controle externo; mentiras no currículo; falar mal de organizações e/ou pessoas).

Os pontos levantados nesta seção não se prestam a fundamentar julgamentos ou juízo de valor sobre os candidatos. Um candidato pode se atrasar por ter ficado preso em um congestionamento de trânsito, o que não faz dele um irresponsável. Ou então, por timidez, não fazer contato visual com o entrevistador, o que não faz dele uma pessoa pouco confiável.

Cabe ao entrevistador primar sempre pelo bom senso, sob pena de incorrer em pareceres equivocados por utilizar elementos superficiais e estereotipados.

4.3.4 Considerações gerais sobre o entrevistador e a entrevista

Para que o entrevistador possa construir uma excelente imagem da organização junto ao candidato e atuar com profissionalismo, respeito e elegância, Chiavenato (2015) faz as seguintes recomendações:

- **Definir um plano de entrevista e padronize as perguntas a serem feitas** – O entrevistador deve elaborar um roteiro para investigar os candidatos, sem discriminação, e verificar os requisitos da vaga, o currículo do candidato e realizar outros testes.
- **Estabelecer e manter relacionamento cordial com o candidato** – É importante que o entrevistador seja gentil com o candidato, explique o propósito da entrevista, mostre interesse no que o entrevistado fala, ouça e entenda, para ter a visão geral do candidato.
- **Utilizar perguntas eficazes** – As questões devem ser objetivas para que as respostas também o sejam.
- **Prestar atenção em aspectos não verbais** – Deve ser avaliada a maneira como se comporta o candidato (postura, gestos, expressões faciais, movimentos, emoção e reação às perguntas).
- **Separar fatos de deduções** – É importante registrar as informações que o candidato traz e compará-las com as de que dispõe.

- **Reconhecer seus próprios preconceitos e estereótipos** – O entrevistador deve ser imparcial quanto às questões de idade, raça, sexo, religião, entre outras.
- **Proporcionar informações livres e honestas** – O entrevistador deve responder francamente às perguntas do candidato e ser realista quanto ao futuro deste na organização.

Quando o entrevistador domina essas práticas, não só trata com respeito e dignidade o profissional que está à sua frente em busca de uma oportunidade, mas também refina suas habilidades, obtendo melhores resultados em seu trabalho. O entrevistador que assim age apresenta as seguintes evidências de estar bem preparado para conduzir uma entrevista de seleção:

- escuta ativamente e apresenta uma postura respeitosa durante todo o tempo da entrevista;
- oportuniza que o candidato fale durante 70% a 80% do tempo da entrevista;
- permanece à vontade com os silêncios do candidato, mantendo uma postura respeitosa e calma até que este comece a falar;
- oferece informações sobre a vaga, até certificar-se de que o candidato atende às especificações do cargo.

Com essas considerações, encerramos este capítulo. Agora você está munido de conhecimentos para que possa realizar uma entrevista eficaz. Lembramos que a competência para realizar entrevistas de seleção é desenvolvida com a prática e com o desejo de aprimoramento constante.

Síntese

Neste capítulo, você aprendeu sobre a entrevista tradicional e a entrevista comportamental com foco em competências. A entrevista tradicional tem por objetivo conhecer o candidato, investigando as dimensões pessoal, profissional, social e educacional. A entrevista comportamental com foco em competências, que investiga as competências específicas necessárias para o desempenho de determinado cargo, tem por característica perguntas voltadas ao passado, denominadas perguntas SAC – referentes a *situação, ação* e *consequências.*

Além disso, você também adquiriu conhecimentos sobre a conduta do entrevistador, os julgamentos, o *rapport* e a importância de observar a comunicação não verbal, bem como os sinais de alerta emitidos pelo candidato no momento da entrevista.

> **Para saber mais**
>
> OS ESTAGIÁRIOS. Direção: Shawn Levy. EUA: Fox Filmes, 2013. 119 min.
> Para ampliar a sua visão sobre os temas abordados neste capítulo, sugerimos que você assista ao filme **Os estagiários**. Nele, os personagens centrais da trama, que chegaram à meia-idade, vão concorrer a vagas numa das maiores e melhores empresas para se trabalhar, disputando a colocação com vários candidatos jovens. O processo seletivo é realizado por meio de uma gincana, em que os participantes precisam se inter-relacionar e se adaptar à cultura e aos processos da empresa.

Questões para revisão

1. A entrevista por competências é uma modalidade cujo objetivo é identificar as competências que o profissional efetivamente deve apresentar para desempenhar com excelência suas funções. O modelo de competência está baseado em três dimensões, conhecido como CHA, que significa:

    a) Conhecimento, habilidade e ação.
    b) Contexto, habilidade e ação.
    c) Conhecimento, habilidade e atitude.
    d) Conteúdo, habilidade e atitude.
    e) Conhecimento, habilitação e atitude.

2. Todo profissional de seleção precisa ter cuidados com as distorções no processo de entrevista, pois quanto mais fiel ele for à interpretação, menor será a possibilidade de equívocos. Algumas distorções, denominadas *simplificações da percepção*, podem influenciar na avaliação do entrevistador. Com base no exposto e no que você estudou neste capítulo, relacione a primeira coluna com a segunda coluna.

1. Percepção seletiva
2. Projeção
3. Efeito halo
4. Estereotipagem
5. Efeito contraste

( ) É o juízo formulado a respeito de alguém segundo o critério de percepção própria do grupo ao qual essa pessoa pertence.

( ) Refere-se à construção de uma impressão geral de um indivíduo com base em apenas uma característica.

( ) Diz respeito à avaliação das características de uma pessoa afetada pela comparação com outra recentemente encontrada. Uma pessoa é qualificada ou desqualificada não com base em suas próprias características, mas em comparação com as características de outra pessoa.

( ) As pessoas interpretam seletivamente o que veem, com base em seu modelo mental, seus próprios interesses, suas atitudes e experiências.

( ) É a atribuição de características próprias a outras pessoas. A projeção é inconsciente.

Marque a alternativa que apresenta a sequência correta de cima para baixo:

a) 4, 3, 5, 1, 2.
b) 4, 2, 1, 5, 3.
c) 5, 3, 2, 4, 1.
d) 2, 4, 5, 3, 1.
e) 1, 5, 3, 4, 2.

3. Para realizar uma entrevista, é necessário que haja preparo e definição das etapas dessa técnica. Quais são as etapas de uma entrevista de seleção?

   a) Pesquisa, abertura, planejamento, troca e fechamento.
   b) Planejamento, abertura, pesquisa, troca, fechamento e síntese.
   c) Planejamento, pesquisa, troca, fechamento e síntese.
   d) Abertura, pesquisa, troca, fechamento e síntese.
   e) Planejamento, troca, pesquisa e fechamento.

4. Ana Caroline está elaborando um roteiro para entrevistar candidatos ao cargo de enfermeiro para o hospital em que ela trabalha. Que tipo de entrevista Ana pode utilizar para esse cargo?

5. A entrevista de seleção é uma das técnicas mais utilizadas nos processos seletivos. Que razões justificam essa afirmação?

Questões pra reflexão

1. Em todas as entrevistas, além da linguagem verbal, o candidato traz outros sinais que também devem ser observados pelo entrevistador. Quais sinais são estes?

2. Leia o texto a seguir:

> A técnica de entrevista apresentada é denominada entrevista por competência porque é baseada na premissa de que o comportamento passado do candidato pode nos dar dicas sobre seu comportamento futuro.
>
> Partindo desse pressuposto o entrevistador procurará, através dessa técnica de entrevista, coletar exemplos de situações vividas pelo candidato, procurando saber o que ele fez, sentiu e pensou e quais os resultados da sua ação em determinada situação.
>
> Para planejar a entrevista por competência, o selecionador deve ter em mãos o perfil de competências, que ajudará na elaboração de perguntas específicas para investigar cada atributo ou competência.

Fonte: Felippe, 2015.

Com base na leitura do texto, que metodologia deve ser utilizada para se chegar ao perfil de competência necessária para um cargo? Justifique.

5 O processo de contratação

Conteúdos do capítulo:
- Os trâmites legais que envolvem a contratação do colaborador.
- A Consolidação das Leis do Trabalho (CLT).
- A relação entre empregador e empregado.
- O contrato de trabalho.
- O registro do novo colaborador.
- O *kit* admissão.
- Os exames admissionais e os exames complementares.

Após o estudo deste capítulo, você será capaz de:
1. compreender as contribuições da Consolidação das Leis do trabalho (CLT);
2. entender os trâmites legais para a contratação do colaborador;
3. explicar a relação entre empregador e empregado;
4. discriminar os tipos de contrato;
5. compreender a importância de fazer a contratação acatando rigorosamente os ditames da lei;
6. listar os documentos necessários para o registro do colaborador;
7. apresentar a estrutura do processo de registro do novo colaborador;
8. listar os exames a serem realizados na etapa de admissão.

> *O mundo não poderá tomar um novo caminho se não conseguir uma união íntima da técnica e da moral.*
>
> Theodor Plievier

Este é um capítulo destinado aos trâmites legais da contratação e tem por objetivo, além de apresentar as etapas legais para a contratação do novo colaborador, enfatizar a importância de a empresa contratante observar esses aspectos. A primeira etapa do capítulo apresenta considerações sobre a Consolidação das Leis do Trabalho (CLT) e os aspectos que caracterizam a relação de trabalho e emprego e a relação entre empregador e empregado; a segunda etapa é destinada ao registro dos colaboradores; e a terceira etapa versa sobre os exames admissionais e os exames complementares.

5.1 A importância do atendimento aos trâmites legais no processo de contratação

No contexto atual, é imprescindível que as organizações deem especial atenção para a gestão do capital humano. Sabemos que um olhar atento passa, sobretudo, pelo atendimento dos trâmites legais e burocráticos que regem as relações entre empregado e empregador.

É importante lembrar que, no manuseio da legislação, "uma lei aparentemente clara, pode conter sentidos que não se revelam em uma primeira leitura" (Rosa, 2015). Essa afirmação gera um alerta para que o empregador e o profissional de recursos humanos (RH) mantenham-se muito atentos à importância de tomar decisões com base em **informações**, em detrimento de suposições.

Além disso, é fortemente recomendável que as organizações adotem ferramentas e procedimentos que permitam o constante e correto acompanhamento das relações estabelecidas entre empregados e empregadores, a fim de estabelecer um ambiente favorável e propício ao adequado e eficaz e desempenho empresarial.

A observância da lei, além de proteger o colaborador, uma vez que estabelece e preserva os direitos e os deveres das partes envolvidas, também isenta a organização de pesadas multas caso ela esteja em dia com o cumprimento da lei.

> É **imprescindível** que as organizações e os profissionais de RH tenham conhecimento e clareza acerca dos direitos e deveres que regem as relações entre o empregador e o empregado. Essas relações estão dispostas na CLT.

5.2 A CLT

O que é a CLT?

> CLT significa *Consolidação das Leis do Trabalho*. É a lei que rege as relações individuais e coletivas de trabalho.

A CLT foi instituída por meio do Decreto-Lei n. 5.452/1943 (Brasil, 1943) e sancionada pelo então presidente Getúlio Vargas. A Figura 5.1 é um registro de 1º de maio de 1943, quando 40 mil pessoas participaram de um evento no Estádio de São Januário, no Rio de Janeiro, no qual o presidente Getúlio Vargas assinou o Decreto-Lei que instituiu a CLT (SINDPD, 2015).

Figura 5.1 – **Evento de assinatura do Decreto-Lei que instituiu a CLT**

Fonte: **SINDPD, 2015.**

A CLT é um documento que unificou toda a legislação trabalhista então existente no Brasil, fruto de 13 anos de trabalho – desde o início do Estado Novo até 1943 – de destacados juristas, que se empenharam em criar uma legislação trabalhista que atendesse à necessidade de proteção do trabalhador.

A CLT trata dos seguintes temas:

- registro do trabalhador/carteira de trabalho;
- jornada de trabalho;
- período de descanso;
- férias;
- medicina do trabalho;
- categorias especiais de trabalhadores;
- proteção do trabalho da mulher;
- contratos individuais de trabalho;
- organização sindical;
- convenções coletivas;
- fiscalização;
- Justiça do Trabalho e processo trabalhista.

Embora a CLT tenha passado por diversas alterações ao longo do tempo, para acompanhar as nuances da modernidade, continua a ser o principal instrumento para regulamentar as relações de trabalho e proteção aos direitos dos trabalhadores (Zanluca, 2015).

5.2.1 As relações de trabalho e de emprego e a construção do vínculo empregatício

A relação de trabalho expressa qualquer natureza de prestação de serviços, seja de trabalhador registrado pela organização, seja de trabalhador autônomo e eventual sem vínculo empregatício.

A relação de emprego envolve a existência do empregador e do empregado. O empregador, segundo o art. 2º da CLT (Brasil, 1943), é "a empresa, individual ou coletiva, que, assumindo os riscos da atividade econômica, admite, assalaria e dirige a prestação pessoal de serviço". O parágrafo 1º do mesmo artigo cita, ainda, que são considerados empregadores "para os efeitos exclusivos da relação de emprego, os profissionais liberais, as instituições de beneficência, as associações recreativas ou outras instituições sem fins lucrativos, que admitem trabalhadores como empregados." (Brasil, 1943). O empregado é definido, segundo a CLT, art. 3º, do seguinte modo: "Considera-se empregado toda pessoa física que prestar serviços de natureza não eventual a empregador, sob a dependência deste e mediante salário." (Brasil, 1943).

A relação de emprego é caracterizada pela existência de vínculo empregatício. Para a formação do vínculo empregatício, devem estar presentes quatro requisitos coexistentes: 1) pessoalidade; 2) habitualidade; 3) onerosidade; 4) subordinação.

- Pessoalidade – Trata-se do caráter pessoal da obrigação trabalhista, ou seja, é obrigação do contratado prestar serviços para o contratante. Esse requisito trata como intransferível a prestação de serviços assumida pelo empregado, sob pena de descaracterização do vínculo empregatício.
- Habitualidade – É a regularidade no desenvolvimento da atividade em prol do empregador.
- Onerosidade – Refere-se ao recebimento de salários em troca dos serviços prestados.
- Subordinação – Diz respeito à sujeição do empregado às ordens do empregador em virtude do contrato de trabalho. O empregado está submetido às diretrizes estabelecidas pelo empregador, que determinam o dia, a hora, o lugar, a forma, o modo e o tempo da execução da atividade, seja esta dentro ou fora da empresa. A subordinação jurídica é o requisito de maior relevância na definição da relação de emprego. É a chave de acesso do empregado aos direitos trabalhistas.

A organização que cumpre os ditames da lei, além de proteger o colaborador, protege, sobretudo, a si mesma, pois alegar desconhecimento não a isentará de responder pelo fato de não estar em consonância com a legislação.

5.3 O contrato de trabalho e os deveres de empregador e empregado

O que é o contrato de trabalho? Trata-se de um instrumento bilateral que provém da livre manifestação entre as partes e, "uma vez assinado pelos contratantes ou seus representantes, na forma prevista na legislação, passa a ser um instrumento jurídico que obriga os contratantes ao seu cumprimento", explica Kury (2004, p. 78).

O contrato de trabalho, que tem por elementos norteadores a habitualidade, a subordinação, a consensualidade e a onerosidade, pode ser acordado tácita ou expressamente, verbalmente ou por escrito e por prazo determinado ou indeterminado.

- Contrato de trabalho por tempo indeterminado – Não tem data prevista para acabar.
- Contrato de trabalho por tempo determinado – Tem vigência prefixada, ou seja, o trabalhador já sabe quando irá terminar.

Esse tipo de contrato não pode durar mais de dois anos e deve estar enquadrado em uma das hipóteses de que trata o art. 443 da CLT, Decreto-Lei n. 5.452/1943:

> a) de serviço cuja natureza ou transitoriedade justifique a predeterminação do prazo; (Incluída pelo Decreto-Lei nº 229, de 28.2.1967)
> b) de atividades empresariais de caráter transitório; (Incluída pelo Decreto-Lei nº 229, de 28.2.1967)
> c) de contrato de experiência. (Incluída pelo Decreto-Lei nº 229, de 28.2.1967) (Brasil, 1943)

Caso o trabalhador venha a ser desligado da organização antes do término do contrato por prazo determinado, sem justa causa, o empregador deverá pagar uma indenização no valor da metade dos salários devidos até o fim do contrato.

O contrato de trabalho temporário, de acordo com a Lei n. 6.019/1974 (Brasil, 1974b) e com o Decreto 73.841/1974 (Brasil, 1974a), é aquele que atende às situações de acréscimo extraordinário de serviços e à necessidade transitória de substituição de pessoal regular e permanente, por motivo de cobertura de férias, licença-maternidade, afastamentos e demais situações contidas em lei.

O contrato temporário só pode ser utilizado em situações especiais, com duração máxima de três meses, entre a empresa de trabalho temporário e a empresa tomadora de serviço, para o mesmo empregado temporário, salvo autorização da autoridade competente, e deve ser feito por empresas cadastradas no Ministério do Trabalho e Emprego (MTE).

Contrato é um acordo voluntário e lícito, entre duas ou mais pessoas, físicas ou jurídicas, que se atribuem direitos e obrigações.

De acordo com o Ministério Público do Trabalho (MPT, 2015), são **deveres do empregador**:

- Assinar a Carteira de Trabalho e Previdência Social (CTPS) do empregado.
- Pagar salário, nunca inferior ao mínimo, e sem atrasos (até o 5º dia útil após o mês trabalhado).
- Pagar hora extra, com adicional, no mínimo, de 50% acima da hora normal.
- Pagar todas as parcelas econômicas devidas quando acabar o contrato.
- Respeitar o repouso semanal remunerado do empregado, as pausas legais durante o trabalho, especialmente para descanso e alimentação, bem como o intervalo entre uma jornada e outra, que deve ser de, no mínimo, 11 horas.
- Oferecer aos empregados ambiente de trabalho adequado e seguro (iluminação, móveis, máquinas, equipamentos de proteção, condições de higiene, ferramentas, entre outros).
- Não discriminar em razão da cor, raça, sexo, ideologia, deficiência ou religião, nem exigir da mulher teste de gravidez.
- Respeitar todos os direitos dos trabalhadores garantidos na Constituição Federal, na CLT, nas demais Leis Trabalhistas, bem como aqueles previstos em acordos ou convenções coletivas de trabalho.

Segundo o MPT (2015), são **deveres do empregado**:

- Trabalhar com dedicação, zelo, atenção e boa-fé.
- Acatar e cumprir as ordens do serviço.
- Ser assíduo e pontual.
- Fazer exames médicos e usar medidas de proteção, evitando danos e acidentes pessoais ou com colegas de serviço.
- Respeitar os chefes e os colegas.
- Ser fiel aos segredos da empresa.
- Manter sempre limpos os ambientes que utilizar.
- Não estragar o material de trabalho.
- Utilizar os equipamentos de proteção individual.

Uma vez compreendidos os tipos de contrato e os deveres que regem o trabalhador e empregador, vamos nos voltar aos trâmites burocráticos imprescindíveis para realizar o registro do trabalhador.

5.4 O registro do colaborador

Onde há dignidade senão onde há honestidade?
Marcus Cícero

O registro do colaborador é feito em documentos internos e também na Carteira de Trabalho e Previdência Social (CTPS). O art. 41 da CLT (Brasil, 1943) dete=rmina que, em todas as atividades, será obrigatório para o empregador o registro dos respectivos trabalhadores, podendo ser adotados livros, fichas ou sistema eletrônico gerado por *software* de gestão de pessoas.

> O **registro do empregado** deverá ser efetuado a partir do momento em que ele começa a prestar serviço, não sendo permitido ao empregador manter empregados em seu quadro sem registro mesmo que seja por um dia.

O art. 2º da Portaria n. 3.626/1991 (Brasil, 1991) determina que, independentemente do sistema adotado pelo empregador, "o registro de empregados deverá estar sempre atualizado e numerado sequencialmente por estabelecimento, cabendo ao empregador ou seu representante legal a responsabilidade pela autenticidade das informações nele contidas".

O art. 1º da Portaria n. 3.626/1991 (Brasil, 1991) estabelece o seguinte:

> Art. 1º O registro de empregados, de que trata o art. 41 da CLT, conterá obrigatoriamente as seguintes informações:
>
> I – identificação do empregado, com número e série da Carteira de Trabalho e Previdência Social ou número de Identificação do Trabalhador;
>
> II – data de admissão e demissão;
>
> III – cargo ou função;
>
> IV – remuneração e forma de pagamento;
>
> V – local e horário de trabalho;
>
> VI – concessão de férias;
>
> VII – identificação da conta vinculada do FGTS e da conta do PIS/PASEP;
>
> VIII – Acidente de trabalho e doença profissional, quando tiverem ocorrido.

O registro do trabalhador implica também o preenchimento da CTPS. O art. 29 da CLT (Brasil, 1943) dispõe que a CTPS será "obrigatoriamente apresentada, contra recibo, pelo trabalhador ao empregador que o admitir, o qual terá o prazo de quarenta e oito horas para nela anotar, especificamente, a data de admissão, a remuneração e as condições especiais, se houver".

Figura 5.2 – Modelo de contrato na carteira de trabalho

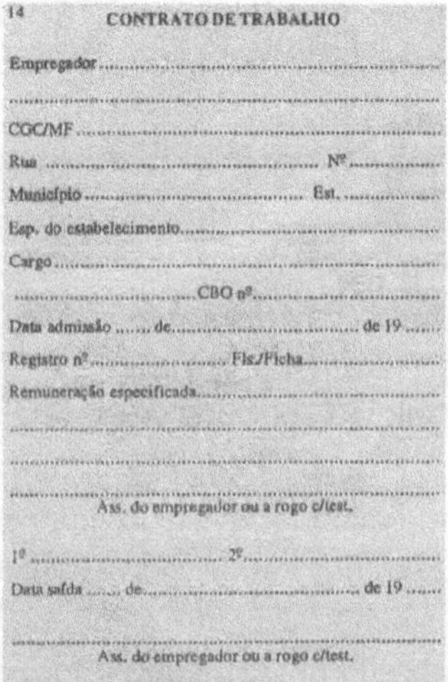
14 CONTRATO DE TRABALHO

Empregador ....

....

CGC/MF ....

Rua .... Nº ....

Município .... Est. ....

Esp. do estabelecimento ....

Cargo ....

.... CBO nº ....

Data admissão .... de .... de 19 ....

Registro nº .... Fls./Ficha ....

Remuneração especificada ....

....

....

....

Ass. do empregador ou a rogo c/test.

1º .... 2º ....

Data saída .... de .... de 19 ....

....

Ass. do empregador ou a rogo c/test.

1º .... 2º ....

Com. Dispensa CD Nº ....

Crédito: Reprodução

> Siglas que o profissional de RH precisa conhecer:
> - CGC/MF – É o CNPJ da empresa.
> - CBO – É o número do cargo no Ministério do Trabalho.

Na página do contrato de trabalho, o empregador deve registrar os dados da empresa, o cargo, a data de admissão e a remuneração específica. Caso o candidato tenha registro em outra empresa, é importante averiguar se foi dada a baixa desse registro anterior.

Caso a empresa contratante identifique que a empresa anterior não deu baixa na carteira, deve informar o colaborador. Muito embora o fato de o empregador anterior não ter dado baixa na carteira não impeça a contratante de fazer o registro, ainda assim o colaborador pode ter problemas com os seguintes itens:

- movimentação da conta do Fundo de Garantia por Tempo de Serviço (FGTS), no caso de a demissão anterior ter sido por iniciativa do empregador sem justa causa;
- aplicação do FGTS na aquisição da casa própria ou abatimento de um financiamento habitacional em aberto;
- aposentadoria;
- habilitação do seguro-desemprego.

Figura 5.3 – **A carteira de trabalho**

Um trabalhador pode ter dois registros em carteira, ou seja, trabalhar em duas empresas? Pode ocorrer que o colaborador trabalhe em outras empresas, desde que preste serviço em horários diferentes.

O registro de novo colaborador é um processo burocrático. Para cumprir com os trâmites, a organização deve providenciar comprovantes de recebimento e entrega de documentos.

A empresa deve oferecer ao novo colaborador um comprovante de recebimento dos documentos, o qual atestará que a carteira de trabalho está sob a posse dela. Também deve constar o registro da devolução assinado pelo trabalhador, isentando, assim, a organização de responder por documentos que já não estejam mais sob seus cuidados.

Vale salientar que a Lei n. 5553/1968 impede a retenção de documentos originais e até mesmo fotocópias autenticadas ou públicas dos empregados. A organização tem um prazo de 48 horas para devolver a carteira de trabalho ao novo colaborador.

> A documentação do colaborador só deve ser solicitada após a decisão de admissão por parte da organização.

Uma vez definida a contratação do novo integrante, a empresa deve solicitar um conjunto de documentos para que possa proceder com o registro.

Todos os documentos que o trabalhador encaminhará para a empresa para o seu registro devem ser originais?

Alguns dos documentos apresentados pelo colaborador devem ser originais, ao passo que outros podem ser fotocopiados, desde que estejam legíveis.

- Documentos originais:
    - CTPS com a baixa do último registro e espaço para novo contrato; afoto tem que estar com o carimbo do Ministério do Trabalho.
    - Duas fotos 3×4 (recentes).
    - ASO – atestado de saúde ocupacional.
- Documentos fotocopiados:
    - RG – carteira de identidade.
    - CPF – cadastro de pessoa física.
    - Título de eleitor (para maiores de 18 anos).

- Certidão de nascimento (se for solteiro).
- Certificado de reservista ou prova de alistamento militar (para homens a partir de 18 anos).
- Certificado de reservista.
- Número de registro do PIS (Programa de Integração Social).
- Comprovante de escolaridade (diploma).
- Carteira de registro do órgão de classe (para os formados).
- Comprovante de pagamento de imposto sindical (referente ao ano).
- Comprovante de residência (luz ou telefone do último mês).
- Contrato de abertura de conta-salário no banco.
- Certidão de casamento ou averbação de divórcio.
- Certidão de nascimento dos filhos menores de 14 anos.
- Carteira de vacinação (páginas da identificação da criança e da mãe e dos carimbos das vacinas, para filhos menores de seis anos).
- Declaração de matrícula escolar para filhos em ensino fundamental.
- Declaração de matrícula em curso superior, RG e CPF (para filhos dependentes e que tenham entre 21 e 24 anos).
- RG e CPF do cônjuge (para casados).
- RG e CPF do companheiro (para conviventes há mais de cinco anos, com filhos em comum).
- Atestado de invalidez dos filhos de qualquer idade.

Todos esses documentos são imprescindíveis e devem ser entregues antes da data de admissão.

Embora a prática tenha apontado para a existência de empresas que ainda não tratam o registro do colaborador com a devida importância, enfatizamos que este tem de ser registrado a partir de seu primeiro dia de trabalho, sob pena de sanções decorrentes do descumprimento da norma legal, a exemplo de multas e outras penalidades aplicadas por órgãos competentes.

O que pode acontecer caso a empresa opte por não atender aos trâmites legais e não registre o trabalhador?

> As empresas que adotam condutas ilícitas em relação ao registro de seus empregados ferem tanto os direitos dos trabalhadores quanto colocam a si mesmas em riscos.

As palavras de Rosa (2015), que tomamos emprestadas, nos auxiliam a fundamentar esse ponto:

> Por vezes, a empresa não trata o registro do empregado com a importância devida, participando, até mesmo, de fraudes contra os cofres públicos, como por exemplo, contratar funcionário e não registrá-lo, para que o mesmo possa continuar recebendo o seguro desemprego.
>
> A falta de registro do empregado é sempre mais prejudicial ao empregador do que ao empregado. Além dos riscos inerentes a atividade, os empregados estão sujeitos a intempéries que não estão sob o controle da empresa, como acidentes de trabalho, falecimento, invalidez etc.
>
> Nestas situações a empresa, além de ser penalizada com as multas previstas na legislação vigente, ficará responsável pelas indenizações morais e materiais decorrentes desta forma de agir.

É papel do profissional de gestão de capital humano conhecer a lei e sempre informar a organização sob os riscos imputados a esta pelo descumprimento das normas trabalhistas.

O texto a seguir, publicado pelo portal *Exame.com*, contribui para esclarecer o que acontece com a organização que, seja por má-fé, seja por descuido, não procede de acordo com a lei em relação ao registro dos colaboradores.

Quais são os perigos de não registrar um funcionário?

Se uma empresa possui empregados, tem a obrigação de registrá-los conforme dita a Lei, sob pena de ser compelido a pagar uma multa equivalente a trinta vezes o valor de referência regional, por empregado não registrado, acrescido de igual valor em cada reincidência.

Esse risco aumenta ainda mais em caso de reclamação trabalhista, pois além da multa, há casos em que até indenizações acabam fazendo parte da condenação da empresa. Caso o empregador não tenha pagado ou recolhido o INSS e o FGTS, deverá fazê-lo de uma única vez, acrescido de multa.

> Há empresários que deixam de registrar empregados em períodos de experiência, grande parte porque o empregado está em treinamento e pode ser dispensado em questão de dias. Mesmo nesses casos, é necessário realizar o registro em até 48 horas da contratação.
> Empregados temporários também devem ser registrados diretamente pela empresa de trabalho temporário, a qual cede essa mão de obra para uma terceira empresa. As penalidades para infração à norma em relação ao registro desse tipo de empregado são as mesmas de um trabalhador efetivo.
> Em suma, toda e qualquer relação de uma empresa com um empregado, deve ser acompanhada de formalidades contratuais, sem as quais ambas as partes – empregado e empregador – ficam desprotegidas.

Fonte: Kurita, 2013.

O texto de Kurita alerta para o quão importante é a observância dos aspectos legais que regem a relação do trabalho. Se, por um lado, a legislação trabalhista assegura os direitos dos trabalhadores, por outro, favorece o empregador, uma vez que o Ministério do Trabalho e Emprego realiza fiscalizações para verificar o cumprimento das leis e combater a informalidade no mercado de trabalho. As infrações à legislação trabalhista são punidas com multas pecuniárias, fixas ou variáveis, cujos valores são previstos em lei de acordo com cada infração.

5.4.1 O livro de registro dos colaboradores

As organizações devem ter o livro (ou ficha) de registro dos colaboradores. O art. 3º, inciso III da Portaria n. 3.626/1991 (Brasil, 1991), dispõe que os livros ou as fichas de registro deverão permanecer no local da prestação de serviços, à disposição da fiscalização, sendo vedado às empresas procederem à centralização dos registros de seus empregados.

Contudo, existe a exceção às empresas de prestação de serviços. Nesse caso, o registro de funcionários poderá permanecer na sede da contratada, desde que os colaboradores portem cartão de identificação, a exemplo de crachá, com as seguintes informações: nome completo do empregado; data de admissão; número do PIS/Pasep; horário de trabalho e respectiva função.

Compete-nos informar que principalmente na construção civil o empregador é obrigado a manter uma cópia da ficha de registro ou da página do livro de registro dos empregados, a cópia dos ASOs, bem como dos treinamentos específicos de cada função (se for o caso) e da ficha de entrega dos equipamentos de proteção individual – EPIs.

5.4.2 O prontuário de empregado

O que é o prontuário de empregado?

> Trata-se do arquivo de documentos relacionados ao empregado, referentes ao período em que trabalha ou trabalhou na empresa.

Esse prontuário deve conter a ficha de registro de empregados, o contrato de trabalho, o acordo de compensação de horas de trabalho (caso haja a compensação de segunda a sexta para a supressão do trabalho aos sábados), a declaração ou opção do FGTS, a declaração de opção para vale-transporte, a ficha de salário-família, o termo de responsabilidade para salário-família, o termo de responsabilidade para fins de imposto de renda, a ficha financeira e os cartões de ponto. Caso o colaborador tenha filho(s), deverão ser também solicitadas as fotocópias do registro de nascimento.

Vale lembrar que o contrato de trabalho, o acordo de compensação de horas de trabalho, as declarações de opção para salário-família, para fins de imposto de renda, FGTS, vale-transporte e o termo de responsabilidade para salário-família deverão ser preenchidos em duas vias de igual teor, sendo uma delas fornecida ao colaborador.

Entre os documentos constantes do prontuário de empregado, alguns devem ser originais; outros, originais assinados; outros, fotocopiados.

- **Documentos originais:**
    - Ficha de registro com foto (histórico atualizado).
    - Requisição de pessoal.
    - Ficha solicitação de emprego/currículo.
    - ASO – atestado de saúde ocupacional.
    - Ficha de avaliação de experiência.

- Documentos originais assinados:
  - Contrato de trabalho.
  - Acordo de compensação de horas.
  - Acordo de prorrogação de jornada.
  - Opção de vale-transporte.
  - Declaração de imposto de renda.
  - Ficha salário-família.
  - Autorização de descontos em folha.
  - Comprovante de entrega de carteira de trabalho.
- Documentos fotocopiados:
  - CPF.
  - RG.
  - Titulo de eleitor.
  - Cartão do PIS (Programa de Integração Social) ou primeira página da CTPS ou extrato atualizado na CEF (Caixa Econômica Federal).
  - Certificado de reservista.
  - Cartão vale-transporte.
  - Apólice de seguro.
  - Comprovante de escolaridade (diploma).
  - Carteira de registro do órgão de classe.
  - Comprovante de residência (luz ou telefone – do último mês).
  - Contrato de abertura de conta em banco.
  - Certidão de casamento ou averbação de divórcio.
  - Certidão de nascimento do(s) filho(s) menor(es) de 14 anos.
  - Carteira de vacinação (para filhos menores de 6 anos).
  - Declaração de matrícula escolar (para filhos no ensino fundamental).
  - Declaração de matrícula em curso superior, RG e CPF (para filhos dependentes entre 21 e 24 anos).
  - RG e CPF do cônjuge (para casados).
  - RG e CPF do(a) companheiro(a) (para conviventes há mais de 5 anos, com filhos em comum).
  - Outros documentos.

A observância desses trâmites burocráticos assegura o cumprimento da lei e a proteção da organização em caso de fiscalização do Ministério do Trabalho.

5.5 O exame admissional e os exames complementares

A CLT – Decreto-Lei n. 5.452/1943 (Brasil, 1943) – e a Norma Regulamentadora n. 7 da Portaria n. 3.214/1978 (Brasil, 1978) determinam a realização de exames médicos por ocasião da admissão de empregados e também a renovação desses exames, conforme o art. 168, incisos I° a V da CLT:

> Art. 168 – Será obrigatório exame médico, por conta do empregador, nas condições estabelecidas neste artigo e nas instruções complementares a serem expedidas pelo Ministério do Trabalho.
> I – na admissão;
> II – na demissão;
> III – periodicamente; (Brasil, 1943)

O parágrafo 5° da CLT determina que "o resultado dos exames médicos, inclusive o exame complementar, será comunicado ao trabalhador, observados os preceitos da ética médica" (Brasil, 1943).

O exame admissional (ou exame clínico admissional) deve ser realizado por todos os colaboradores antes que eles assumam suas atividades na organização.

O que vem a ser o exame admissional? É uma anamnese[1] clínica e ocupacional do paciente, com vistas a analisar o histórico da saúde do trabalhador, bem como os riscos relacionados ao trabalho aos quais já foi exposto em cargos anteriores, exame médico físico e mental, além da realização dos exames complementares necessários.

Para maiores esclarecimentos sobre o exame admissional, recorremos às seguintes palavras:

---

1   Interrogatório do médico ao paciente procurando detalhes que possam auxiliar no diagnóstico.

No exame admissional são examinados os aspectos gerais de saúde do paciente: cabeça e pescoço, aparelho cardiovascular, aparelho respiratório, aparelho digestivo (anexos e parede abdominal), aparelho urinário, sistema ósteo-muscular, sistema nervoso central e psiquismo, coluna, membros superiores e inferiores. Assim, o médico do trabalho terá informações de saúde suficientes para permitir (ou não) o funcionário a trabalhar naquela função. (Occupmédica, 2015)

Quando deve ser realizado esse exame? É imperativo que o exame admissional seja realizado antes que o colaborador inicie seu trabalho na empresa.

> O **exame admissional** é a análise clínica do paciente que o médico realiza, assim como os exames complementares necessários, antes de o colaborador iniciar o seu trabalho em uma empresa.

Segundo a CLT, em seu art. 168, parágrafo 2º (Brasil, 1943), outros exames podem ser solicitados ao colaborador. São exames complementares, que podem ser exigidos, a critério médico, com o objetivo de avaliar a capacidade ou a aptidão física e mental do empregado para a função que deva exercer. São exemplos de exames complementares: audiometria, acuidade visual, espirometria, exames laboratoriais, psicotécnico e raios-X.

Talvez, a esta altura de nossos estudos, você esteja se perguntando se a organização pode ou não solicitar exames toxicológicos. A resposta é indicada pelo art. 168, parágrafos 6º e 7º da CLT (Brasil, 1943):

> § 6º Serão exigidos exames toxicológicos, previamente à admissão e por ocasião do desligamento, quando se tratar de motorista profissional, assegurados o direito à contraprova em caso de resultado positivo e a confidencialidade dos resultados dos respectivos exames.
> § 7º Para os fins do disposto no § 6º, será obrigatório exame toxicológico com janela de detecção mínima de 90 (noventa) dias, específico para substâncias psicoativas que causem dependência ou, comprovadamente, comprometam a capacidade de direção, podendo ser utilizado para essa finalidade o exame toxicológico previsto na Lei no 9.503, de 23 de setembro de 1997 – Código de Trânsito Brasileiro, desde que realizado nos últimos 60 (sessenta) dias.

E quanto ao exame de gravidez? A organização pode solicitá-lo no momento da admissão? De acordo com Mendanha (2011), a resposta depende.

O art. 373-A da CLT (Brasil, 1943) dispõe que:

> Ressalvadas as disposições legais destinadas a corrigir as distorções que afetam o acesso da mulher ao mercado de trabalho e certas especificidades estabelecidas nos acordos trabalhistas, é vedado:
> [...]
> II. recusar emprego, promoção ou motivar a dispensa do trabalho em razão de sexo, idade, cor, situação familiar ou estado de gravidez, salvo quando a natureza da atividade seja notória e publicamente incompatível.

A história de Inês nos ajuda no entendimento dessa questão.

> Inês, candidata à função de técnica em radiologia, é uma jovem de 24 anos que se encontra dentro da normalidade de seu estado de saúde e dirige-se ao consultório médico para fazer o exame admissional. Daniel, médico do trabalho, atento e sabedor dos riscos que a função poderia apresentar em caso de gravidez, solicitou-lhe o exame *beta*-HCG, aplicado para detecção de gravidez. Inês recusou-se veementemente a realizar o exame, alegando invasão de privacidade. O médico, por sua vez, recusou-se a considerá-la apta ao cargo e não emitiu o ASO, comunicando o seguinte à moça: "Minha jovem, a sua escolha é por não realizar o teste, e a minha é por não agir com negligência".

O teste de gravidez só pode ser exigido caso a função possa oferecer risco evidente à gestação ou à gestante. Caso o trabalho não ofereça riscos, a solicitação do teste de gravidez é considerada discriminatória.

Os exames admissionais visam assegurar à organização contratante que o colaborador está apto em termos médicos a realizar determinada atividade laboral. Vale lembrar que o parágrafo 5º do art. 168 (Brasil, 1943) determina que "o resultado dos exames médicos, inclusive os de exames complementares, será comunicado ao trabalhador, observados os preceitos da ética médica".

Destacamos que a Norma Regulamentadora n. 7 (NR-7) do Programa de Controle Médico de Saúde Ocupacional (do Ministério do Trabalho e Emprego), no item 7.4.5.1, determina que os prontuários médicos sejam guardados pela organização em período mínimo de 20 anos após o desligamento do trabalhador.

Os prontuários de trabalhadores expostos a situações de atividades insalubres devem ser mantidos por prazo não inferior a 30 anos, conforme dispõe a NR-15, que regulamenta os limites de tolerância para poeiras minerais.

A empresa só poderá efetivamente contratar o novo colaborador mediante o ASO, o atestado que define se o funcionário está apto ou inapto para a realização de suas funções dentro da empresa. Lembrando que este deve ser emitido em duas vias, sendo a segunda entregue ao trabalhador.

O ASO é um documento de singular importância, pois é ele que, além de conter a identificação completa do colaborador e a função por este exercida, apresenta os riscos que existem no desempenho de tarefas, os procedimentos médicos e as informações sobre a saúde do trabalhador. Esse documento dá ciência ao empregador e ao empregado sobre a saúde deste.

O que pode acontecer caso a organização permita que o colaborador comece suas atividades antes da conclusão dos exames admissionais? Nesse caso, em primeiro lugar, a organização estaria descumprindo um requisito legal. Toda vez que a empresa descumpre a lei, incorre em danos tanto para ela mesma quanto para o colaborador. O texto a seguir ilustra um exemplo do que pode acontecer nesses casos.

Empresa desistiu de contratar após exame admissional

Minas Gerais – A 5ª Turma do TRT-MG condenou uma empresa a indenizar um trabalhador que ficou deprimido ao ver a sua expectativa de contratação frustrada, após ter sido submetido, inclusive, ao exame médico admissional. A empresa reconheceu que o trabalhador participou do seu processo de seleção, sendo considerado apto, mas não chegou a ser contratado, de imediato. O seu nome foi lançado em um cadastro e, passados alguns dias do exame, a empresa tentou entrar em contato com ele, por telefone, mas não obteve sucesso.

> Para o desembargador José Murilo de Morais, ficou claro que o trabalhador, apesar de aprovado no processo de seleção, não chegou a prestar serviços para a reclamada e nem ficou à sua disposição. Por isso, não há possibilidade de se reconhecer o vínculo de emprego entre as partes, como foi requerido pelo reclamante. No entanto, a história é outra com relação ao pedido de indenização por danos morais. "É que o malogro da contratação, no caso, gerou frustração mais intensa que a comum, advinda da simples e normal negativa de emprego, já que aqui ocorreu ato legal concreto no sentido de sua efetivação, mediante a realização de exame admissional, no qual ele recorrente foi considerado apto, clamando sim por reparação, a teor do que dispõem os arts. 186, 187 e 927 do CCB" – concluiu o relator, frisando que a empresa não conseguiu comprovar as tentativas de contato com o trabalhador.
>
> Com esses fundamentos, o desembargador condenou a reclamada ao pagamento de indenização por danos morais no valor de R$ 1.500,00, no que foi acompanhado pela Turma julgadora.

Fonte: Empresa..., 2010.

Agora você está municiado de informações para proceder adequadamente com o registro do colaborador. Para encerrar esta sessão, que tratou da legislação trabalhista sobre contratação, fazemos nossas as palavras de Cícero, o filósofo romano, citado por Douglas (2013): "A lei é inteligência, e sua função natural é impor o procedimento correto e proibir a má ação".

Síntese

Neste capítulo, você aprendeu que os trâmites legais relativos à contratação de pessoal **preservam os direitos e os deveres das partes envolvidas**. Além de protegerem o trabalhador, também isentam a organização de punições, caso esta não esteja em dia com o cumprimento da legislação trabalhista no que se refere à contratação.

Também abordamos a **relação de trabalho** (expressa qualquer natureza de prestação de serviços), bem como a **relação de emprego** (envolve a existência do empregador e do empregado) e a construção do **vínculo empregatício** (ocorre por meio da presença de quatro requisitos: pessoalidade, habitualidade, onerosidade e subordinação).

Por fim, estudamos sobre os tipos de contrato de trabalho (tempo determinado e tempo indeterminado), além de elencar os documentos e exames médicos necessários para a realização do registro e contratação do colaborador.

Para saber mais

Para ajudá-lo com questões de legislação trabalhista, bem como a localizar os locais que emitem a CTPS, sugerimos que você acesse o *site* do Ministério do Trabalho.

BRASIL. Ministério do Trabalho e Emprego. Disponível em: <http://portal.mte.gov.br/portal-mte>. Acesso em: 4 ago. 2015.

Para aprofundar seus conhecimentos sobre o preenchimento da carteira profissional, acesse o seguinte *link*:
WEBHOME. **Como preencher a carteira de trabalho e previdência social**. Disponível em: <https://www.webhome.com.br/pdf/ctps.pdf>. Acesso em: 4 ago. 2015.

Para saber onde é feita a carteira de trabalho e quais são os documentos necessários, acesse:
MTE – Ministério do Trabalho e Emprego. **Carteira de trabalho e previdência social**. Disponível em: <http://portal.mte.gov.br/delegacias/mg/documentos-necessarios-para-solicitar-a-carteira-de-trabalho.htm>. Acesso em: 28 set. 2015.

Questões para revisão

1. O ASO, documento exigido no processo de contratação, contém a identificação completa do colaborador e a função a ser exercida por este, apresentando os riscos que existem no desempenho das tarefas e as informações sobre a saúde do trabalhador. A finalidade desse documento é:
   a) dar ciência somente ao médico do trabalho sobre a saúde do trabalhador.
   b) dar ciência ao empregador e ao empregado sobre a saúde do trabalhador.
   c) dar ciência somente ao Ministério do Trabalho sobre a saúde do trabalhador.

d) dar ciência aos colegas da área de trabalho sobre a saúde do novo colaborador.
   e) dar ciência ao médico do trabalho e ao empregado.

2. A relação de emprego é caracterizada pela existência de vínculo empregatício, cuja formação depende de quatro requisitos coexistentes. São eles:
   a) Carteira de trabalho, contrato de trabalho, salário e ASO.
   b) Pessoalidade, habitualidade, residência fixa e comprometimento.
   c) Pessoalidade, habitualidade, onerosidade e subordinação.
   d) Carteira de trabalho, comprometimento, horário de trabalho e salário.
   e) Habitualidade, residência fixa, carteira de trabalho e ASO.

3. O exame admissional é a análise clínica do paciente que o médico realiza, assim como os exames complementares necessários, antes de o colaborador iniciar o seu trabalho em uma empresa. Em relação aos exames admissionais:
   I) O médico do trabalho pode solicitar que sejam realizados exames complementares a fim de atestar a capacidade, a aptidão física e mental do futuro empregado de acordo com a função.
   II) É vetado ao médico solicitar exames toxicológicos sob pena de incorrer em discriminação.
   III) Os exames toxicológicos podem ser solicitados tanto na admissão quanto no desligamento do colaborador, desde que se trate do cargo de motorista profissional e que sejam assegurados o direito à contraprova em caso de resultado positivo e a confidencialidade dos resultados dos respectivos exames.
   IV) O exame de gravidez só pode ser exigido caso a função possa oferecer risco evidente à gestação ou à gestante.

Assinale a alternativa que apresenta a resposta correta.

a) Somente a afirmativa I é verdadeira.
b) As afirmativas I e II são verdadeiras, e as afirmativas III e IV, falsas.
c) As afirmativas II e III são verdadeiras, e as afirmativas I e IV, falsas.
d) As afirmativas I, III e IV são verdadeiras, e a afirmativa II, falsa.
e) Todas as afirmativas anteriores estão corretas.

4. Maysa é formada em jornalismo, casada, tem dois filhos menores (um de 5 anos e outro de 9 anos) e está sendo contratada por Lígia para trabalhar como redatora de um importante jornal da cidade. Indique quais são os documentos que Lígia deve solicitar para o registro de Maysa.

5. Por quanto tempo os prontuários médicos devem ser guardados pela organização?

Questões para reflexão

1. Isabel, proprietária de um pequeno comércio varejista, pretende contratar vendedoras. Em conversa com Débora, responsável do RH, Isabel informa que não pretende registrar as novas colaboradoras. Débora, sabedora das implicações da legislação trabalhista e das punições que a organização pode vir a sofrer, não recomenda tal procedimento, uma vez que constitui infração da legislação trabalhista. Qual é o seu posicionamento em relação às organizações que optam por não registrar devidamente o funcionário? E se você, responsável pelo RH da empresa, fosse solicitado pelo seu empregador a não registrar algum funcionário, como agiria?

2. Qual é o seu posicionamento em relação à prática de empresários que deixam de registrar empregados em períodos de experiência, alegando que estão em treinamento e podem ser dispensados em questão de dias?

6 A integração do colaborador

Conteúdos do capítulo:

- A cultura organizacional.
- A integração funcional e a integração social.
- O contrato de experiência.
- A entrevista de desligamento.
- O programa de apadrinhamento.

Após o estudo deste capítulo, você será capaz de:

1. compreender o papel da integração do novo colaborador;
2. identificar os elementos da cultura organizacional;
3. relacionar os elementos da cultura organizacional à adaptação do novo colaborador;
4. descrever as etapas da integração de pessoal;
5. explicar a proposta do programa de apadrinhamento;
6. propor um programa de integração tendo em vista a realidade da empresa;
7. explicar os cuidados que a organização deve observar na integração de novos colaboradores;
8. situar o período de experiência no processo de integração do colaborador;
9. elaborar relatório de avaliação do período de experiência;
10. conduzir uma entrevista de desligamento;
11. promover estratégias de melhoria aos processos com base nos resultados da entrevista de desligamento.

Um bom começo é a metade.
Aristóteles

A primeira parte deste capítulo apresenta a cultura organizacional e seu importante papel na integração do novo colaborador. A segunda parte, por sua vez, detalha as etapas do processo de integração. A terceira e última parte tem por objetivo expor as razões pelas quais a entrevista de desligamento também é uma atividade da área de recrutamento e seleção e de que forma ela oferece *feedback* para que a organização possa implementar melhorias contínuas em seu processo de atrair, selecionar e manter seus talentos.

Após o novo colaborador ter sido devidamente admitido à organização, outra etapa se inicia: o processo de integração. A integração entre novos e antigos colaboradores requer cuidado e atenção por parte da empresa, pois envolve, além da adaptação funcional do colaborador (as atividades que irá desempenhar), a adaptação comportamental (o convívio com os colegas de trabalho, com o gestor, bem como a adaptação à cultura da empresa).

Integrar o novo colaborador significa ambientá-lo ao conjunto de funções que irá desempenhar, às pessoas e, sobretudo, à cultura da organização.

6.1 A cultura organizacional

Uma instituição é como uma canção; não é formada por sons individuais, mas pelas relações entre eles.
Peter Drucker

A personalidade está para o indivíduo assim como a cultura está para a organização – é o que dá coesão e identidade. Lacombe (2004, p. 87) explica que a cultura organizacional é um "conjunto de valores em vigor em uma empresa, suas relações e sua hierarquia, definindo os padrões de comportamento e de atitudes que governam as ações e as decisões mais importantes da administração".

A cultura organizacional é constituída por duas categorias de elementos: elementos formais e tangíveis e elementos informais e intangíveis.

1. Os **elementos formais e tangíveis** são concretos e facilmente identificáveis, por exemplo: os objetivos e as estratégias; as medidas de produtividade física e financeira; as tecnologias e as práticas operacionais; a estrutura organizacional; as políticas e diretrizes de pessoal; os títulos e as descrições de cargos; os objetivos, os métodos e os procedimentos; a logomarca; as cores que representam a organização; o estilo arquitetônico e de decoração; o *dress code* (código de vestimenta) etc.
2. Os **elementos informais e intangíveis** são subjetivos e muitas vezes não declarados, mas estão presentes e exercem grande influência no comportamento das pessoas na organização. Os elementos intangíveis da cultura estão alicerçados a percepções e atitudes das pessoas, sentimentos e normas do grupo, crenças, valores e expectativas, padrões de integração informais e relações afetivas. São expressos: nas ações; na tomada de decisões; nas estratégias; nos produtos e serviços; no trato com os clientes e fornecedores; nas relações interpessoais e com o mercado etc.

A combinação dos elementos tangíveis e intangíveis pode ser análoga a um *iceberg*, no qual o bloco visível é apenas uma pequena parte do todo que de fato o compõe.

Como são compostas as camadas da cultura organizacional? De acordo com Schein (1991), a cultura de uma organização é composta por três níveis: 1) assunções básicas; 2) normas e valores; 3) artefatos, comportamentos e produtos.

Cada um dos níveis exerce profunda influência sobre o outro, conforme explicamos a seguir.

1. **Assunções básicas** – Este nível é o mais profundo e, por essa razão, constitui a essência da cultura. É composto por valores e crenças, elementos com profundas raízes na mente e na programação das pessoas. As crenças, em sua maioria, são inconscientes, e é por esse motivo que as assunções constituem a essência da cultura.

2. **Normas e valores** – Neste grupo encontram-se as hierarquias de valores na cultura e seus códigos de conduta. Expressa a maneira pela qual os membros da cultura a representam tanto para si quanto para outros, assim como as filosofias oficiais da cultura e declarações públicas da identidade do grupo.
3. **Artefatos, comportamentos e produtos** – São os elementos objetivos da cultura, como vestuário, linguagem, rituais, comemorações, piadas e outros exemplos de artefatos visíveis por todos no comportamento dos membros de uma cultura.

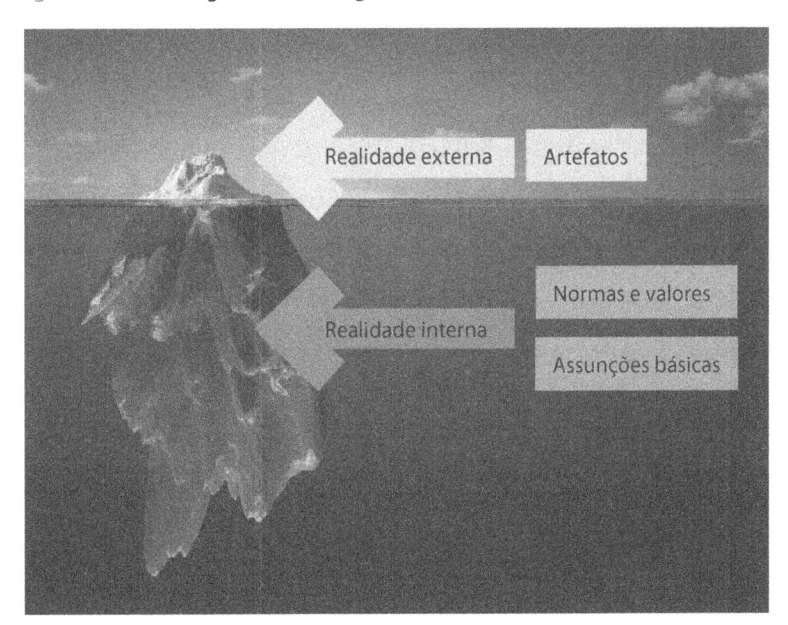

Figura 6.1– O *iceberg* da cultura organizacional

Fonte: Elaborado com base em Schein, 1991.

Quais são os aspectos que influenciam a criação e a manutenção da cultura organizacional? A criação e a manutenção da cultura organizacional são altamente influenciadas pelos fundadores da organização, figuras ímpares que legam à organização seus princípios, suas crenças e seus valores: o ramo de atuação cujas características do segmento de mercado refletem na tecnologia e nos processos de trabalho; a área geográfica, em virtude dos padrões culturais e socioeconômicos; os gestores atuais, pois estes também imprimem crenças e valores no estilo de gerir.

6.1.1 Um olhar sobre as crenças

As crenças recebem grande destaque quando o tema é cultura organizacional. Mas o que são crenças?

> As **crenças** são uma espécie de "lente" por meio da qual as pessoas atribuem significado à realidade; estruturas linguísticas a respeito de si mesmas, dos outros e do mundo, as quais o indivíduo adota como verdade. As crenças são um "sentimento de certeza" e, por essa razão, influenciam o comportamento das pessoas.

Como as crenças influenciam o comportamento das pessoas na organização? Para ilustrar, vamos recorrer aos exemplos oferecidos a seguir pela Organização X e pela Organização Y, que pertencem ao mesmo ramo de atuação, mas que se diferem em virtude da forma como as questões são percebidas e as pessoas são tratadas.

Caso 1 – Organização X

Juliano trabalha em uma indústria moveleira. Nessa organização, espera-se que os administradores documentem completamente todas as suas decisões. "Os 'bons administradores' são aqueles capazes de oferecer todos os dados que deem sustentação a suas recomendações", repete seu chefe, insistentemente. Decisões criativas que incorram em mudanças significativas ou riscos não são encorajadas. Como os responsáveis por projetos fracassados são criticados abertamente e penalizados, os administradores procuram não implementar ideias que desviem muito do *status quo*.

Antonio Carlos, supervisor da equipe de Juliano, cita uma expressão frequentemente usada na empresa: "Se não tiver quebrado, não tente consertar". Existem vários regulamentos e regras que devem ser rigorosamente obedecidos pelos funcionários. Os chefes supervisionam os subordinados muito proximamente, para garantir que não haja desvios, e estão preocupados com produtividade, independente do impacto que isso tenha sobre a moral dos funcionários ou o índice de rotatividade.

Fonte: Adaptado de Robbins, 2002, p. 500.

Caso 2 – Organização Y

Mário Sérgio também trabalha em uma indústria moveleira na qual as decisões baseadas na intuição têm o mesmo valor daquelas totalmente racionais. Colaboradores que tenham uma boa ideia são encorajados a levá-la adiante. Fracassos são tratados como "experiência de aprendizagem". Os dirigentes estimulam e recompensam a mudança e a assunção de riscos e se orgulham de sua história de experimentação de novas tecnologias e seu sucesso de lançamento regular de produtos inovadores. Existem poucas regras e regulamentos a serem seguidos, e a supervisão é livre, pois os administradores acreditam que seus funcionários são esforçados e confiáveis. Os gestores se preocupam com a alta produtividade, mas acreditam que ela é obtida por meio de tratamento correto de seu pessoal. Os colaboradores possuem suas metas, e os bônus se baseiam na realização desses resultados. Os funcionários desfrutam de considerável autonomia para escolher a maneira de atingir objetivos. A empresa se orgulha de sua reputação de ser um bom lugar para trabalhar.

Fonte: Adaptado Robbins, 2002, p. 500.

Os casos apresentados revelam a maneira como o conjunto de crenças se manifesta nas normas e no comportamento dos membros da organização. É a cultura que define os contornos da "personalidade" da empresa, do clima organizacional e, sobretudo, da forma como as pessoas se comportam e são tratadas.

"A cultura organizacional define a maneira como os integrantes da organização devem interagir entre si" (Maximiano, 2008, p. 336).

Qual é a relação entre cultura organizacional e integração dos novos colaboradores? Integrar os novos colaboradores significa adaptá-los e inseri-los na cultura da empresa.

Os pares e gestores também passam pelo processo de adaptação em relação ao novo colaborador. Essa adaptação, de forte cunho comportamental, é um processo que pode levar tempo, demandar orientação e exigir vontade de ambas as partes.

A congruência entre os valores da organização e os valores do indivíduo é fator essencial para a adaptação deste na organização. Para Beltrão, citado por Lacombe e Heilborn (2003, p. 239), "uma empresa é uma entidade do meio social. É constituída de pessoas. O resultado de uma empresa depende muito mais do desempenho das pessoas do que da excelência de seus manuais ou estruturas de organização".

6.2 Considerações sobre a integração de pessoal

Fazer com que um novo funcionário fique seguro e perfeitamente à vontade desde o seu primeiro dia de trabalho não é apenas um detalhe de delicadeza humana que devemos a todos, mas também se constitui uma estratégia gerencial. (FCDL, 2015)

O processo de integração consiste em fornecer aos novos colaboradores um conjunto de informações acerca de conduta, normas, responsabilidades, segurança, horário de trabalho, benefícios, políticas da organização, entre outros.

Figura 6.2 – **As boas-vindas aos novos colaboradores**

Crédito: Jessé Eliel Gonçalves

De que forma acontece o processo de integração? A integração de pessoal ocorre por meio de um programa, com um conjunto de etapas, cujo objetivo é acolher o novo colaborador em seu novo ambiente de trabalho. O processo de integração é uma etapa importante para a adaptação, contribuindo até mesmo para a permanência do colaborador na organização.

Mas nem sempre as organizações estão atentas à real importância desse programa e tratam a integração de pessoal como uma "conversa rápida", quando muito acrescida de uma rápida visita às dependências da organização, com o intuito de apresentar a estrutura física ao novo colaborador.

Para que o processo de integração de fato ambiente o novo colaborador, é importante que ofereça destaque às boas-vindas, apresente os objetivos e as políticas da organização, destaque os elementos da cultura organizacional e informe a relevância, as interfaces e as responsabilidades do cargo e as expectativas em relação ao desempenho e conduta do recém-admitido.

6.2.1 Os elementos do programa de integração

Imagine que você, na função de profissional de recursos humanos (RH), foi convocado por seu gestor a preparar o programa de integração dos novos colaboradores. Pense por alguns instantes.

Você saberia por onde começar? Um bom começo seria apresentar a organização, as políticas de RH e as normas de segurança e depois convidar os novos colaboradores a conhecer a estrutura física da organização. Por fim, encaminhá-los ao setor no qual irão trabalhar.

Vamos aos detalhes de cada etapa.

- Apresentação da organização – Tem por objetivo oportunizar que o novo colaborador conheça a empresa. É muito comum nessa etapa a apresentação de vídeo institucional, com a história, os fundadores, os produtos e os serviços, bem como a estrutura organizacional, a composição da diretoria, informações sobre o mercado, o papel e as práticas sociais e de sustentabilidade da organização. No caso da indústria, recomenda-se também a apresentação da linha de produção e do fluxo de fabricação do produto. Essa etapa contribui para a formação da imagem que o novo colaborador desenvolverá da nova empresa.
- Apresentação das políticas de RH – Contempla a apresentação da missão, da visão e dos valores organizacionais, elementos que oferecem coesão à organização e impactam diretamente a cultura organizacional. Também são apresentadas as políticas de RH, o plano de carreira, as políticas de benefícios e de responsabilidade social, entre outros. Para tanto, é recomendável que:

- seja feita a entrega dos regulamentos internos da organização a cada recém-admitido. Esse documento deve informar com clareza sobre a questão de atrasos, faltas, condutas, *dress code* (código de vestimenta), benefícios oferecidos pela organização em termos de assistência médica, convênios, associações, entre outros. O novo colaborador deve assinar um recibo desse documento, o que evita que alegue, no futuro, o desconhecimento das normas e políticas de RH da empresa;
- a entrega formal do documento seja acompanhada de apresentação oral que destaque os principais pontos do documento. Esse reforço contribui para que o novo colaborador fixe as informações em sua mente. É de bom tom utilizar apresentações de multimídia com desenhos, imagens e charges;
- sejam apresentados aspectos operacionais e cotidianos sobre vale-alimentação, localização do refeitório, vale-transporte e outras informações relevantes;
- sejam destacados alguns cuidados no que concerne aos valores da organização, uma vez que um conflito de valores entre colaboradores e organização pode comprometer a adaptação do novo colaborador;
- haja o estímulo a perguntas para sanar de imediato alguma dúvida ou inquietação do recém-admitido em relação às políticas e ao funcionamento da organização.

♦ **Apresentação das normas de segurança** – O ideal é que o profissional de segurança do trabalho informe sobre os riscos e, sobretudo, enfatize sobre as ações exigidas de prevenção de acidentes. É muito importante que a organização ressalte as penalidades impostas caso o colaborador não cumpra com as normas de segurança.

♦ **Visita aos principais setores da organização** – Tem como finalidade que o novo colaborador conheça as instalações da organização.

♦ **Encaminhamento do novo colaborador ao setor** – Uma vez ambientado, o recém-contratado passa a ser responsabilidade do gestor imediato, a quem compete oferecer boas-vindas, apresentá-lo a seus pares e indicar as instalações nas quais o colaborador desenvolverá seu trabalho. A partir desse momento, o processo de integração passa a ser conduzido pelo gestor da área.

> É elegante por parte da empresa enviar um convite do evento de integração ao novo colaborador. Pequenos gestos de consideração contribuem para a formação da imagem e refletem os valores e a cultura organizacional.

Não haveria nesses procedimentos um excesso de informações para que o novo colaborador absorva em apenas um dia? As etapas descritas de fato oferecem um grande volume de informações que podem não ser assimiladas em sua totalidade em apenas um dia. Tudo é novo, e as pessoas necessitam de tempo para se integrar e se apropriar desses diversos aspectos. Assim, o cuidado com as semanas seguintes é decisivo também na integração do recém-admitido.

> As informações relevantes devem ser repetidas para que possam ser assimiladas pelo novo colaborador e refletidas em seu comportamento.

Destacamos que o gestor da área desempenha importante papel no processo de integração dos novos colaboradores. Cabe ao gestor orientar, observar atentamente o progresso e fornecer *feedbacks* ao novo colaborador.

Os *feedbacks* são decisivos para alinhar comportamentos e avaliar o desempenho, tendo em vista sempre a melhoria contínua, e podem ser informais (espontâneos) ou formais (por meio de reuniões de acompanhamento).

6.2.2 O processo de integração

O período inicial é decisivo para a adaptação. Por isso, algumas organizações adotam programas simples e altamente eficazes para acolher e "cuidar" do novo colaborador. Acolher é "receber, tomar em consideração, atender", registra Kury (2004, p. 23); é oferecer uma recepção cordial e com gentileza ao novo integrante da casa.

O homem é um ser gregário, ou seja, vive e precisa do grupo, e possui necessidades sociais e de estima. Sentir-se bem e bem-vindo contribui para a construção de laços de confiança e segurança, o que certamente apresenta reflexos na qualidade e no resultado do trabalho.

Dentre os programas de que as organizações podem se valer para acolher os novos colaboradores, destacamos o programa de apadrinhamento. Nele, colaboradores antigos se tornam padrinhos dos novatos com o objetivo de integrá-los aos valores e às práticas da organização, impactando diretamente na adaptação do novo colaborador.

Ao iniciar em um novo trabalho, é muito comum que medos, receios, curiosidades se manifestem e elevem o nível de ansiedade no recém-admitido. O padrinho pode tornar esse momento mais confortável e agradável e contribuir para que o novo colaborador se sinta verdadeiramente acolhido.

O padrinho é um colaborador com um bom tempo de casa, que irá acompanhar o recém-admitido enquanto durar o período de experiência deste. Trata-se da pessoa de referência que tem por papel passar informações e tirar as eventuais dúvidas sobre os aspectos do dia a dia que o novo colaborador possa vir a ter.

O programa de padrinho da Vale Fertilizantes da Unidade de Araxá – MG

A Vale Fertilizantes está desenvolvendo em sua unidade de Araxá o Programa Padrinhos que visa facilitar a ambientação dos novos empregados e dos empregados transferidos. Trata-se de uma padronização de orientações e informações repassadas pelos funcionários mais antigos que são preparados para a função de padrinhos dos novatos.

Na unidade de Araxá, o Programa Padrinhos da Vale Fertilizantes teve início no mês de agosto com a identificação dos funcionários com o perfil para padrinhos, em setembro começou a capacitação de 40 empregados. [...]

A gerente de Recursos Humanos, Ana Luiza [...], afirma que o Programa Padrinhos já é uma prática que existe dentro de todas as unidades da Vale Fertilizantes. "O programa é institucional e está presente em todas as unidades da empresa e Araxá participou do processo de integração que capacitou todos os Padrinhos da Vale Fertilizantes. A filosofia é de que o sucesso tem que ser do grupo então ajudar a pessoa que esta entrando na empresa a ter sucesso é garantir o sucesso de todos", destaca Ana.

> Marcos José [...], conhecido como Pernambuco, atua na Vale Fertilizantes como Supervisor de Manutenção Mecânica da área mineral e é um dos 40 padrinhos da unidade de Araxá. "Fiquei muito satisfeito pelo convite para ser padrinho e gostei muito do treinamento. Eu mesmo quando cheguei aqui em 2010 vim de uma industrial totalmente diferente e nunca tinha entrado em uma empresa de mineração e fui apresentado à fábrica muito superficialmente. Acredito que se na época em que fui contratado há mais de três anos existisse um programa desse nível a minha ambientação teria sido muito mais rápida. Estamos muito entusiasmados de poder realizar esta função de padrinho para receber os novos colegas", afirma Marcos.

Fonte: Adaptado de Vale Fertilizantes..., 2013.

Programas dessa natureza oportunizam que as organizações utilizem a criatividade para receber o recém-admitido e fazê-lo sentir-se bem. Cordialidade, generosidade e interesse genuíno em ajudar o ingressante na organização constituem as bases para a adoção desta estratégia.

6.2.3 Os cuidados que a organização deve observar na integração de novos colaboradores

No processo de integração, recomendamos a adoção de alguns cuidados em relação ao que é dito e feito diante do novo colaborador que possa colocar em risco à imagem da empresa.

Destacamos alguns itens que, uma vez identificados, merecem receber especial atenção e ser rapidamente **corrigidos**:

- tratar a integração e o acolhimento do novo colaborador como mero procedimento burocrático;
- negligenciar a dimensão psicológica e social do recém-admitido, sem o devido cuidado de oferecer-lhe boas-vindas e sem acolhê-lo de forma a considerar as necessidades sociais e de estima do indivíduo;
- delegar a tarefa da apresentação da empresa a colaboradores sem o devido perfil e a qualificação para tal, sob pena de causar uma impressão equivocada da organização;

- tecer comentários que desabonem a organização ou expressar descontentamentos e críticas que possam ferir a ética;
- encaminhar o novo colaborador diretamente para o trabalho sem oferecer-lhe informações necessárias sobre procedimentos burocráticos, horário de trabalho, políticas da empresa, tarefas, condutas, expectativas da empresa e, sobretudo, normas de segurança;
- desprezar a relevância da visão global da organização;
- desprezar a perspectiva de cliente interno, deixando o novo colaborador sem saber de quem ele é cliente interno e quem é o cliente interno dele.

A história a seguir ilustra uma situação na qual o colaborador é "jogado" no posto de trabalho sem as devidas orientações.

> Joana está começando em seu novo trabalho. Já se passou uma semana e as informações que possui a respeito da organização foram coletadas aleatoriamente por ocasião de seu processo seletivo.
>
> Ao chegar à empresa, Joana apresentou-se a seu gestor imediato. Este lhe disse que as coisas estavam muito corridas naquele dia e que não poderia dispensar-lhe atenção. Foi então que mostrou a mesa em que Joana iria trabalhar e pediu a ela que examinasse os documentos que estavam sobre a mesa e que fosse ágil, pois muitos deles já estavam com prazos reduzidos em virtude da saída do colaborador anterior. Pediu que despachasse os documentos ainda naquela tarde.
>
> Joana, atordoada e amedrontada, não sabia exatamente o que fazer, para quem encaminhar os documentos e muito menos a quem pedir ajuda.

Quando o programa de integração é estruturado, planejado e criteriosamente acompanhado, tende a reduzir a rotatividade de pessoal e, ainda, encontrar o posicionamento adequado para cada recém-admitido.

6.3 A avaliação do período de experiência

Conforme citamos no capítulo anterior, o período de experiência, por lei, não pode ultrapassar 90 dias corridos, e deve ser rigorosamente cumprido. Passados os 90 dias, deixa de vigorar o contrato de prazo determinado, entrando em vigor o contrato de prazo indeterminado.

É no período de experiência que as partes se avaliam. De um lado, a organização, que pode observar os aspectos técnicos e comportamentais do colaborador, que, por sua vez, também avalia o ambiente de trabalho e as condições oferecidas pela empresa.

> O período de experiência permite avaliar as aptidões, as habilidades, a conduta e o real desempenho do novo colaborador, ao mesmo tempo que apresenta a ele as condições de trabalho que a organização tem a oferecer.

Caso a empresa decida por não manter o colaborador em seu quadro funcional ao término do período de experiência, a incidência de encargos será menor, pois nessa situação não cabe pagamento de aviso prévio, férias proporcionais e décimo terceiro proporcional, informam Lacombe e Heilborn (2003).

Vale lembrar o importante papel da avaliação do período de experiência: esta avaliação é realizada pelo gestor da área, responsável pelo colaborador, que registra documentalmente as informações sobre o desempenho deste.

> Toda avaliação deve ser pautada em fatos, em evidências. Critérios claros permitem uma avaliação isenta de julgamentos vazios e pavimentam *feedbacks* respeitosos com base em aspectos observáveis do comportamento do avaliado.

As organizações desenvolvem formulários próprios para a avaliação[1], os quais são enviados com antecedência pelo RH às chefias imediatas e devem estar em consonância com as competências demandadas pelas respectivas funções desempenhadas.

6.4 A entrevista de desligamento

A entrevista de desligamento ou de saída também é uma atividade que pertence à unidade de recrutamento e seleção. Assim como a chegada do colaborador à organização requer cuidados, também o momento da saída deste merece muita atenção. São diversos os fatores que podem contribuir

---

1   Ao final do livro, no Apêndice 6, você pode consultar um modelo de avaliação de período de experiência.

para o desligamento do colaborador: recessão, crise, *downsizing*[2], problemas com produtividade etc.

Outros aspectos inerentes à organização também podem motivar o desligamento espontâneo do pessoal, como: falta de condições para desempenhar o trabalho, incompatibilidade com estilo de gestão da chefia imediata e metas opressoras – fatores que influenciam diretamente a rotatividade de pessoal.

> A entrevista de desligamento é realizada com o colaborador no momento em que este está se desligando da organização, seja por iniciativa dele ou da empresa (Lacombe; Heilborn, 2013).

O objetivo da entrevista de desligamento é coletar informações, percepções e impressões que o colaborador está levando da organização acerca de problemas, sentimentos, clima, estilo de gestão, condições de trabalho, entre outros, a fim de utilizar tais informações para o aprimoramento da organização tanto quanto seja possível.

A entrevista de desligamento é um recurso poderoso para melhoria contínua da organização, sobretudo no que se refere a estilo de gestão, clima organizacional e ambiente de trabalho.

Em uma entrevista de desligamento, o profissional da área de RH deve estar preparado, pois pode se deparar com seguintes cenários:

- **O entrevistado omite pontos de insatisfação, respondendo positivamente aos questionamentos** – Este cenário é muito comum quando o ex-funcionário não quer revelar o que pensa, seja para evitar conflitos, seja por estar ferido em seus sentimentos (por não ter se sentido ouvido, recusa-se a falar).
- **O entrevistado manifesta claramente suas insatisfações, não encontrando nenhum elemento positivo na organização** – Em casos expressamente manifestos de profunda insatisfação, o entrevistado tende a "carregar nas cores" em virtude de emoções como raiva, mágoa, tristeza, indignação e sentimento de injustiça, o que afeta sensivelmente sua avaliação sobre a organização.

---

2 *Downsizing*: "redução planejada de níveis hierárquicos da organização com o objetivo de diminuir custos e aumentar a flexibilidade e adaptabilidade da organização." (Lacombe, 2004, p. 117).

Contudo, as informações por ele prestadas não devem ser ignoradas, pois podem apontar fatores a serem investigados.

- **O entrevistado reconhece os pontos fortes e os pontos críticos da organização** – É o caso do entrevistado que consegue se dissociar da emoção e, embora indique os pontos críticos que podem ser melhorados, também aponta os aspectos positivos que encontrou na organização.

Esse *feedback* permite que a organização faça a detecção de problemas e trace estratégias para aprimorar suas práticas e políticas de RH. De acordo com Almeida (2010),

> Os empregadores devem ter ouvidos interessados e olhos atentos para o comportamento de seus respectivos funcionários no trabalho. Isso só será possível quando estiverem convencidos, sensibilizados, da importância dos recursos humanos e do clima de suas organizações. Afinal, só é excelente a empresa que estende excelência à qualidade de vida de seus funcionários.

Uma entrevista de desligamento analisada isoladamente pode não ter a força suficiente para indicar com clareza os aspectos que precisam ser revistos e trabalhados pela organização. Mas, se várias entrevistas apontam, de forma consistente, para os mesmos problemas, então há um sinal de significativa necessidade de melhorias na organização.

> A **entrevista de desligamento** contribui para a identificação dos fatores promotores de insatisfação no ambiente organizacional.

A entrevista de desligamento é uma ferramenta fundamental para as empresas que valorizam a prática do *feedback*, permite que a organização conheça a imagem que o ex-funcionário criou e que leva consigo em relação à conduta dos pares, gestores e da organização.

6.4.1 As variáveis organizacionais investigadas na entrevista de desligamento

Quais áreas a entrevista de desligamento se propõe a investigar? Para que a entrevista de desligamento cumpra seu propósito, é importante que investigue a percepção do colaborador nas seguintes variáveis organizacionais: trabalho; estilo de supervisão; salário, oportunidade de crescimento na organização; benefícios; condições físicas de trabalho; comunicação entre gestores, pares e departamentos; objetivos da organização e a forma como a empresa se dirige aos resultados.

A seguir, o que cada área deve investigar:

- **Trabalho** – Impressões sobre a natureza do trabalho executado, as atividades envolvidas, as condições de realização, o valor que o colaborador atribui a este.
- **Supervisão** – O estilo de gestão, a existência, frequência e natureza de *feedbacks* que recebeu para que pudesse melhorar seu desempenho, a abertura para ouvir ideias e sugestões, o respeito deste pela equipe, o tipo de poder e autoridade exercidos, a organização, entre outros.
- **Salário** – A percepção do colaborador sobre o salário, se considera este compatível com as funções e as responsabilidades requeridas pelo cargo.
- **Encarreiramento e progresso profissional** – A percepção sobre as oportunidades de crescimento, possibilidades de promoções e a clareza de critérios para este fim.
- **Benefícios** – O grau de satisfação com os benefícios ofertados pela organização e se estes atendem as suas necessidades.
- **Condições físicas de trabalho** – A percepção do colaborador sobre as instalações físicas (sanitários, vestiários, refeitórios, postos de trabalho etc.).
- **Comunicação** – A percepção do colaborador, o repasse das informações para a execução de suas tarefas.
- **Disciplina** – A percepção sobre a rigidez das normas internas, pontos de inflexibilidade por parte da organização e se tais pontos são geradores de insatisfação e resistência por parte dos colaboradores.
- **Perspectiva de cliente interno** – O ponto de vista do colaborador sobre os departamentos e setores dos quais dependia para realizar seu trabalho.

- **Objetivos organizacionais** – A perspectiva do colaborador sobre os objetivos e as metas definidos pela organização em termos de exequibilidade.
- **Orientação para resultados** – A percepção do colaborador sobre se a empresa o estimulava a buscar melhorias contínuas e a se responsabilizar sobre os resultados.

As impressões dos relatos dos colaboradores devem ser devidamente registradas, para que a organização mantenha uma "memória" a esse respeito. O registro adequado permite traduzir dados em informações e detectar o patamar de melhoria da organização em relação aos aspectos apontados pelos colaboradores que a estão deixando. Almeida (2010) salienta que é de responsabilidade de todo aquele que exerce as funções de liderança gerir o plano de ação, com o objetivo de resgatar perdas identificadas. O Apêndice 7 – Modelo de questionário de desligamento, indicado ao final desta obra, apresenta um modelo para o procedimento de tais registros.

A quem compete realizar a entrevista de desligamento? Deve ser realizada pelo profissional de RH, seja este psicólogo ou não, na presença apenas do colaborador e de nenhuma outra pessoa mais. É importante que o colaborador sinta-se à vontade para apresentar seu ponto de vista, seu *feedback* para a organização. Muitas entrevistas de desligamento podem ser consideradas consultorias gratuitas oferecidas por ex-colaboradores à empresa.

Ao fim desta seção, encerramos também a nossa caminhada pelo tema desta obra – recrutamento e seleção de pessoas. Agora, cabe a você colocar em prática tudo o que aprendeu para desenvolver as suas competências e se diferenciar no mercado de trabalho.

Síntese

Neste capítulo, você aprendeu sobre a cultura organizacional, seus aspectos tangíveis e intangíveis, bem como a forma como a cultura molda o comportamento das pessoas, com destaque à importância da cultura organizacional para o processo de integração e adaptação do novo colaborador. Salientamos que o processo de integração ocorre não somente no nível da execução das tarefas, mas, sobretudo, no nível do comportamento.

A integração, mais do que um evento específico na chegada do novo colaborador à empresa, é um processo. Nesse sentido, destacamos o programa de apadrinhamento e seu importante papel no acolhimento e na adaptação, inserindo o recém-admitido no ambiente de trabalho de forma cordial.

Para finalizar o capítulo, abordamos a entrevista de desligamento, realizada no momento da saída do colaborador, permitindo à organização identificar os fatores promotores de insatisfação no ambiente de trabalho e empreender ações no sentido de melhorar as políticas e os procedimentos, com o intuito de melhor atrair, selecionar e manter os colaboradores.

> **Para saber mais**
>
> Para conhecer um excelente exemplo de manual de acolhimento, visite o seguinte *link*:
>
> UFGD – Universidade Federal da Grande Dourados. **Manual de acolhimento de novos servidores HU/UFGD**. Disponível em: <http://www.ufgd.edu.br/proap/cogep/desenvolvimento/downloads/manual-de-acolhimento-de-novos-servidores-hu-ufgd/view?searchterm=None>. Acesso em: 4 ago. 2015.

Questões para revisão

1. Leia o texto a seguir:

> **Nossa cultura**
>
> São realmente as pessoas que fazem do Google o tipo de empresa que ele é. Contratamos pessoas que são inteligentes e determinadas, e preferimos a capacidade em vez da experiência. Embora os Googlers compartilhem da mesma visão e dos mesmos objetivos da empresa, viemos de todos os caminhos da vida e falamos dezenas de línguas, refletindo a audiência global à qual servimos. E quando não estão no trabalho, os Googlers têm interesses que vão do ciclismo à apicultura, do frisbee ao foxtrot.

> Não medimos esforços para manter a cultura livre que costuma ser associada às startups, onde todos são colaboradores participativos e sentem-se confortáveis para trocar ideias e opiniões. Em nossas reuniões gerais semanais ("TGIF"), sem falar nos e-mails ou nos cafés, os Googlers fazem perguntas diretamente para Larry, Sergey e outros executivos sobre qualquer tipo de problema da empresa. Nossos escritórios e cafés são projetados para incentivar as interações entre os Googlers dentro e entre as equipes, e para estimular conversas sobre o trabalho e brincadeiras.

Fonte: Google, 2015.

Ao refletir sobre o texto, é possível afirmar que:

I) A cultura organizacional define a maneira como os integrantes da organização devem interagir entre si, e na Google® todos os colaboradores são estimulados a participar, trocando ideias e opiniões.
II) Cultura organizacional é o conjunto de valores de uma empresa e, conforme o texto da Google®, os valores são fortemente compartilhados nesta organização.
III) Em toda cultura organizacional, há elementos formais – tangíveis – e elementos informais – intangíveis.
IV) Os fundadores de uma organização influenciam a cultura organizacional.

Agora, escolha a resposta correta:

a) Apenas a afirmativa I está correta.
b) As afirmativas I e II estão corretas.
c) As afirmativas I, II e III estão corretas.
d) As afirmativas I e IV estão corretas.
e) Todas as afirmativas anteriores estão corretas.

2. Em relação à cultura organizacional, leia as assertivas a seguir e julgue-as em verdadeiras ou falsas.
   ( ) A cultura organizacional é o conjunto de valores em vigor em uma empresa, suas relações e sua hierarquia, definindo os padrões de comportamento e de atitudes que governam as ações e as decisões mais importantes da administração.
   ( ) A cultura organizacional é constituída por elementos formais e tangíveis, concretos e facilmente identificáveis, e os elementos informais e intangíveis, subjetivos e que exercem grande influência no comportamento das pessoas na organização.
   ( ) A criação e a manutenção da cultura organizacional são altamente influenciadas pelos fundadores da organização, figuras ímpares que a esta legam seus princípios, suas crenças e seus valores.
   ( ) As crenças, importantes elementos da cultura, são espécies de lentes através das quais as pessoas atribuem significado a sua realidade.
   ( ) A mudança da cultura organizacional deve corresponder à seguinte hierarquia: primeiro, pela base; em seguida, nível operacional rumo ao topo; na sequência, nível estratégico da empresa.

   Agora, marque a alternativa que apresenta a sequência correta:
   a) F, V, V, V, F.
   b) V, F, F, V, V.
   c) V, V, V, F, F.
   d) F, F, F, V, V.
   e) V, V, V, V, F.

3. Ao realizar um processo de integração, a empresa deve adotar alguns cuidados, sob pena de criar uma imagem negativa no novo colaborador. Referente a esses cuidados, a empresa deve:
   I) tratar a integração e o acolhimento do novo colaborador meramente como procedimento burocrático.
   II) negligenciar a dimensão psicológica e social do recém-admitido, sem o devido cuidado de lhe oferecer boas-vindas.

III) delegar a tarefa da apresentação da empresa a colaboradores sem a devida qualificação para tal.

IV) tecer comentários que desabonem a organização.

V) encaminhar o novo colaborador diretamente para o trabalho sem lhe oferecer informações necessárias para o desempenho deste.

Marque a alternativa que apresenta a resposta correta:

a) As afirmativas I e II estão corretas.
b) As afirmativas II e III estão corretas.
c) As afirmativas II e IV estão corretas.
d) As afirmativas II, III e V estão corretas.
e) Todas as afirmativas anteriores estão corretas.

4. Qual é o papel da cultura organizacional na integração e adaptação dos novos colaboradores?

5. O que a empresa faz para adaptar o novo funcionário a sua cultura organizacional?

Questões para reflexão

1. Quais são os aspectos éticos que devem ser observados pelo profissional de RH no momento da entrevista de desligamento?

2. Quais estratégias podem ser utilizadas pelas empresas com o propósito de adaptar o novo colaborador à cultura organizacional?

Para concluir...

O trabalho é o amor feito visível.

Khalil Gibran

O processo de recrutamento e seleção é de vital importância para a competitividade das organizações. A empresa que dominar a arte e a técnica que lhe permitam atrair a pessoa certa para o lugar certo estará um passo à frente em relação a objetivos, produtividade e competitividade.

Esta é uma obra que tem o sentido de colaborar para que especialistas de RH empreendam sua jornada profissional municiados de elementos técnicos que lhes possibilitem tomar as melhores decisões, as quais resultarão em escolhas que trarão resultados positivos, tanto para as pessoas quanto para as organizações.

Nesse sentido, buscamos apresentar conhecimentos sobre todo o processo de recrutamento e seleção, desde o conhecimento do contexto das organizações, da estrutura organizacional, das especificidades dos cargos, até a etapa final, compreendida pelo processo de integração.

Desejamos que esta obra tenha contribuído para o desenvolvimento de suas competências como profissional de RH e que sua carreira seja uma inesgotável fonte de alegrias e realizações.

Referências

ALCHIERI, J. C.; CRUZ, R. M. Avaliação psicológica: conceito, métodos e instrumentos. São Paulo: Casa do Psicólogo, 2003. (Coleção Temas em Avaliação Psicológica).

ALMEIDA, I. M. Z. P. de. et al. Módulo III: interfaces entre a psicologia e a educação. Brasília: Ed. da UnB, 2007.

ALMEIDA, L, C. de. Entrevista de desligamento e turnover. RH.com.br., [S.l.], 10 ago. 2010. Disponível em: <http://www.rh.com.br/Portal/Motivacao/Artigo/6726/entrevista-de-desligamento-e-turnover.html>. Acesso em: 4 ago. 2015.

ALMEIDA, W. Captação e seleção de talentos: com foco em competências. 2. ed. São Paulo: Atlas, 2009.

BANOV, M. R. Recrutamento, seleção e competências. 3. ed. São Paulo: Atlas, 2012.

BASE CIENTÍFICA. Método quantum. [S.l.: s.d.]. Disponível em: <http://www.quantumassessment.com.br/index.php?option=com_k2&view=item&id=79&Itemid=142&tmpl=component&print=1>. Acesso em: 4 ago. 2015.

BÍBLIA. Português. Bíblia de Jerusalém. 4. ed. rev. e atual. São Paulo: Paulus, 2002.

BITENCOURT, C. Gestão contemporânea de pessoas: novas práticas, conceitos tradicionais. 2. ed. Porto Alegre: Bookman, 2010.

BORG, J. A arte da linguagem corporal. São Paulo: Saraiva, 2011.

BRASIL. Decreto-Lei n. 4.785, de 5 de outubro de 1942. Diário Oficial da União, Poder Executivo, Brasília, DF, 5 out. 1942. Disponível em: <http://www.planalto.gov.br/ccivil_03/Decreto-Lei/1937-1946/Del4785.htm> Acesso em: 31 ago. 2015.

_____. Decreto-Lei n. 5.452, de 1 de maio de 1943. Diário Oficial da União, Poder Executivo, Brasília, DF, 9 ago. 1943. Disponível em: <http://www.planalto.gov.br/ccivil_03/decreto-lei/Del5452.htm>. Acesso em: 29 ago. 2015.

BRASIL. Decreto n. 73.841, de 13 de março de 1974. **Diário Oficial da União**, Poder Executivo, Brasília, DF, 13 mar. 1974a. Disponível em: <http://www.planalto.gov.br/ccivil_03/decreto/Antigos/D73841.htm>. Acesso em: 29 ago. 2015.

_____. Lei n. 6.019, de 3 de janeiro de 1974. **Diário Oficial da União**, Poder Legislativo, Brasília, DF, 4 jan. 1974b. Disponível em: <http://www.planalto.gov.br/ccivil_03/lEis/L6019.htm>. Acesso em: 29 ago. 2015.

_____. Lei n. 9.029, de 13 de abril de 1995. **Diário Oficial da União**, Poder Legislativo, Brasília, DF, 17 abr. 1995. Disponível em: <http://www.planalto.gov.br/ccivil_03/LEIS/L9029.HTM>. Acesso em: 31 ago. 2015.

_____. Ministério do Trabalho e Emprego. Portaria n. 3.214, de 8 de junho de 1978. **Diário Oficial da União**, Poder Executivo, Brasília, DF, 6 jul. 1978. Disponível em: <http://www.camara.gov.br/sileg/integras/839945.pdf>. Acesso em: 26 ago. 2015.

_____. _____. Portaria n. 3.626, de 13 de novembro de 1991. **Diário Oficial da União**, Poder Executivo, Brasília, DF, 14 nov. 1991. Disponível em: <http://portal.mte.gov.br/data/files/FF8080812BCB2790012BCF0704AB1C02/p_19911113_3626.pdf>. Acesso em: 26 ago. 2015.

CAMARGO, P. S. **A grafologia no recrutamento e seleção de pessoal**. São Paulo: Ágora, 1999.

CANFIELD, J. et al. **Espírito de cooperação no trabalho**. São Paulo: Cultrix, 1999.

CASSAR, V. B. **Direito do trabalho**. 4. ed. Niterói: Impetus, 2010.

CAVALET, S. R. R. et al. O trabalho hoje. **Sanare**, Curitiba, v. 11, n. 11, p. 32-36, jul./dez. 1999. Disponível em: <http://www.sanepar.com.br/sanepar/sanare/vl1/Significado/Significado1/significado1.html>. Acesso em: 4 ago. 2015.

CERQUEIRA, J. da G. Sistema de direito do trabalho. **Revista dos Tribunais**, São Paulo, v. 1, 1961.

CFP – Conselho Federal de Psicologia. **Resolução n. 2/2003**, de 24 mar. 2003. Disponível em: <http://site.cfp.org.br/wp-content/uploads/2003/03/resolucao2003_02_Anexo.pdf>. Acesso em: 26 ago. 2015.

CHIAVENATO, I. Desempenho humano nas empresas: como desenhar cargos e avaliar o desempenho. 5. ed. São Paulo: Atlas, 2001.

_____. Gerenciando com as pessoas: transformando o executivo em um excelente gestor de pessoas. 5. ed. Barueri: Manole, 2015.

_____. Introdução à teoria geral da administração. 6. ed. Rio de Janeiro: Campus, 2000.

_____. Recursos humanos: o capital humano nas organizações. 2. ed. São Paulo: Atlas, 2004.

COMO se preparar para uma entrevista de emprego online. Pense empregos, [S.l.: s.d.]. Disponível em: <http://revista.penseempregos.com.br/noticia/2014/03/como-se-preparar-para-uma-entrevista-de-emprego-online-4433180.html>. Acesso em: 4 ago. 2015.

COSTA, P. C. Gestão de pessoas: arte ou ciência. Portal RH, [S.l.], 2 out. 2010. Disponível em: <http://www.rhportal.com.br/artigos/rh.php?idc_cad=0ey42tkxn>. Acesso em: 4 ago. 2015.

COSTA, T. Compêndio de frases motivacionais e de qualidade. [S.l.: s.n.], 2010.

CUMBERLAND, N. Recrutamento em uma semana: aprenda a selecionar e reter os melhores profissionais e tenha uma equipe motivada e vencedora. Barueri: Figurati, 2014.

DAVEL, E. Recursos humanos e subjetividade. Rio de Janeiro: Vozes, 1997.

DENIZOT, A. E. R. Descrição e análise de cargos e suas contribuições na interface da gestão de pessoas com a saúde e a segurança do trabalho. 140 f. Dissertação (Mestrado em Sistemas de Gestão) – Universidade Federal Fluminense, Niterói, 2003. Disponível em: <http://www.latec.uff.br/cursos/strictosensu/sistemasdegestao/Monografia.pdf>. Acesso em: 4 ago. 2015.

DESSLER, G. Administração de recursos humanos. 2. ed. São Paulo: Prentice Hall, 2003.

DOUGLAS, W. O poder dos dez mandamentos: o roteiro bíblico para uma vida melhor. São Paulo: Mundo Cristão, 2013.

DUBRIN, A. Fundamentos do comportamento organizacional. São Paulo: Pioneira, 2003.

DURAND, T. Forms of incompetence. In: INTERNATIONAL CONFERENCE ON COMPETENCE-BASED MANAGEMENT, 4., 1998, Oslo. Proceedings... Oslo: Norwegian School of Management, 1998.

ELOI, J. Testes projetivos: vantagens e implicações. Psicologia Free, [S.l.], 20 jun. 2012. Disponível em: <http://www.psicologiafree.com/curiosidades/testes-projetivos-vantagens-e-implicacoes>. Acesso em: 4 ago. 2015.

EMPREGO ligado. Cinco maneiras erradas de anunciar uma vaga de emprego. [S.l.], 31 jan. 2014. Disponível em: <http://recrutar.empregoligado.com.br/5-maneiras-erradas-de-anunciar-uma-vaga-de-emprego/#sthash.rLIxLjpQ.dpuf>. Acesso em: 4 ago. 2015.

EMPRESA desistiu de contratar após exame admissional. Proteção, [S.l.], 13 dez. 2010. Disponível em: <http://www.protecaoeventos.com.br/site/content/noticias/noticia_detalhe.php?id=JyjbAAy4>. Acesso em: 4 ago. 2015.

ERIKSON, E. H. Infância e sociedade. Rio de Janeiro: J. Zahar, 1976.

ERTHAL, T. Manual de psicometria. Rio de Janeiro: J. Zahar, 1987.

FCDL – Federação das Câmaras de Dirigentes Lojistas. Integração de novos colaboradores. Disponível em: <http://www.fcdl-sc.org.br/userfiles/file/arquivos/manualDoColaborador/manualDeIntegracaoCdls.pdf>. Acesso em: 26 ago. 2015.

FELIPPE, M. I. A entrevista por competência. Portal RH, [S.l.], 2 set. 2015. Disponível em: <http://www.rhportal.com.br/artigos/rh.php?idc_cad=eigylg04h>. Acesso em: 4 ago. 2015.

FERREIRA, A. B. H. Novo dicionário Aurélio da língua portuguesa. Rio de Janeiro: Nova Fronteira, 1986.

FERREIRA, H. D. B. Assédio moral nas relações de trabalho. Campinas: Russel, 2004.

FIDELIS, G. J.; BANOV, M. Gestão de recursos humanos: tradicional e estratégica. São Paulo: Érica, 2006.

FORMIGA, N. S.; MELLO, I. Testes psicológicos e técnicas projetivas: uma integração para um desenvolvimento da interação interpretativa indivíduo-psicólogo. Psicologia, Ciência e Profissão, Brasília, v. 2, n. 20, p. 12-19, jun. 2000. Disponível em: <http://pepsic.bvsalud.org/pdf/pcp/v20n2/v20n2a04.pdf>. Acesso em: 4 ago. 2015.

FORONI, P. G. Gestão estratégica de pessoas: um estudo de caso sobre o alinhamento estratégico. 120 f. Dissertação (Mestrado em Ciências) – Faculdade de Economia, Administração e Contabilidade da Universidade de São Paulo, São Paulo, 2014.

GIL, A. C. Administração de recursos humanos: um enfoque profissional. São Paulo: Atlas: 1994.

GOLEMAN, D. Inteligência emocional: a teoria revolucionária que redefine o que é ser inteligente. 45. ed. Rio de janeiro: Objetiva, 1995.

GOMAN, C. K. A vantagem não verbal: segredos e ciência da linguagem corporal no trabalho. Petrópolis: Vozes, 2010.

GONDIM, S. M.; COLS, G. Perfil profissional, formação escolar e mercado de trabalho segundo a perspectiva de profissionais de Recursos Humanos. Psicologia, Organizações e Trabalho, São Paulo, v. 10, n. 21, p. 119-152, jul./dez. 2003.

GOOGLE. Nossa cultura. Disponível em: <https://www.google.com/intl/pt-BR/about/company/facts/culture>. Acesso em: 4 ago. 2015.

GUGLIELMI, A. A linguagem secreta do corpo: a comunicação não verbal. Petrópolis: Vozes, 2011.

INSTITUTO AHAU. Sigmund Freud. Disponível em: <http://ahau.org/sigmund-freud>. Acesso em: 26 ago. 2015.

JANUZZI, L. Recrutamento pela internet. RH.com.br, [S.l.], 27 fev. 2004. Disponível em: <http://www.rh.com.br/ler.php?cod=3739&org=3>. Acesso em: 26 set. 2015.

JORGE NETO, F. F. Curso de direito do trabalho. São Paulo: Atlas, 2010.

JUNIOR, W. Importância da gestão de pessoas na organização. Estudo Administração, [S.l.], 27 jan. 2015. Disponível em: <http://www.estudoadministracao.com.br/ler/gestao-de-pessoas-nas-empresas>. Acesso em: 4 ago. 2015.

KANAANE, R. Comportamento humano nas organizações: o homem rumo ao século XXI. 2. ed. São Paulo: Atlas, 1999.

KANAN, L. A.; ARRUDA, M. P. A organização do trabalho na era digital. Estudos de Psicologia, Campinas, v. 30, n. 4, p. 583-591, out/dez. 2013. Disponível em: <http://www.scielo.br/scielo.php?script=sci_arttext&pid=S0103-166X2013000400011&lng=en&tlng=pt. 10.1590/S0103-166X2013000400011>. Acesso em: 4 ago. 2015.

KURITA, T. M. Os perigos de não registrar um funcionário. Exame.com. São Paulo, 22 out. 2013. Disponível em: <http://exame.abril.com.br/pme/noticias/os-perigos-de-nao-registrar-um-funcionario>. Acesso em: 4 ago. 2015.

KURY, A. da G. Minidicionário da língua portuguesa. São Paulo: FTD, 2004.

LACOMBE, F. J. M. Dicionário de administração. São Paulo: Saraiva, 2004.

_____. Recursos humanos: princípios e tendências. 2. ed. São Paulo: Saraiva, 2011.

LACOMBE, F. J. M.; HEILBORN, G. Administração: princípios e tendências. São Paulo: Saraiva, 2003.

LEME, R. Aplicação prática de gestão de pessoas por competências: mapeamento, treinamento, seleção, avaliação e mensuração de resultados de treinamento. 2. ed. Rio de Janeiro: Qualitymark, 2012.

_____. Seleção e entrevista por competência com inventário comportamental. Rio de janeiro: Qualitymark, 2007.

LIMA, A. A parábola do velho lenhador. Algo sobre, [S.l.: s.d.]. Disponível em: <https://www.algosobre.com.br/carreira/a-parabola-do-velho-lenhador.html>. Acesso em: 4 ago. 2015.

LIMONGI-FRANÇA, A. C. Práticas de recursos humanos: conceitos, ferramentas e procedimentos. São Paulo: Atlas, 2008.

_____. Qualidade de vida no trabalho: conceitos e práticas nas empresas da sociedade pós-industrial. São Paulo: Atlas, 2014.

LIPOWSKI, Z. J. Psychosomatic Medicine: Past and Present. Can. J. Psychiatry, Toronto, v. 1, 1966.

LOTZ, E. G.; GRAMMS, L. C. Coaching e Mentoring. Curitiba: InterSaberes, 2014.

____. Gestão de talentos. Curitiba: InterSaberes, 2012.

MANCILHA, J. Hipnose. Golfinho, [S.l.], 20 abr. 1997. Disponível em: <http://golfinho.com.br/artigo/hipnose.htm>. Acesso em: 26 ago. 2015.

MARRAS, J. P. Administração de remuneração. 2. ed. São Paulo: Thomson Learning, 2002.

MATOS, K. Terra prometida. RH Portal, [S.l.], 2 set. 2015. Disponível em: <http://www.rhportal.com.br/artigos/rh.php?idc_cad=kyvkys6cw>. Acesso em: 26 set. 2015.

MAXIMIANO, A. C. A. Teoria geral da administração. São Paulo: Atlas, 2008.

MEHRABIAN, A.; FERRIS, S. R. Inference of Attitudes from Nonverbal Communication in Two Channels. Journal of Consulting Psychology, Washington, v. 31, n. 3, p. 248-252, jun. 1967. Disponível em: <http://psycnet.apa.org/index.cfm?fa=buy.optionToBuy&uid=1967-10403-001>. Acesso em: 26 ago. 2015.

MENDANHA, M. H. Teste de gravidez no exame admissional: pode? Saúde Ocupacional, [S.l.], 5 mar. 2011. Disponível em: <http://www.saudeocupacional.org/2011/03/pode-o-medico-do-trabalho-solicitar.html>. Acesso em: 28 ago. 2015.

MILITÃO, A.; MILITÃO, R. S. O. S. dinâmica de grupo. Rio de Janeiro: Qualitymark, 2003.

MILKOVICH, G.; BOUDREAU, J. W. Administração de recursos humanos. São Paulo: Atlas, 2013.

MPT – Ministério Público do Trabalho. O Ministério Público do Trabalho e os direitos dos trabalhadores. Disponível em: <http://www.pcdlegal.com.br/cartilhampt/index.php>. Acesso em: 26 ago. 2015.

NOVA ACRÓPOLE. Nasrudim e a chave perdida. Lisboa, [S.d.]. Disponível em: <http://www.nova-acropole.pt/a_nasrudin.html>. Acesso em: 4 ago. 2015.

O'CONNOR, J.; SEYMOUR, J. Introdução à programação neurolinguística: como entender e influenciar as pessoas. São Paulo: Summus, 1995.

OCCUPMÉDICA. **Exame admissional**. Disponível em: <http://www.occupmedica.com.br/exames-clinicos/exame-admissional.html>. Acesso em: 4 ago. 2015.

OIT – Organização Internacional do Trabalho. **Apresentação**. Disponível em: <http://www.oitbrasil.org.br/content/apresenta%C3%A7%C3%A3o>. Acesso em: 31 ago. 2015.

OLIVEIRA, A. de. **Manual de práticas trabalhistas**. 44. ed. São Paulo: Atlas, 2010.

OLIVEIRA, D. P. R. **Sistemas, organização e métodos**: uma abordagem gerencial. 12. ed. São Paulo: Atlas, 2001.

PANTALEÃO, S. F. Se vire que o problema é seu – será? **Guia trabalhista**, [S.l.], 8 jan. 2013. Disponível em: <http://www.guiatrabalhista.com.br/tematicas/problema_de_todos.htm>. Acesso em: 4 ago. 2015.

PASQUALI, L.; ALVES, A. R.; PEREIRA, M. A. de M. Escala de lócus de controle. **Psicol. Reflex. Crit.**, Porto Alegre, v. 11, n. 2, 1998. Disponível em: <http://www.scielo.br/scielo.php?script=sci_arttext&pid=S0102-79721998000200013>. Acesso em: 26 ago. 2015.

PASSOS, A. E. V. M. et al. **Atração e seleção de pessoas**. Rio de Janeiro: FGV, 2005.

PEREIRA, M. C. B. **RH essencial**: gestão estratégica de pessoas e competências. São Paulo: Saraiva, 2014.

PONTES, B, R. **Planejamento, recrutamento e seleção de pessoal**. 7. ed. São Paulo: LTr, 2014.

PORTAL Disc. **O Disc original**. Disponível em: <http://www.disc.com.br/o-disc-original.shtml>. Acesso em: 4 ago. 2015a.

_____. **Os quatro fatores da teoria Disc**. Disponível em: <http://www.disc.com.br/index.php/os-4-fatores>. Acesso em: 4 ago. 2015b.

RABAGLIO, M. O. **Gestão por competências**: ferramentas para a atração e captação de talentos humanos. Rio de Janeiro: Qualitymark, 2014.

RANGEL, A. **O que podemos aprender com os gansos**: lições de cooperação, liderança e motivação para melhorar a qualidade de vida, o ambiente de trabalho e a produtividade da empresa. São Paulo: Original, 2003.

RAUB, S. P. A Knowledge-Based Framework of Competence Development. In: INTERNATIONAL CONFERENCE ON COMPETENCE-BASED MANAGEMENT, 4., 1998, Oslo. Proceedings... Oslo: Norwegian School of Management, 1998.

REISSWITZ, F. Análise de sistemas: tecnologia e sistema da informação. São Paulo: Makron Books, 2012. v. 1.

ROBBINS, S. P. Comportamento organizacional. Tradução de Reynaldo Marcondes. 9. ed. São Paulo: Prentice Hall, 2002.

ROBBINS, S. P.; JUDGE, T.; SOBRAL, F. Comportamento organizacional: teoria e prática no contexto brasileiro. 14 ed. São Paulo: Prentice Hall, 2010.

ROSA, H. A. Informações trabalhistas. Disponível em: <http://genesisbrasil.org/15112/15312.html>. Acesso em: 4 ago. 2015.

RUSSOMANO, M. V. Curso de direito do trabalho. 6. ed. Curitiba: Juruá, 1997.

SANTOS, J. C. S. Os vários e curiosos métodos de seleção de pessoal nas organizações. Administradores.com, [S.l.], 14 nov. 2012. Disponível em: <http://www.administradores.com.br/artigos/carreira/os-varios-e-curiosos-metodos-de-selecao-de-pessoal-nas-organizacoes/67276>. Acesso em: 4 ago. 2015.

SATEPSI – Sistema de Avaliação de Testes Psicológicos. Testes favoráveis. Disponível em: <http://satepsi.cfp.org.br/listaTeste.cfm?status=1>. Acesso em: 4 ago. 2015.

SCHEIN, E. H. Organizational Culture and Leadership. San Francisco: Jossey Bass, 1991.

SINDPD – Sindicato dos Trabalhadores em Processamento de Dados e Tecnologia da Informação do Estado de São Paulo. A lei protege e os trabalhadores agradecem. Disponível em: <http://www.sindpd.org.br/sindpd/clt70anos>. Acesso em: 4 ago. 2015.

SOIBELMAN, L. Enciclopédia do advogado. 3. ed. Rio de Janeiro: Rio, 1981.

SORIO, W. Entrevistas de seleção. Guia RH, [S.l.: s.d.]. Disponível em: <http://www.guiarh.com.br/z68.htm>. Acesso em: 4 ago. 2015.

SOUZA, J. V. de. Grafologia como ferramenta estratégica e identificadora de talentos nas organizações atuais. Disponível em: <http://www.opet.com.br/site/pdf/artigos/MUNDO-CORPORATIVO-grafologia-como-ferramenta-estrategica.pdf>. Acesso em: 28 ago. 2015.

SÜSSEKIND, A. Curso de direito do trabalho. São Paulo: Renovar, 2002.

TEIXEIRA, P. H. Anúncios discriminatórios. Guia Trabalhista, [S.l.: s.d.]. Disponível em: <http://www.guiatrabalhista.com.br/tematicas/anunciosdiscriminatorios.htm>. Acesso em: 31 ago. 2015.

ULYSSEA, A. Testes psicológicos e suas finalidades. RH Portal, [S.l.], 2 set. 2015. Disponível em: <http://www.rhportal.com.br/artigos/rh.php?idc_cad=ly9suxr3z>. Acesso em: 26 set. 2015.

VALE FERTILIZANTES desenvolve o programa padrinhos. Diário Sintonia, Araxá, 29 out. 2013. Disponível em: <http://www.diariosintonia.com.br/index.php?option=com_content&view=article&id=5151:vale-fertilizantes-desenvolve-o-programa-padrinhos&catid=32:cidade&Itemid=34>. Acesso em: 4 ago. 2015.

VELS, A. Dicionário de grafologia e termos psicológicos afins. Tradução de José Carlos de Almeida Cunha. São Paulo: Casa do Psicólogo, 1997.

WERNER, K. P. Você está trabalhando na função certa? Administradores.com, [S.l.], 1 jul. 2013. Disponível em: <http://www.administradores.com.br/artigos/negocios/voce-esta-trabalhando-na-funcao-certa/71514>. Acesso em: 31 ago. 2015.

WIND, Y. J.; CROOK, C.; GUNTHER, R. A força dos modelos mentais: transforme o negócio da sua vida e a vida do seu negócio. Porto Alegre: Bookman, 2006.

XANDRÓ, M. Grafologia para todos. São Paulo: Ágora, 1998.

ZANLUCA, J. C. A consolidação das leis do trabalho: CLT. Disponível em: <http://www.guiatrabalhista.com.br/tematicas/clt.htm>. Acesso em: 4 ago. 2015

ZAVADIL, P. R. Plano de negócios: uma ferramenta de gestão. Curitiba: InterSaberes, 2012.

ZYLBERKAN, M. Sem mão de obra, Santa Catarina importa haitianos. Veja.com, [S.l.], 2 fev. 2014. Disponível em: <http://veja.abril.com.br/noticia/brasil/sem-mao-de-obra-santa-catarina-importa-haitianos>. Acesso em: 4 ago. 2015.

Apêndice 1 – Modelo de análise e descrição de cargo

ANÁLISE E DESCRIÇÃO DE CARGO	
Título do cargo:	Reporte:
Ocupante:	Área:
Atribuições/responsabilidades do cargo	

Requisitos	
técnicos:	comportamentais:

Resultados esperados do cargo
Particularidades/complexidades do trabalho
Equipamentos utilizados
Contatos exigidos
Condições de trabalho
Aprovações:

Ocupante	Superior imediato	Gestão de pessoas
Data: ___/___/___	Data: ___/___/___	Data: ___/___/___

Apêndice 2 – Modelo de ficha profissiográfica

FICHA PROFISSIOGRÁFICA	
Cargo:	Código do cargo:

Para cada característica necessária para o cargo, atribua um grau exigido.
1 – Não é necessário
2 – Pouco necessário
3 – Muito necessário
4 – Totalmente necessário

	Características		Traços e características
FÍSICOS	**Características** ( ) Idade ( ) Estatura ( ) Compleição física ( ) Estética ( ) Carregar peso ( ) Permanecer em pé ( ) Permanecer sentado **Destreza** ( ) Manual ( ) Digital ( ) Velocidade de reação **Coordenação motora** ( ) Mãos ( ) Braços ( ) Pernas ( ) Pés **Sentidos especiais** ( ) Audição ( ) Visão perto ( ) Visão longe ( ) Visão cores ( ) Visão seletiva	**COMPORTAMENTAIS**	**Traços e características de personalidade** ( ) Atenção ( ) Autocontrole ( ) Adaptabilidade ( ) Boa dicção ( ) Capacidade de abstração ( ) Capacidade de análise ( ) Capacidade de argumentação ( ) Capacidade de concentração ( ) Capacidade de empatia ( ) Capacidade de julgamento ( ) Capacidade de planejamento ( ) Capacidade de percepção ( ) Capacidade de persuasão ( ) Capacidade de planejamento ( ) Capacidade de organização ( ) Capacidade de síntese ( ) Características de liderança ( ) Dedicação ( ) Fluência verbal ( ) Memória visual ( ) Memória auditiva ( ) Sociabilidade

(continua)

(conclusão)

CONHECIMENTOS	( ) Instrução geral ( ) Instrução profissional ( ) Conhecimento teórico específico ( ) Experiência prática ( ) Redação ( ) Outros idiomas	**OUTROS**	Provas, testes e exames a aplicar: _____ _____ _____ _____

Apêndice 3 – Modelo de inscrição para recrutamento interno

INSCRIÇÃO PARA RECRUTAMENTO INTERNO			Cargo:	
Nome completo:			Depto:	Horário de trabalho atual:
Idade:	E-mail:	Fone:		
		residencial	celular	comercial
Estado civil:	Se casado, o cônjuge trabalha?			No filhos/idade:
Escolaridade	**Nome do curso**	**Nome da instituição**	**Conclusão**	**Em curso/série**
Básico/fundamental				
Médio				
Superior				
Pós-graduação/MBA				
Conhecimento de idiomas		**Básico**	**Intermediário**	**Avançado**
Inglês				
Espanhol				
Outros				

(continua)

(conclusão)

Conhecimentos de informática	Ótimo	Bom	Não tem
Planilhas (Excel)			
Editor de texto (Word)			
Outros (especificar):			
Conhecimentos específicos			

Dados profissionais			
Cargo atual:		Salário atual:	
Principais atividades que realiza:			
Cargos ocupados anteriormente na empresa:		Principais atividades de trabalho:	
Empresa anterior:		Data de admissão:	Data de saída:
Último cargo:		Principais atividades de trabalho:	
Por que está se candidatando a esta vaga?			
Nome do superior imediato:	Telefone:	Visto do superior imediato:	
Local:	Data:	Assinatura:	

Apêndice 4 – Modelo de ficha para requisição de pessoal

REQUISIÇÃO DE PESSOAL		
Cargo:	**Departamento:**	**Setor:**
Motivo: ☐ Aumento de quadro ☐ Transferência ☐ Promoção ☐ Substituição. Quem?	**Tipo:** ☐ Efetivo ☐ Temporário ☐ Estagiário ☐ Terceirizado	
Sexo: ☐ Masculino ☐ Feminino	Idade:	
Escolaridade:	Estado civil:	
Horário de trabalho:		
Experiência desejada:		
Características pessoais desejadas:		
Tarefas a realizar:		
Aprovações		
Requisitante: Data: ___/___/___ Assinatura: _____	Diretor da área: Data: ___/___/___ Assinatura: _____	Recursos humanos: Data: ___/___/___ Assinatura: _____
Admissão		
Data de admissão: ___/___/___	Salário inicial: ___/___/___	

Apêndice 5 – Modelo de ficha de solicitação de emprego

PROPOSTA DE TRABALHO	Cargo:	
	Pretensão salarial:	
Dados pessoais		
Nome completo	Idade	Data e local de nascimento
Estado civil	Nome do cônjuge	Nº de filhos
Endereço residencial		
Bairro e cidade	CEP	E-mail	Telefone
Escolaridade/curso		
RG	CPF	
Filiação		
Mãe:	Pai:	
Empregos anteriores		
Empresa		
Cargo	Data de admissão	Data de demissão
Motivo da saída		
Empresa		
Cargo	Data de admissão	Data de demissão
Motivo da saída		
Empresa		
Cargo	Data de admissão	Data de demissão
Motivo da saída		

(continua)

(conclusão)

Outras informações		
Foi indicado por alguém da empresa? ( ) Sim ( ) Não	Nome	Grau de parentesco
Estuda atualmente? ( ) Sim ( ) Não	Curso	Instituição
Aceita trabalhar em turnos? ( ) Sim ( ) Não	Possui carteira de habilitação? ( ) Sim ( ) Não	Categoria: Validade: _/_/_
Declaro que as informações por mim prestadas são verdadeiras e de minha inteira responsabilidade. Data: ___/___/___ Assinatura:		

Apêndice 6 – Modelo de avaliação do período de experiência

AVALIAÇÃO DO PERÍODO DE EXPERIÊNCIA		
Nome do colaborador	Matrícula	
Setor	Data de admissão	
Nome do avaliador		
1º período: 45 dias	Data:	
2º período: 90 dias	Data:	
Avalie o período de experiência do funcionário, conforme os itens:		
1 – Abaixo das expectativas 3 – Atende às expectativas 2 – Atende parcialmente às expectativas 4 – Supera as expectativas		
Item	**1º Período**	**2º Período**
Responsabilidade		
Trabalho em equipe		
Foco nos resultados		
Compromisso com as atividades		
Respeito às pessoas		
Assiduidade e disciplina		
Produção e rendimento		
Saúde e segurança no trabalho		
Respeito ao meio ambiente		
Disponibilidade para ajudar a área		
Total de pontos		

(continua)

(conclusão)

Baseado no perfil do cargo, descreva e avalie as três principais responsabilidades/atribuições do funcionário, considerando sua função atual.
Descreva outros conhecimentos importantes a serem avaliados para o cargo.
AVALIAÇÃO DO 1º PERÍODO DE EXPERIÊNCIA
( ) Prorrogar ( ) Rescindir
ATRIBUA UMA NOTA AO FUNCIONÁRIO (de 1 a 4):
Comentários do avaliador:
Comentários do avaliado:
TERMO DE PRORROGAÇÃO Por mútuo acordo entre as partes, fica o presente contrato de experiência, que deveria vencer nesta data, prorrogado até ___/___/___. Data de envio ao gestor: ___/___/___. Data de devolução ao setor de RH: ___/___/___.
ASSINATURAS: Avaliador: _____ Avaliado: _____
AVALIAÇÃO DO 2º PERÍODO DE EXPERIÊNCIA
( ) Prorrogar ( ) Rescindir
ATRIBUA UMA NOTA AO FUNCIONÁRIO (de 1 a 4):
Comentários do avaliador:
Comentários do avaliado:
TERMO DE EFETIVAÇÃO Por mútuo acordo entre as partes, o presente contrato passa a ser por tempo indeterminado. Data de envio ao gestor: ___/___/___. Data de devolução ao setor de RH: ___/___/___.
ASSINATURAS: Avaliador: _____ Avaliado: _____

Apêndice 7 – Modelo de questionário de desligamento

DADOS DO COLABORADOR DESLIGADO
NOME: _____
Superior imediato: _____
Data de admissão: ___/___/___. Cargo: _____   Área: _____   Data do desligamento: ___/___/___. Cargo: _____   Área: _____
Idade: ( ) entre 18 e 23 anos   ( ) entre 24 e 29 anos   ( ) entre 30 e 35 anos   ( ) entre 36 e 41 anos   ( ) entre 42 e 50 anos   ( ) entre 51 e 56 anos   ( ) acima de 57 anos   **Sexo:**   ( ) masculino   ( ) feminino   **Estado civil:**   ( ) solteiro   ( ) casado   ( ) divorciado   ( ) viúvo   ( ) nenhuma das alternativas anteriores   **Tempo de trabalho na empresa:**   ( ) menos de 90 dias   ( ) menos de 1 ano   ( ) de 1 a 2 anos   ( ) de 3 a 5 anos   ( ) de 6 a 10 anos   ( ) de 11 a 16 anos   ( ) acima de 17 anos

(continua)

INFORMAÇÕES SOBRE O DESLIGAMENTO	
Tipo: ( ) Solicitou demissão ( ) Foi demitido	
Motivo:	
( ) Melhor oportunidade profissional	( ) Redução de quadro
( ) Melhor oportunidade salarial	( ) Indisciplina
( ) Ausência de perspectiva de crescimento	( ) Baixo desempenho/produtividade
( ) Relacionamento interpessoal – colegas	( ) Motivos pessoais
( ) Relacionamento interpessoal – gestor	( ) Justa causa
( ) Capacitação técnica incompatível	( ) Horário de trabalho
( ) Inadaptação à cultura e aos valores da empresa	( ) Outros: _____

FATORES DE AVALIAÇÃO

Em relação à empresa

	Insatisfeito	Satisfeito	Muito satisfeito	Indiferente
1. Imagem da empresa no mercado				
2. Informações importantes sobre o que ocorreu na empresa				
3. Condições do ambiente físico: equipamentos, local de trabalho, higiene e limpeza				
4. Código de ética, políticas e normas da empresa				
5. Benefícios oferecidos pela empresa				
6. Remuneração recebida pelo trabalho que executava				
7. Outros comentários:				

(continua)

Em relação à área de trabalho				
	Insatisfeito	Satisfeito	Muito satisfeito	Indiferente
1. Comunicação entre as pessoas da área				
2. Oportunidade de crescimento				
3. Execução de tarefas por parte dos funcionários				
4. Outros comentários:				
Em relação ao relacionamento interpessoal				
	Insatisfeito	Satisfeito	Muito satisfeito	Indiferente
1. Relacionamento com colegas de trabalho				
2. Relacionamento com o gestor imediato				
3. Relacionamento com as demais áreas da empresa				
4. Abertura para receber sugestões				
5. Outros comentários:				
Em relação à liderança				
1. Orientação do gestor para a execução do trabalho				
2. Consideração com as ideias e as sugestões do funcionário				
3. Preparo do gestor para liderar uma equipe				

(continua)

(conclusão)

4. Forma de tratamento utilizada pelo gestor com a equipe	
5. Outros comentários:	

Avaliação geral da empresa

No geral, considerando todos os aspectos, trabalhar na empresa foi:
( ) Excelente
( ) Bom
( ) Regular
( ) Ruim
Justificativa:

Voltaria a trabalhar na empresa:
( ) Sim
( ) Não
Justificativa:

Parecer do entrevistador

Data: ___/___/___ Assinatura: _____

Parecer do gestor

Data: ___/___/___ Assinatura: _____

Anexo – Lei n. 9.029/1995

PRESIDÊNCIA DA REPÚBLICA

Casa Civil

Subchefia para Assuntos Jurídicos

LEI Nº 9.029, DE 13 DE ABRIL DE 1995.

O PRESIDENTE DA REPÚBLICA Faço saber que o Congresso Nacional decreta e eu sanciono a seguinte lei:

Art. 1. Fica proibida a adoção de qualquer prática discriminatória e limitativa para efeito de acesso a relação de emprego, ou sua manutenção, por motivo de sexo, origem, raça, cor, estado civil, situação familiar ou idade, ressalvadas, neste caso, as hipóteses de proteção ao menor previstas no inciso XXXIII do art. 7º da Constituição Federal.

Art. 2. Constituem crime as seguintes práticas discriminatórias:

I – a exigência de teste, exame, perícia, laudo, atestado, declaração ou qualquer outro procedimento relativo à esterilização ou a estado de gravidez;

II – a adoção de quaisquer medidas, de iniciativa do empregador, que configurem;

a) indução ou instigamento à esterilização genética;

b) promoção do controle de natalidade, assim não considerado o oferecimento de serviços e de aconselhamento ou planejamento familiar, realizados através de instituições públicas ou privadas, submetidas às normas do Sistema Único de Saúde (SUS).

Pena: detenção de um a dois anos e multa.

Parágrafo único. São sujeitos ativos dos crimes a que se refere este artigo:

I – a pessoa física empregadora;

II – o representante legal do empregador, como definido na legislação trabalhista;

III – o dirigente, direto ou por delegação, de órgãos públicos e entidades das administrações públicas direta, indireta e fundacional de qualquer dos Poderes da União, dos Estados, do Distrito Federal e dos Municípios.

Art. 3. Sem prejuízo do prescrito no art. 2º e nos dispositivos legais que tipificam os crimes resultantes de preconceito de etnia, raça ou cor, as infrações do disposto nesta Lei são passíveis das seguintes cominações:

I – multa administrativa de dez vezes o valor do maior salário pago pelo empregador, elevado em cinquenta por cento em caso de reincidência;

II – proibição de obter empréstimo ou financiamento junto a instituições financeiras oficiais.

Art. 4. O rompimento da relação de trabalho por ato discriminatório, nos moldes desta Lei, além do direito à reparação pelo dano moral, faculta ao empregado optar entre:

I – a readmissão com ressarcimento integral de todo o período de afastamento, mediante pagamento das remunerações devidas, corrigidas monetariamente, acrescidas dos juros legais;

II – a percepção, em dobro, da remuneração do período de afastamento, corrigida monetariamente e acrescida dos juros legais.

Art. 5. Esta lei entra em vigor na data de sua publicação.

Art. 6. Revogam-se as disposições em contrário.

Brasília, 13 de abril de 1995; 174. da Independência e 107° da República.

FERNANDO HENRIQUE CARDOSO

Fonte: **Brasil, 1995.**

Respostas

Capítulo 1

Questões para revisão

1. e
   A afirmação IV é falsa porque é obrigatório, por lei, o registro de empregados. Quando a empresa negligencia esse aspecto, está sujeita a punições.
2. d
   A área de gestão de pessoas está em crescimento histórico e acelerado, proporciona a valorização do ser humano e faz parte das decisões estratégicas da organização.
3. d
   Nesse caso, o cenário favorece em muito as organizações, e ocorre que: a) elas não precisam investir tanto em processos de recrutamento, uma vez que existe grande volume de apresentações espontâneas por parte dos candidatos; b) os critérios de seleção passam ser mais altos e rígidos; c) há menores investimentos em treinamentos, pois muitos candidatos altamente qualificados se apresentam.
4. O trabalho proporciona ao ser humano contato com o meio social. É importante destacar que, nessa relação, é necessário o desempenho adequado, e que "ser alguém", ou seja, ter prestígio e reconhecimento social, está diretamente relacionado ao que a pessoa faz e com o que trabalha.
5. O processo de recrutamento de pessoal é vital para o processo de seleção, pois o primeiro alimenta o segundo. Quando a etapa do recrutamento não consegue atrair o número adequado de candidatos, o processo de seleção fica comprometido, uma vez que este pressupõe a escolha do candidato mais adequado ao desempenho da função.

Questões para reflexão

1. Acredita-se que, por meio da inclusão digital, muitas pessoas podem ter acesso à informação e, sobretudo, à formação de qualidade, bem como desenvolver suas competências e obter diplomas. Como consequência, terão

melhores condições de competir no mercado de trabalho.
2. Desenvolvendo políticas de contratação e manutenção dos colaboradores alinhadas à missão, à visão e aos valores da organização.

Capítulo 2

Questões para revisão
1. b
   Uma vez que não existe documento que norteie o processo de contratação, a primeira providência a ser tomada, antes de divulgar a vaga ou analisar currículos, é pesquisar as funções e os requisitos do cargo, bem como elaborar a análise e descrição de cargos, pois deste documento serão extraídas as informações tanto para a elaboração da vaga quanto para a identificação de compatibilidade entre o perfil do candidato e as necessidades do cargo a ser preenchido.
2. d
3. e
   A adoção de recrutamento interno justifica-se em virtude da política da organização, que, conforme descrito no enunciado da questão, prima por promover o crescimento e a valorização do colaborador sempre que houver a oportunidade por meio de abertura de vagas.
4. Caso a empresa publique um anúncio com características discriminatórias e pessoas sentirem-se discriminadas, estas poderão recorrer à justiça e exigir indenizações.
5. Não há um meio mais eficaz que outro. Isto depende da empresa, das características da vaga e dos candidatos que ela quer abranger.

Questões para reflexão
1. a) Anunciar em *sites* com grande acesso; só assim o público-alvo será atingido.
   b) Cada vaga possui características distintas, então o perfil profissional procurado deve ser respeitado, e o anúncio, elaborado conforme as características e necessidade do perfil.
   c) Informações sobre a vaga são importantes e devem ser colocadas no anúncio, assim como o local da empresa, a carga horária, as atividades a serem desenvolvidas,

os requisitos mínimos do candidato.

d) Criar e informar um *e-mail* para cada vaga aberta, assim, a busca por candidatos será eficaz e, se houver necessidade de trabalhar uma vaga com mais urgência do que outra, a rapidez será fundamental no processo.

2. Quando as características da vaga ou do perfil não estão claras ou devidamente discriminadas, o anúncio pode atrair um grande número de candidatos não aptos para o desempenho do cargo, gerando grande volume de trabalho extra aos recrutadores na triagem dos currículos. Por outro lado, pode não atrair candidatos suficientes para alimentar o processo seletivo. Além disso, caso seja detectado algum tipo de discriminação, a empresa pode sofrer processos legais.

Capítulo 3

Questões para revisão

1. c
2. c
   Embora o processo seletivo possa variar em função das características da vaga, neste caso, considerando as características do segmento, recomenda-se as etapas compostas por triagem dos currículos, convocação de candidatos para dinâmica de grupo, aplicação de testes de capacidade, entrevista tradicional e teste psicológico.
3. b
4. Denise deverá elaborar o novo processo com os seguintes passos: levantar o perfil da vaga; elaborar e divulgar o anúncio em escolas especializadas; triar os currículos recebidos; elaborar um teste prático para os candidatos (desenvolver um novo uniforme para uma equipe de atletismo, por exemplo); entrevistar os candidatos com entrevista tradicional e por competência; realizar uma dinâmica de grupo; aplicar testes projetivos para a avaliação da personalidade do candidato; encaminhar os aprovados para uma entrevista técnica com o gestor da área.
5. Toda dinâmica de grupo deve ser cuidadosamente preparada, seguindo os seguintes passos: o ambiente deve

ser preparado com antecedência; o selecionador precisa saber exatamente o que quer alcançar com a aplicação; a duração da atividade tem de ser previamente definida; devem ser observados e anotados os fatos ocorridos com os participante; o selecionador deve fazer um fechamento da experiência.

Questões para reflexão
1. Com esta pergunta, você terá um posicionamento baseado em seu modelo mental. Assim, você poderá defender que os critérios utilizados foram absolutamente coerentes com o objetivo da organização. Por outro lado, pode também defender que essas habilidades em relação a conhecimento de vinho e culinária podem ser adquiridas posteriormente pelo profissional, e que a exigência de tais habilidades pode provocar a perda um profissional altamente qualificado para ocupar o posto de engenheiro comercial.
2. Essa decisão tem impacto no custo do processo seletivo, caso o colaborador selecionado tenha de ser rapidamente substituído; pode ocorrer a não observância da compatibilidade entre o perfil da vaga e o perfil do candidato, além de outros detalhes que possam vir a interferir na assiduidade do colaborador e no desempenho da função.

Capítulo 4

Questões para revisão
1. c
2. a
3. b
4. Entrevista semiestruturada, seguindo assim um roteiro previamente estabelecido, mas que permitirá que Aline investigue com liberdade temas que lhe pareçam relevantes, caso o candidato traga situações e comentários que possam ser inquiridos.
5. A entrevista de seleção é uma técnica versátil que todos os profissionais preparados podem utilizar, pois permite verificar as informações que o candidato apresenta em seu currículo, levantar informações sobre o candidato nas dimensões da vida profissional, social, educacional, pessoal e perspectivas futuras,

além de possibilitar que seja verificado se o perfil dele atende aos requisitos exigidos pelo cargo e pelo ambiente de trabalho.

Questões para reflexão
1. São os sinais da linguagem não verbal, como postura, gestos, ritmo de respiração, movimentos das mãos, posição dos pés, entre outras situações que revelam características dos candidatos. Também devem ser observados outros sinais, como situações em que o candidato se coloca na posição de vítima, sinal denominado *lócus de controle externo*. Falar mal das pessoas e da empresa onde trabalhou, mentiras que possa ter colocado em seu currículo, uso de gírias, além da apresentação pessoal, são exemplos de lócus de controle externo.
2. A metodologia utilizada para levantar um perfil de competência é o mapeamento de competências, que é baseado na descrição das funções e tem a finalidade de estratificar cuidadosamente os conhecimentos, as habilidades e as atitudes necessárias para que um cargo apresente os melhores resultados.

Capítulo 5

Questões para revisão
1. b
2. c
3. d
4. Maysa precisa entregar alguns documentos originais, como carteira de trabalho, foto 3 × 4 recente e o exame pré-admissional (ASO). Além disso, ela precisa entregar cópias de outros documentos, tais como: carteira de identidade, cadastro de pessoa física (CPF), título de eleitor, comprovante de escolaridade (diploma), carteira de registro do órgão de classe, comprovante de residência, certidão de casamento, certidão de nascimento dos filhos, carteira de vacinação do filho de 5 anos, declaração de matrícula escolar dos filhos, carteira de identidade e CPF do esposo.
5. De acordo com a Norma Regulamentadora NR-7, aprovada pela Portaria n. 3.214/1978, os prontuários médicos devem ser guardados pela organização em período

mínimo de 20 anos após o desligamento do trabalhador. Entretanto, os prontuários de trabalhadores expostos a atividades insalubres devem ser mantidos por prazo não inferior a 30 anos, conforme dispõe a NR-15 que regulamenta os limites de tolerância para poeiras minerais (aprovada pela mesma portaria).

Questões para reflexão
1. Os riscos que a empresa corre, como acidentes de trabalho, falecimento, invalidez etc., são inerentes às atividades que as vendedoras vão realizar. A empresa pode receber multas previstas na legislação vigente e ficará responsável pelas indenizações morais e materiais decorrentes do fato de não ter registrado as funcionárias.
2. Embora tal prática possa ser considerada comum, é imprescindível que o colaborador seja registrado em até 48 horas após a contratação, sob pena de a empresa sofrer penalidades por infração às leis trabalhistas em relação ao registro do colaborador. É importante que o profissional de RH tenha em mente que cumprir a lei é mais adequado do que atender a um trâmite burocrático, protegendo todos os envolvidos na relação.

Capítulo 6

Questões para revisão
1. e
2. e
3. e
4. A cultura organizacional é o "jeito de pensar e agir" da empresa. Quando admite um funcionário, a organização espera que ele se adapte a essa cultura.
5. A empresa elabora programas para inseri-lo na cultura organizacional. O plano deve ser iniciado no primeiro dia de trabalho do colaborador, que deve receber as informações básicas. Em seguida, o funcionário deve ser encaminhado a programas de adaptação, como programas de apadrinhamento

Questões para reflexão
1. Em relação ao profissional que está sendo desligado da organização: respeito em todo o processo de desligamento; suspensão de juízo de valor e de críticas em relação

ao profissional; registro das informações por ele fornecidas. Em relação à organização: apresentação das informações obtidas junto aos profissionais desligados com o intuito de transformá-las em oportunidades de melhorias; em hipótese alguma se deve reforçar e concordar com as críticas tecidas pelo colaborador, falar mal da organização ou das pessoas que nela atuam.

2. Além do processo de integração inicial, programas de boas-vindas, treinamento e práticas de apadrinhamento tendem a contribuir para a adaptação do novo colaborador aos aspectos da cultura da organização.

Sobre as autoras

Erika Gisele Lotz é *coach* pessoal e empresarial, ministra programas de desenvolvimento pessoal e interpessoal em organizações em todo o Brasil e também atua como docente em cursos de graduação e MBAs nas áreas de Gestão de pessoas e *coaching*. É graduada em Administração pela Universidade Estadual de Maringá (UEM – 1994), especialista em Fundamentos Estéticos para Arte-Educação pela Faculdade de Artes do Paraná (FAP – 1998) e mestre em Turismo e Hotelaria pela Universidade do Vale do Itajaí (Univali – 2002). Possui formação em Coaching pela Coaching Foundation Skills in Coaching (2009) e pela Sociedade Brasileira de Coaching (2013) e Master Practitioner em Programação Neurolinguística (2009). Em parceria com Lorena Gramms publicou as obras: *Administração estratégica e planejamento*, pela Editora Ibpex (2004); Gestão de talentos, pela Editora InterSaberes (2012); *Aprendizagem organizacional*, pela Editora IFPR (2013); e *Coaching e mentoring*, pela Editora InterSaberes (2014).

Jocely Aparecida Burda é psicóloga pela Faculdade Tuiuti do Paraná, mestre em Engenharia Mecânica pela Universidade Federal do Paraná (UFPR), especialista em Administração de Recursos Humanos e Desenvolvimento Gerencial pela Universidade Estadual do Oeste do Paraná (Unioeste), em Desenvolvimento das Competências Gerenciais, pela Pontifícia Universidade Católica do Paraná (PUCPR), em Metodologia do Ensino Superior, pela Faculdade de Educação Superior do Paraná (Fesp), em Gestão do Ensino Superior e em Fundamentos da Educação, Didática e Docência no Ensino a Distância para Formação de Professores Tutores, pela Faculdade Bagozzi. Desenvolveu uma sólida carreira na área de Recursos Humanos, por meio de sua experiência com empresas de grande porte, e atua como consultora, palestrante, instrutora de diversos cursos, professora de graduação e pós-graduação, além de coordenar cursos de graduação e pós-graduação. Apresenta semanalmente a coluna "Ao Trabalho", na Rede Mercosul – Record News Paraná.

Os papéis utilizados neste livro, certificados por instituições ambientais competentes, são recicláveis, provenientes de fontes renováveis e, portanto, um meio responsável e natural de informação e conhecimento.

FSC
www.fsc.org
MISTO
Papel produzido a partir de fontes responsáveis
FSC® C103535

Impressão: Reproset
Março/2023